文匯出版社

王意如 著

《聊斋志异》趣谈

古书今读系列

图书在版编目（CIP）数据

《聊斋志异》趣谈 / 王意如著. —上海：文汇出版社，2022.7
（古书今读系列）
ISBN 978-7-5496-3756-0

Ⅰ.①聊⋯ Ⅱ.①王⋯ Ⅲ.①《聊斋志异》—小说研究 Ⅳ.①I207.419

中国版本图书馆CIP数据核字（2022）第043702号

《聊斋志异》趣谈

作　　者 / 王意如

责任编辑 / 陈今夫　王　骏
装帧设计 / 薛　冰

出版发行 / 文汇出版社
　　　　　上海市威海路755号
　　　　　（邮政编码200041）
经　　销 / 全国新华书店
排　　版 / 南京展望文化发展有限公司
印刷装订 / 启东市人民印刷有限公司
版　　次 / 2022年7月第1版
印　　次 / 2025年4月第2次印刷
开　　本 / 889×1194　1/32
字　　数 / 200千字
印　　张 / 11.75

ISBN 978-7-5496-3756-0
定　　价 / 58.00元

自 序

在所有容易失去的东西中,最无法阻拦的,就是时间。无论穷通得失,不管富贵贫贱,时间都一视同仁地流逝,所以连孔圣人也只能在川上感慨:"逝者如斯夫,不舍昼夜!"而伴随着时间的流逝,有些东西也就慢慢泯灭了,比如我们的肉体。但有些东西,有价值的东西,它会留存下来,时间也无法将其磨灭。可是,时间可以让它蒙尘,让它与我们有距离感,让我们在劈面睹见的时候,有些许的陌生……

文学经典就是如此。我们可以这么说:无时间不经典。阿德勒早就说过:"名著不是一年两年的畅销书,而是经久不衰的著作。"(《如何阅读一本书》)毛姆也说过,经典"就是那些经过时间考验而已被公认为一流的著作"(《读书是一种享受》)。经典的形成常常需要漫长时间的检验,许多经典作家的作品都是经过若干时代的阅读、阐释和淘洗之后才存留下来的,那些只经过少数人或者一两代人认可的作家还很难成为经典(刘象愚《阁楼上的疯女人·序》)。

有学者把这个"漫长的时间"定义为"五十年至一百年",认为经典需要五十年至一百年以后的人来评定,因为经典需要时间跨度(张汝伦《读书与人生》)。时间成就了经典,也如上所说,给经典蒙了尘,让读者由于时间久远而与经典形成一层隔膜。这种隔膜首当其冲是语言。有时我们会粗粗地以为,使用现代汉语的人只是对文言有隔阂,其实不然。有学者在谈到先秦文学时说:"即使我们把《尚书》与《孟子》的语言差距拿来和桐城派古文与五四白话文的差距作对比,并以为这两次革新在历史上的价值相等,看起来并不算过分。"(徐北文《先秦文学史》)也就是说,不仅是古文和现代文存在语言差距,文言和文言之间也有巨大差异;那么同理,现代汉语和现代汉语之间也有巨大差异。我们无法不承认,鲁迅他们所使用的语言和我们是有很大不同的。造成这种差异的主要推手,就是时间。除了语言,还有生活背景、观念形态,等等。阅读经典,必须扫除这些障碍。这种扫除,我以为必须遵循两个原则:第一,是要站到当时的背景去了解作品,要搞懂作者说的"是什么"。第二,要站在现时的角度去理解作品,思考作者的表达能给我们什么启示。不站到彼时,盲目用现代的尺子去丈量,难免南辕北辙,不能抵达作者的本心。不站到现时,还像古人一样搞谶语影射,玩拆字游戏,更是阅读的大忌。所以我们力求立足现时去理解彼时,这也就是所谓的"古书今读"。

阿德勒认为,名著应该拥有最多的阅读者(《如何阅读一本书》)。经典应该是大众的精神食粮,而不仅仅是学生(他们是被要求读的)。经典容易让人望而生畏,除了上面所说的种种隔阂之外,穷源竟委的学术批评也是原因之一。学术研究当然是重要和必要的,但我们也可以换一种方式,在经典这盘显得有点庄重的"大菜"中加些调料,让它更容易咀嚼品尝。我在两次出版《趣说红楼人物》的前言中都说过:"考虑到受众的最大化,我们采用的是漫话式的写法。既紧扣作品,不作索隐,但也东拉西扯,旁及左右;既忠于原著,不玩戏说,但也引类譬喻,伤时讽世。我们不指望人人都来搞文学研究,但我们希望大家都来用心去感受名著"——这仍然是写作本书的旨趣。用严肃的态度,写轻松的文字,这就是我们的追求,希望能有读者喜欢。

目 录

自　序 …………………………………… 1

人间异事 …………………………………… 1

1. 成名：不幸的幸运者 ………………………… 3
2. 劳山道士：恰到好处的恶作剧 ……………… 12
3. 马骏：跨国界的友好使者 …………………… 22
4. 乔女：丑女无敌 ……………………………… 31
5. 邵九娘：优秀"小三"的杰出代表 ………… 41
6. 于成龙：神探式清官 ………………………… 49
7. 王子安：读书人的梦醒时分 ………………… 59
8. 席方平：古代版"秋菊打官司" …………… 67
9. 于公：抗争命运的勇士 ……………………… 76
10. 陈氏：忍辱负重的女丈夫 …………………… 85
11. 真定女：早孕的故事 ………………………… 94
12. 庚娘：智勇兼备的烈女 ……………………… 103
13. 仇大娘："没面目"的女中豪杰 …………… 112

14. 姚安：渣男一箩筐 …… 121

15. 陈云栖：女道士的尘世生活 …… 130

16. 王鼎：穿越阴阳的勇者 …… 138

17. 缪永定：无行酒徒 …… 147

18. 老饕：和饮食无关的故事 …… 156

19. 乔生：拼得一死酬知己 …… 165

20. 张诚：最是一笑才动人 …… 175

21. 毛公：都是颜值惹的祸 …… 183

22. 罗子浮：轻薄为"人"哂未休 …… 192

23. 念秧：古代"阿诈里" …… 201

24. 崔猛：狐鬼世界中的侠客 …… 210

狐鬼奇闻 …… 219

25. 林四娘：多面佳人 …… 221

26. 聂小倩：弃恶从善的鬼 …… 230

27. 馎饦媪：恐怖的馄饨 …… 239

28. 窦氏：复仇女神的倾城之恋 …… 247

29. 鲁公女：白色生死恋 …… 255

30. 爱奴：人生当得几回死？ …… 265

31. 章阿端：情和域的三重门 …… 274

32. 甄后：聊斋中的三国后传 …… 283

33. 葛巾：洛阳牡丹自尔胜 …… 293

34. 绿衣女："蜂"腰纤细掌中轻 …… 302

35. 青凤：童话里都是骗人的 …………………… 311

36. 婴宁：烂漫少女笑矣乎 ……………………… 320

37. 黄英：让丈夫"到碗里来"的奇女子 …… 329

38. 青梅：名教之中寻乐地 ……………………… 338

39. 赵城妪：与虎共舞的美丽幻想 …………… 347

40. 余德：神龙见首不见尾 …………………… 354

人间异事

1
成名：不幸的幸运者

谁都知道，"玩物"是要"丧志"的。可"玩物"好像还是人的本性，人总在"玩物"，而且还总有人玩得发了烧。"发烧"是英语 fancier 的谐音，意思是癖好、入迷。港人把它译作"发烧"，形容那些痴迷某样东西到昏头昏脑的样子，很是神似。如果是老百姓，"玩物"也就"玩物"罢了。若是个中再出几个"玩"出名堂、"玩"出道道来的，就更精彩了。比如自称"好精舍，好美婢，好娈童，好鲜衣，好美食，好骏马，好华灯，好烟火，好梨园，好鼓吹，好古董，好花鸟，兼以茶淫橘虐，书蠹诗魔"的张岱，"物"玩得多，也玩得好，尤其是他记录"玩物"的文字，更是成了文学精品。清代还有个李渔，也是会"玩物"的，不过他自己知道"玩物"不是正道，所以把他那本专门记录"玩物"的书叫作《闲情偶寄》。已经是"闲情"了（不是正经事），还"偶记"（并非经常记），看得见他心虚的程度。张岱、李渔之辈都是失意文人，再能"玩物"也没事，若是有权有势的也玩起物来，有时情形就不大好看了。《红楼梦》里的贾赦，看上了石呆子藏的二十把旧扇子，非要把它买过来，偏偏石呆子也是个"玩物"玩到骨子里的，竟然是要扇子不能，要命有一条。贾雨村知道了，用拖欠官银的名义，逮捕了石呆子，借口变卖家产赔补官银，强夺了扇子，装模作样算点钱，送给了贾赦。连贾琏也看不过去，嘟囔说："为这点子小事，弄得人坑家败业，也不算什么能为！"结果被贾赦暴打了一顿（第48回 滥情人情误思游艺 慕雅女雅集苦吟诗）。如果权势再大点儿，直到皇帝老子，那就更加糟糕了。

我们要说的故事中，明宣宗朱瞻基就是个"玩物"的主。在正史中，朱瞻基是个励精图治的有为皇帝，虽然只活了36岁，在位10年，但他所开创的"仁宣之治"，被认为是继文景之治、贞观之治、开元之治之后的盛世局面。不过，在野史和文学作品中，却有他的斑斑劣迹，喜欢斗蟋蟀就是其中之一。正史和野史哪个更可靠，向来众说纷纭。有人认为，正史比较严肃，占有资料比较全面，而野史道听途说添油加醋，可信度不高。也有人认为，正史是统治者命人修撰（至少是认可）的，必然要按照统治者的需要来取舍史料、选择立场，倒不如野史更加真实可信。或者说，正史和野史都有其可信和不可信的地方。总之历史是流逝的时间，那里所裹挟的人和事都是只能复述而再也不能重现的。我们姑且根据人们的复述（不管它是正史还是野史）来回望过去。

蟋蟀，也叫蛐蛐，聊斋的故事里叫促织，是一种好斗的昆虫，会自相残杀。人就利用它的这一特点，发泄自己好斗的本性。玩法是把两头蟋蟀放在同一个容器里，用著

《促织》

成名：不幸的幸运者

草挑逗一下（有时甚至不需要），蟋蟀就会互咬起来。玩家以自己养的蟋蟀能否取胜赌输赢，收获既是物质上的，也是精神上的。中国历史上相类似的还有斗鸡。斗鸡的历史可能比斗蟋蟀更早。《列子》里就有"纪渚子为周宣王养斗鸡"的记载。《庄子·达生》中也写了这个故事，说纪渚子为周宣王训练斗鸡，过了十天，周宣王问："好了没有？"纪渚子说："没呢，它还在那里虚张声势，趾高气扬呢。"又过了十天，周宣王又问："好了没有？"纪渚子说："没呢，它还按捺不住，看见影子就跳呢。"再过了十天，周宣王又问："好了没有？"纪渚子说："还没，它见到敌手还是一副斗志昂扬的样子。"又过了十天，周宣王再问，这次纪渚子说差不多了，它遇见挑战者不动声色，看上去像是木头做的，这才算是修炼到家了。别的鸡看到它打都不敢打，就逃走了。这个故事给我们留下了一个成语："呆若木鸡"。不少人都以为这是个贬抑性的成语，而不知道它的本义是褒扬呢。《左传·昭公二十五年》记载："季、郈之鸡斗，季氏介其鸡，郈氏为之金。""介"就是铠甲，加上头盔（胄），就是全副武装的"介胄之士"。这里作动词用，就是为斗鸡穿铠甲（不知是咋穿的）；这里的"金"也是动词，为斗鸡的喙（还是爪？）装上金属。两人都设法为自己的斗鸡配上装备，说明斗鸡之风在春秋时期已在盛行。唐代更是变本加厉。李白《古风》诗云："路逢斗鸡者，冠盖何辉赫。鼻息干虹霓，行人皆怵惕。"一个"斗鸡者"，竟然车马显赫，趾高气扬到让人害怕的地步，背后应该有权贵（甚至是皇帝老子）撑腰吧？唐玄宗李隆基对斗鸡的热衷，绝对称得上骨灰级"发烧友"。不过，斗鸡可以让人飞黄腾达，也能让人霉运当头。唐高宗时，两个贵族沛王李贤与英王李哲斗鸡，观战的王勃也不知是想奉承拍马还是突然"逸兴遄飞"，总之是技痒地写了一篇《檄英王鸡文》。檄是一种文体，多用于声讨或揭发罪行等，骆宾王就写过《代徐敬业讨武曌檄》，把武则天骂个狗血喷头。但人家骆宾王是认真的，其时他身在徐敬业幕中，徐敬业是开国元勋英国公李绩的嗣孙，看到武则天要以周代李，义愤填膺，以已故太子李贤为号召，在扬州起兵，建立匡复府，自任匡复府上将、扬州大都督。骆宾王就是在这种形势下写的檄文，意义严肃而重大。而王勃的檄文纯粹是戏作，讨伐的是英王的斗鸡，是为沛王加油鼓劲的意思。这篇文章传到唐高宗手上，高宗不高兴了，这小子是有才没地儿用怎么的？这也忒不严肃了点吧？斗鸡也不是啥好事，你还来劲了不是？你讨伐英王的斗鸡，置英王于何地？这不是挑拨两位王爷的关系吗？龙颜不悦，自然不会有啥好下场，王勃被逐出长安，一脚踢到了体制外。通往理想目标的途路刚刚打通，就被一篇游戏文章断送了。自古以来，斗鸡走狗，一面是时世升平的意思，比如《史记》里面记载:"临淄甚富而实,其民无不吹竽鼓瑟,弹琴击筑,斗鸡走狗,六博蹋鞠者。"肚子的问题解决了,才有心思"玩物"不是?另一方面,斗鸡走狗又一直含有不务正业的贬义在里头。玩蟋蟀也同样如此。

传说中朱瞻基喜欢蟋蟀,民间有"蟋蟀嚁嚁叫,宣德皇帝要"的说法(宣德是朱瞻基的年号)。明人吕毖《明朝小史》载:

> 帝酷好促织之戏,遣取之江南,其价腾贵,至十数金。时枫桥一粮长,以郡督遣,觅得其最良者,用所乘骏马易之。妻妾以为骏马易虫,必异,窃视之,乃跃去。妻惧,自经死,夫归,伤其妻,且畏法,亦经焉。

这个因为蟋蟀而家破人亡的故事,和聊斋里的故事如出一辙,所不同的是,聊斋里的故事有更多波澜曲折和神力奇迹而已。

陕西本不是蟋蟀很多的地方,华阴的一个县官,不知怎么弄到了一头好蟋蟀,献上去后,发现特别能斗,于是朝廷下令每年都要进贡。这么一来,一些游手好闲的人就到处找蟋蟀,有佳品就好笼好食地养着,高价卖出。官吏们也借征收蟋蟀的名,趁机敲诈勒索,每进贡一只蟋蟀,常常弄得人家倾家荡产。

　　成名就在这样的背景下出场了。成名读过几天书，是个老实人，别人硬把里长的苦差使派给他。里长有点类似现代的村长、居委会主任之类，属于三级管理之外的干部。可恶的人得了这个位置，也能捞取些好处，毕竟好歹是个干部，有点小权力。但成名老实，不会把责任和义务推给别人，好处和权利留给自己，就只能自己贴钱，不到一年，就把家里的那点积蓄赔了个精光。偏偏又碰上要征收促织，他既不会把锅甩给别人，自己又没钱买，急得死的心都有了。他也千方百计地寻找过，但就是逮不到。到了期限，交不出蟋蟀，被打得双腿脓血淋漓。到这里为止，是个悲剧的开头，后来的故事就悲喜交集了。

　　首先是村里来了个巫婆，据说能通神，非常灵验。于是成名的妻子就花了钱去求神示。神也果然让成名抓到了一只"巨身修尾，青项金翅"的好蟋蟀。从这里的描写来看，作者对蟋蟀以及捕捉蟋蟀非常熟悉。从成名抓蟋蟀的工具"竹筒、丝笼"，到"败堵丛草处，探石发穴"的过程，再到"掭以细草"，或"以筒水灌之"的方法，都非常真实可信。故事还提到了青麻头、蝴蝶、螳螂、油利挞、青丝额等上品蟋蟀的名称，说明作者对蟋蟀还真不是外行。就在全家额手相庆，以为终于可以结束这场灾难的时候，成名9岁的儿子不小心把蟋蟀弄死了。眼看情节跌入了低谷，不料还有更悲催的事情在后面。成名的儿子因为害怕，投井自杀了。成名没了蟋蟀，又死了儿子，简直痛不欲生。偏偏在这个时候，转机又出现了。先是在打算埋葬儿子的时候发现他"气息惙然"，于是让他躺到床上，半夜居然复苏，只是"神情痴木，奄奄思睡"。第二天清晨，昏昏沉沉的成名，听到有蟋蟀在叫。几经周折，他抓住了一只"形若土狗"的小蟋蟀。后面就开始高潮叠出：小蟋蟀百战百胜，连公鸡都斗不过它。于是一级级进贡上去，皇帝老子一高兴，大大赏赐了一把，于是成名的好运来了：他被免去了里长的苦差使，还入学成了秀才。就如前面低谷后有更低谷一样，高潮后也另有高潮。成名的儿子居然精神复苏，告诉成名："我变成了一只能斗的蟋蟀，现在才醒来。"

故事中除了大跌宕，还每有种种小起伏。成名遵神示去寻蟋蟀时，先是"心目耳力俱穷，绝无踪响"，最后在一只蛤蟆的引导下终于找到了"状极俊健"的宝贝。儿子投井自杀，本已准备草草埋葬，却发现还有微弱的呼吸。第二次捉蟋蟀，先是百般不能，后来却是"小虫跃落襟袖间"。斗虫时，更是经历了从不敢斗到"不如拼博一笑"，小蟋蟀从"蠢若木鸡"到大获全胜的过程（蒲松龄对"蠢若木鸡"的使用恰是本义）。但喘息未定，又来了一场和公鸡相搏的好戏。鸡啄，虫跃，鸡健进，眼看"虫已在爪下"，又突然来了个大逆转，小蟋蟀居然叮在了鸡冠上。如此不断的大跌宕加小起伏,故事定然是好看的。但尽管如此,尽管是皆大欢喜的结局,却总让人有点笑不出来。堂堂一国之君,喜欢这种斗鸡走狗的玩意儿,本已让人鼻孔里出气了,还要因为这种爱好而弄得全国上下鸡飞狗跳,甚至让小百姓家破人亡,这就更令人侧目了。

成名看似是个幸运者,最后不仅什么都没失去,反而发达起来,没几年工夫,田也有了,房也有了,牛羊牲畜也有了,出门的时候竟比世代官宦人家的还要豪华。然而,这种大富大贵哪来的?是他儿子差点牺牲生命换来的!即便是他真的抓到了一只好蟋蟀,也就是一个小玩物而已,竟然得到如此丰厚的回报,这和前面提到的"鼻息干虹霓,行人皆怵惕"的斗鸡者有什么两样?只要心中尚存一点正义感的人,都会感到深深的讽意。而且读者也会觉得这种幸运实在是太不靠谱了。如果没有神示,他到哪里去捉到那只健壮的蟋蟀?如果不是儿子用生命幻化成了蟋蟀,他又如何摆脱困境?相比之下,成名的不幸却是实实在在的。事实上,凭他这样一个木讷的书生,是根本无法觅到一头足以让上面满意的蟋蟀的,那么,他的下场是什么呢?从他前面的"双股间脓血流离",应该可想而知。小说中的成名,是一个幸运者;但生活中千千万万的"成名",应该都是不幸的。

2

劳山道士：恰到好处的恶作剧

先说一个问题：到底是"劳山"还是"崂山"？我们都知道青岛的道教名山是崂山，上面有上清宫、下清宫、太平宫、华楼宫等道家建筑。但《聊斋志异》写的是"劳山"（亦有作"崂山"的），这是不是同一座山呢？答案：就是同一座山。崂山，古代就叫劳山，也叫牢山、鳌山或辅唐山。宋元以来，山上建了很多道观，于是成为道教名山。我们的主人公也就在这上面演出了一场小闹剧。

《劳山道士》的主角其实不是道士，而是王七。故事是围绕王七学道展开的。

王七是"故家子"。所谓"故家"，就是世代做官的家族。"故家"后面加了个"子"，说明王七没有做官，只是"故家"的后代而已。这是《聊斋志异》中男主常有的身份。出生在官宦家庭又没做上官，这身份就有些尴尬。这种家庭的子辈有两条基本出路：一条就是袭了祖上的官职。

《崂山道士》

比如《红楼梦》里，上一辈的贾代化、贾代善，下一辈的贾敬、贾赦，再下一辈的贾珍，都是世袭的官职。但世袭祖上要有爵位，这可不是一般官员都有的。每个朝代的世袭制度也各不相同。从故事中的描写来看，王七似乎不享有这种荣耀。第二条路就是科举，这是最光明正大的一条路，连贵族出身的贾政都想过"从科甲出身"。故事中的王七好像对这条路并不感兴趣。他有兴趣的是"慕道",也就是和《红楼梦》中的贾敬一样,"一味好道"。但贾敬是要学历有学历(进士出身),要官衔有官衔(御封五品),要家产有家产,慕个道,炼个丹,纯属业余爱好,只是"发烧"得有点过分而已。贾敬有权有势有银子,道士们逢迎唯恐不及,所以他尽可以"烧丹炼汞,别事一概不管"。王七不行,他好像啥也没有,所以只能开动双脚,人不来寻我,我自寻人去也,背个书箱就上了崂山。他后来急于炫耀,恐怕这也是原因之一。一个男人,功不成,名不就,学个道还一无所获,老婆大人面前也是失面子的。但"故家"的出身,又让他"娇惰不能作苦",动不动就想回家,这一点构成了后面故事发展的主要推力。

《崂山道士》的故事很简单,一人一事,一线到底,但情节有曲折起伏,不会让人觉得单调乏味,这是很典型的中国古小说的格局。故事沿着"学道—思归—学道—辞归—学道—返归"的线索发展,三"学"三"归",三起三落,结构工整得可以用作语文教材(事实上也确实有一个版本的语文教材选用了这一篇)。好玩的是,王七的三次学道,要求不是越来越高,而是越来越低。第一次他决定留下来学道,有几个原因:首先是道观的环境"甚幽"。古人对环境很是讲究,所谓的"风水",很大程度上是对环境的考究。修炼要挑选好的环境,而优秀的人也会使得环境变得更好。比如，《三国演义》中，诸葛亮所在的隆中，就"山不高而秀雅，水不深而澄清；地不广而平坦，林不大而茂盛；猿鹤相亲，松篁交翠"（第37回 司马徽再荐名士 刘玄德三顾草庐）。中国古典小说很少描写自然风景，作者之所以在这里不惜笔墨，就是要为诸葛亮这个重量级人物的出场做好铺垫。

第二是道士的"神光爽迈"。古人对面相更是考究。东西方都有所谓的"面相学"，试图从人的外表特征、行为举止等来判断一个人的性格和健康，从而推测一个人的命运。这事不是科学（不等于其中不包含有科学性的东西），是人的一种直觉和试图为这种直觉找到理由、找到其中有规律性的东西的努力。韩愈在《张中丞传后叙》中描写许远的长相，用了"貌如其心"四个字。关于许远的"心"，他也写了四个字，叫"忠厚长者"。有意思的是，若是让一群人想象一张"忠厚长者"的脸，会出现很多共同点，比如宽脸、厚嘴唇……当然，外貌和为人不匹配的情况也有，比如，汉代的张良，人们都以为他"魁梧奇伟"，其实长得"状貌如妇人好女"。北齐的兰陵王高长恭，性格勇武，外貌却很美丽，为了震慑敌人，他不得不戴上面具作战。但问题也就在这里：人们为什么会认为张良就该长得"魁梧奇伟"？是因为他有决胜帷幄的能力。这不正说明大多数有叱咤风云能力的人是"魁梧奇伟"的？为什么高长恭戴上狰狞的面具就能震慑敌人？这不恰恰说明面目狰狞的人往往心狠手辣？这种对外貌的判断不是简单的高矮胖瘦就能决定的。《世说新语》里有一则关于外貌的有趣故事：曹操将接见匈奴的使节，觉得自己长得有点磕碜，不足以震慑远方之人。于是他就让手下的崔季珪冒充，自己装作侍卫，拿把刀站在边上。会见结束，让人偷偷问："您觉得魏王怎么样？"匈奴的使节回答说："魏王仪容风雅，非同一般，不过坐榻边上拿刀的那人，这才是真正的英雄。"我们刚才说故事有趣，就是到此为止，后面就不太有趣了：曹操听了这话，让人追上去，把匈奴的使节杀了。假如这不是后人抹黑曹公的话，这个举动就有点莫名其妙了。很显然，古人对长相的讲究，并非只是颜值，同时还有精神气质。对人的长相所具有的这种社会学意义，最有心得的是曹雪芹。在《红楼梦》中，他赋予了贾雨村最富有男子气的外貌，用娇杏的话说，叫"雄壮"，长这样一副男人身胚，自然意味着这人热衷于那个社会要求男性所做的事情——仕途经济，这正是贾宝玉感到"浊臭逼人"的地方，所以贾宝玉最讨厌他。贾宝玉所乐于交结的男人，如秦钟、蒋玉菡、柳湘莲甚至北静王，全都长着一副有女性气质的外貌，他下意识地觉得容貌如女子的人心灵也就能像女儿一样如水般纯净。古代小说中的外貌描写是如此，戏剧的脸谱更是如此，绝没有良善之人画了一张白脸出来的道理，甚至科举考试也和长相有关。唐代考试有几十种，例如在礼部考中进士以后要授官，还要参加吏部的"释褐试"（又称"铨选试"）才能做官。释褐试要考"四才"——身、言、书、判。所谓"身"是"体貌丰伟"，就是外表要挺拔神气。清代有一种叫作"大挑"的制度，齐如山《中国的科名》一书谈到：凡经过几次会试落第的举人，可以参加"大挑"，由皇帝派亲贵王爵或贝勒担任考官。挑得一等者做知县，二等者做教官。考什么？只凭他（考官）一看，他认哪个人是一等就是一等，这一看之下，外貌也应该是很重要的吧？所以，道士这张"神光爽迈"的脸，对王七是有吸引力的。

第三是言谈的"理甚玄妙"。谈话是否有意思，是古人交结的重要依据。聊斋中出现的陌生人，不论性别，都要有言谈上的默契。比如书生俞慎，看到对门的美少年，"渐近欲语，风雅尤绝。大悦"（《素秋》）；青州道陈宝玥，见到美丽的女鬼，"捉袂挽坐，谈词风雅，大悦"（《林四娘》）。反过来，"言语无味"是没人要搭理的。比如贾雨村在未发达时，偶至郊外，见到一所庙宇，门旁有一副旧破的对联："身后有馀忘缩手，眼前无路想回头"，他觉得"这两句文虽甚浅，其意则深。也曾游过些名山大刹，倒不曾见过这话头，其中想必有个翻过筋斗来的也未可知，何不进去一访"。但当他发现龙钟老僧既聋且昏，又齿落舌钝，所答非所问的时候，立马不耐烦地退出来了。劳山道士能谈玄妙之理，这也是王七愿意留下的原因。

这样说来，王七的要求不低，既要好的环境，又要好的结果（道士已"素发垂领"了，还"神光爽迈"），还要有一点思想深度。可惜一个月以后，他的革命意志就动摇了，暗暗动起了回家的念头。可就在这时，道士在他的弟子面前秀了一回肌肉，王七又决定学道了。这次他的原因比较简单，就是"欣慕"道士的特异功能：可以剪个圆纸当月亮啊，可以有一把喝不完的酒壶啊，可以用根筷子变嫦娥啊，可以跑到月亮里去饮酒啊。环境不环境的，不讲究了；玄理不玄理的，也不想它了。可是一个月以后，他又想炒老板鱿鱼了。这次是真辞归，什么剪纸当月，什么不竭酒壶，什么筷变嫦娥，什么饮酒月宫，咱都不要了还不行吗？可是，偏偏他又心有不甘，于是第三次要求学道。这一次，他的要求更低了，就学一个法术，穿墙术。乍一看，还真不知道王七是咋想的，学那干什么？难道你们家忘带钥匙是常事吗？还是你打算以后以穿窬偷盗为生？可是到后面你就明白了——此乃后话，且按下不表。

应该说，王七原本也是一个有理想有追求的好青年吧，可是在磨难面前，他节节败退，最后弄得只求学一门小法术就满足了。而且他受的也不是啥大磨难，就是每天拿把斧头上山砍柴而已。若不是"故家子"，砍柴应该也是寻常事吧。临走，他说出了他的终极目标和最低目标。终极目标是长生术，最低目标"小有传习"，也就学个穿墙术什么的。道士满足了他的最低要求。

按理说，故事到这里也就行了，可以用一句话结束："怀一术而归。"可是作者偏不，他让崂山道士和王七开了个玩笑。王七回家和老婆吹牛，说自己已成了仙，墙壁都挡不住。我们也是到这里才明白王七要求学穿墙术的那点小心思。原来是为忽悠用的。这可不是啥高尚动机，道士想必是早知道了，预先留一伏笔，说你回去后要清心寡欲，不然法术会不灵的。王七哪会"寡欲"？他的显摆欲望强烈得很。其实我们也可以很理解，一个故家子，却混得啥也没有，再不弄点花头，老婆面前何以为人？于是，令人哭笑不得的一幕出现了：他念动咒语，对准墙壁一头撞上去，"嘭"的一声，他被墙壁挡回来，跌坐在地上，额头上肿起鸡蛋大一个包。

说实话，道士也真是恶作剧了。学穿墙的时候还特地嘱咐他：一头撞进去，不要犹豫。这越不犹豫，不是撞得越惨吗？看来道士是故意要给他一个教训。为什么呢？因为他动机不纯。

其实，宗教在这方面总是两难的。从根本上说，宗教（佛教也好，道教也好）试图解决的都是人类的终极问题：死亡。因为有死亡，人生的意义变得虚无，即便是"对酒当歌",人生又能"几何"?何况还有衰老、疾病,还有永不满足的种种欲望,于是佛教主张用修炼的方法,灭断世间诸苦得以产生的一切原因,超脱诸苦产生的因果关系而达到出世间的涅槃寂静。道家在老庄时代也有"死而不亡者寿"的近似佛教涅槃的境界,但后来的道教多追求肉身或自我的"长生不死"。为了超脱人世间的苦痛,先要断绝对人世间享乐的念想。但有时,为了劝化蒙昧的人们,修成正果的佛或者得道的仙人又会展示他们获得享受的神力。这就构成了一个悖论:如果贪恋享受,就不能得道成佛(仙);如果得道成佛(仙),就可以尽情享受。所以佛教在有些时候是反对"弄神通"——也就是显示法力的,据说十八罗汉中的宾头卢颇罗堕就因为"弄神通"受到过责罚。而王七,恰恰是一头栽倒在这个悖论里了。他"慕道","慕"什么呢?是长生不老,这也算是对终极目标的追求吧,可是小目标却远离了初心,变成纯粹的"弄神通"了。

道士对他的态度是逐步变化的,他早就看穿这个"故家子"吃不了苦,但既然王七坚持说能行,他也没有拒绝。中间王七的动摇,师父是否觉察,我们不得而知。只是他辞归时,师父有两次发笑。第一次是听说他要回去,道士笑曰:"我就知道你吃不了苦的,果然吧。明早让你回去。"这个"笑",是不出所料的笑。第二次笑,是王七要求学穿墙术的时候，道士"笑而允之"。这一次的"笑"，意味深长：轻视、嘲弄、不屑、无奈……这一笑甚至预见了后来。

这个故事往往被理解为讽刺慕道不成的王七，然王七固然可笑，道士也蛮恶作剧的。不过，他的分寸拿捏到位，就有了喜剧效果。试想一下：假如王七回家，一头撞死了，那这个故事是否就没趣了？讽刺作品的好坏往往就在于分寸的拿捏。分寸拿捏好了，是幽默，是滑稽；分寸拿捏不好，就是丑恶，是悲剧了。试想一下，《西游记》中猪八戒挑唆唐僧赶走了孙悟空，后果是必须亲自去花果山求孙悟空回来，还要被嘲弄一场（第30回 邪魔侵正法 意马忆心猿），若是由于孙悟空的缺席，唐僧被妖怪吃了，那可就一点也不滑稽了。吴承恩在这一点上拿捏得特别好，这或许就是《西游记》、也包括我们这个《劳山道士》的故事受人欢迎的原因之一吧。

3

马骏：跨国界的友好使者

聊斋里面，写阴阳跨界的很多，写跨国界的较少，但也有一些。比如有一则故事，题目就叫《外国人》。说是己巳年秋天，岭南从外洋漂来一艘大船。船上有11个人，都穿着鸟羽编制的衣服，色彩斑斓。他们自我介绍说，自己是吕宋国人。遇到大风把船吹翻了，几十个人都死了，只有他们11个人抱住一根大木头，漂至一个海岛上，保住了性命。他们在海岛上待了五年，天天抓鸟捉虫当食物，晚上就睡在石洞中，用鸟的羽毛编制成船帆。某天海上忽然漂来一艘船，船上既没有橹，也没有帆，想必也是在海中被大风吹坏的，于是他们登上这艘船想回国，不料又被大风吹到了澳门。巡抚向皇帝报告了这件事，把他们送回了国。这个故事里有几个实打实的地名，一是岭南，二是吕宋国，三是澳门。

我们先看岭南。岭南，原是指中国南方的五岭之南的地区（"五岭"不一定确指哪五座山岭，也可以泛指两广北部的诸多山岭），相当于现在广东、广西及海南全境。在不同的历史阶段，"岭南"地域的划分都不完全一样。苏东坡的《食荔枝》诗，让岭南声名大振了一回。"日啖荔枝三百颗"后面的一句，有三个版本：一作"不辞长作岭南人"，一作"不妨长作岭南人"，一作"总教长作岭南人"，句首有变，"长作岭南人"不变。其时苏轼在惠州，在今天广东省辖内，可见其时"岭南"所指。

再看吕宋国，这是古代对菲律宾群岛中的吕宋岛的称呼。宋元以来，中国商船常到此贸易。菲律宾群岛的船只被海风刮到了我国的东南沿海，这种可能性是完全存在的。最后说说澳门。故事中说"又被大风引至澳门"，这句话可以有两种理解：一是吕宋国这只船，先被大风吹到一处荒岛，"又被大风引至澳门"，然后又到了岭南。但从上下文看，这种解释不无牵强之处。至澳门后怎样？怎么又到了岭南？都没有交代。而他们如何从荒岛到澳门则是交代得非常清楚的。第二种理解就是：这里的"澳门"就是"岭南"。汉唐时期的"岭南"不仅包括今天的广东、广西、海南，还包括港澳和越南北部。宋明之后，越南北部分离出去，但港澳仍在其中。所以，说"又被大风引至澳门"，就是说又被大风吹到岭南了。这样理解，上下文比较通顺。

还有一则故事，标题非常"政治不正确"，叫《黑鬼》。说是胶州的李总镇，买了两个黑鬼。其特点第一是肤黑，其黑如漆；第二是皮厚，脚底的皮粗厚到可以在刀尖上往来。第三是能舞，李总镇买下他们的主要目的好像就是让他们两人对舞，觉得"神情亦可观"。第四是猜忌。李总镇把妓女配给他们当老婆，生出的孩子是白的，同伴们嘲笑说不是他亲儿子，他自己也猜疑，最终把儿子杀了。结果发现骨头是黑的，证明是他的骨血，这才后悔了。尽管蒲松龄以"鬼"称之，但从故事看，显然这是两个有色人种的"人"，而不是"鬼"。肤色的差异，今天已司空见惯；能在刀刃上行走，一些少数民族的表演中也能见到；更重要的是，他能和人正常婚配、生育，也有人特有的猜疑妒忌之心，所以绝不是鬼怪之类。所谓"黑鬼"只是蔑称而已。李总镇从什么地方买到了这两个黑人，不得而知，但可见清代已有了有色人种的人进入中原的情况。至于肤色问题，从现代遗传学的角度看，主要基于父母的基因。每个人都有显性基因和隐性基因，李总镇把妓女配给黑人，如果妓女的显性基因和黑人的隐性基因结合，孩子就是白的；黑人的显性基因和妓女的隐性基因结合，孩子的肤色就是黑的。如果两个人的显性基因或两个人的隐性基因结合，孩子偏白偏黑都有可能。此外，还有个中和原则，就是孩子的皮肤是棕色的。故事中的孩子，应该是第一种情况。可惜那时的人们还蒙昧着呢。蒲松龄搞不清状况也就罢了,毕竟他写的是小说。早他三十年出生的李渔更有意思,煞有介事地对肤色的来由做了个解释,说"人之根本维何?精也,血也。精色带白,血则红而紫矣。多受父精而成胎者,其人之生也必白。父精母血交聚成胎,或血多而精少者,其人之生也必在黑白之间"。如此一本正经地胡说八道,你不服都不行。

如果说,上面两则故事写到外国人立足点还是在国内的话,那么《罗刹海市》的故事就是真的走出国门了。

故事的主人公是马骏。他是商人的儿子,也读过点书。他的父亲是一个"读书无用论"者,认为"数卷书,饥不可煮,寒不可衣"(不知他是不知道还是不相信或者不耐烦"书中自有黄金屋"之说),不如做生意。于是马骏就做起生意来。做的好像还是外贸,要漂洋过海。一次遇到飓风,船在海上颠簸了几天几夜,来到了一个都市。这个都市和我们的最大区别,不是人的外貌长相,也不是饮食起居的方法,甚至也不是语言。因为"其言虽异,亦半可解"。也就是说,语言虽然不同,但半通不通的还是可以交流的。最大的区别是审美标准,我们认为美的,他们认为是丑的;而我们认为丑的,他们却认为是美的。为了突出这种区别,作者特意把主人公马骏描绘成了一个大帅哥。他漂亮到什么程度呢?如果戴上丝绸的头帕,活脱脱就是一美女,所

《罗刹海市》

以大伙儿给他起了个外号,叫"俊人",也就是靓仔、帅哥。更关键的问题是,这种审美标准直接影响了政治制度。在那个都市(应该是国度)里,选拔人才不是根据人品才华什么的,而是根据你的长相。长得越丑(按照我们的标准),官位越高;长得越端正,社会地位就越低,生活也就越贫困。

这个想象很有意思,首先让我们想到,所谓美丑,我们认定的标准并非就是唯一。先不说区域间审美标准的不同,就说不同的历史阶段吧,审美标准也的确会不一样。比如,古典小说中常提到的"五短身材","五短",指的是四肢和脖子都不长。在今天看来,绝对是好身材的反面。但古代不然。古人说一男子"五短身材",或许还不是褒扬,若是用来说女性,那就绝对是好话了。《金瓶梅》中,西门庆的女人中就多有"五短身材"的,吴月娘、李瓶儿、孙雪娥、乔五太太、来爵老婆,等等,都是"五短身材有姿色"。当然,西门庆的女人中也有不是"五短身材"的,比如王六儿,她应该长得比较高挑,但这在当时绝对是缺点,潘金莲就不屑地说她是"大摔瓜长淫妇"。《喻世明言·滕大尹鬼断家私》中,让倪太守"老兴勃发,看得呆了",立即想娶她做妾的女子,就是"五短身材偏有趣,二八年纪正当时"。这和喜好"大长腿"的我们,不是天壤之别吗?再看看古人留下的那些仕女图,那种身材和长相,现代男性如果没有嗜痂之癖,想必也不会为之癫狂的。

其次,故事所描绘的这种情境,其实在今天看来也并非完全没有可能。在一些比较闭塞的部落,确实会有跟我们完全不一样的审美标准。比如,缅甸南部少数民族布岛族，女性是以脖子长为美的，所以女孩到了5岁，家里人就开始往她的脖子上套铜环，铜环一个个加多，脖子自然越拽越长，据说最多的一位，竟然戴了28只铜环。还有，非洲埃塞俄比亚奥莫河谷流域的摩尔西族，女人会戴上厚重的唇盘。澳大利亚纪录片团队在埃塞俄比亚南部偏远山区中发现20岁的女孩阿塔雅，嘴上的唇盘直径竟然有20厘米那么长。在我们看来，这不仅不好看，简直就是丑陋无比。所以说，故事对罗刹海市的想象可能并非空穴来风。

马骏和异国人士的交往，被作者编排得跌宕起伏。先是求生存、求了解，然后是渐介入，渐高升。故事是以他做了龙王的女婿并留下一子一女结束的，但前半部分好像更有意思。

马骏初到，看见那些相貌奇丑的人是害怕的，但后来发现在他害怕别人的同时，别人也害怕他。在无法沟通的情况下，这样的误会常常会发生，而且会导致很多麻烦。比如，当我们试图营救一只受伤的猛兽时，情形就是如此。我们的本意是帮助它，但当我们接近它的时候，它会以为是要伤害它，于是它做出的反应倒过来对我们构成威胁。如果能彼此理解，情况就不一样了。马骏比较幸运，他发现对方并不构成对自己的威胁，相反，他们是认为自己被威胁了。于是，他就利用这一点，在人们吃饭的时候跑过去，一旦人们吓得落荒而逃，他就大快朵颐。就这样他获得了赖以生存的食物。

但靠恐吓维持生计不是长久之计，所以第二步，马骏进入了山村。在比较贫困的人群当中，也就是相貌和他的等级差比较小的地方，他慢慢了解了这个国度，慢慢地融入了他们的生活。在村人介绍下，他结识了大罗刹国的退休外交官，老人总算"见多识广"，知道还有个"中国"的存在，很想把他推荐给国王，但因为他的容貌"丑"到惊人，一直没有成功。有一次，马骏在退休外交官那儿喝醉了，涂了黑脸扮演张飞。主人一看，这张脸挺帅啊，足以见国王了。于是，他宴请高官，让马骏涂着黑脸出现，结果大家都很惊讶：谁说他长得丑啊，这不挺俊的嘛！于是他就凭着这张脸进入了上层，还获得了官职。

但他毕竟不是个中人，他的伪装面容渐渐被人识破，于是他待不下去了，向国王告了三个月假，回到当初发迹的那个山村，把获得的金银财宝分给那里的朋友。在村人的引导下，他参加了一次海上贸易。从山村到这场贸易的举办地，要船行三日。那是一个"水云幌漾之中，楼阁层叠"的城池，那里正在举办七天一次"四方十二国，均来贸易"的海中市，可以看成是个小型的世博会。马骏在那里遇见了"东洋三世子"，被邀到龙宫，做了龙王爷的女婿。

在去龙宫之前，故事基本还是在人间，可以看作是一次私人外交事件。

马骏应该去到了两个国度。第一国度作者命名为罗刹海市。罗刹，在《新唐书·南蛮传下·婆利》中有记载，说是在婆利国的东面，与婆利国的风俗是一样的。最重要的是，它记载说隋炀帝曾经派遣使者常骏（巧不巧？和我们这个故事的主人公同名）出使赤土（古国名），于是罗刹国和中国就开始了外交往来。婆利的故地在今天印度尼西亚的加里曼丹岛或巴厘岛。这个古国名与佛教中的罗刹又有一定的关系。佛教中的罗刹是梵语 Raksasa 的音译，指的是恶鬼。和"罗刹"相关的名称，都不是啥好的意思。比如"罗刹女"，是吃人的女妖；不吉利的日子，叫"罗刹日"；危险的石头，叫"罗刹石"；险恶的水域，叫"罗刹江"。聊斋把罗刹国的人写成这般狰狞模样，也算是有所本吧。马骏去的第二个地方，被称为"海中市"，从罗刹国出发，船行三日，再加上"东洋三太子"的称呼，可以揣测是亚洲东部的其他岛屿（国家）。从这些故事中，我们可以看到，明清之时中国与东南亚诸国交往还是比较普遍的，一本聊斋，也颇有些国际视野呢。

4
乔女：丑女无敌

世间美女少，书中美女多，这是一定的，要不然怎么说"书中自有颜如玉"呢？尽管现如今在大马路上喊一声"美女"，80%以上的女性会回头；尽管朋友圈里的照片都美得能让你惊掉下巴，毕竟，实事求是地说，美女是少数。文学作品可就不一样了。尤其是古代的小说戏曲，但凡在那里面粉墨登场的，全都貌如天仙。聊斋更是。人说美女如云，在蒲松龄笔下，美女更是"像雾像雨又像风"，只要你肯夜中不寐，多半可以见证奇迹的发生。而且不来则已，要来，一定是"艳绝""婉妙无比"。不过，"万绿丛中一点红"，聊斋竟然也写了几个丑女。乔女就是其中之一。

乔女虽然是丑女，享受的待遇却很不错。聊斋里有很多篇章题目都是女性的名字，如《胡四娘》《林四娘》《庚娘》《青梅》之类。但是，叙事的大幕拉开，率先出场的，往往并不是女一号。比如，《林四娘》的第一句话是："青

《乔女》

州道陈公宝钥,闽人";《胡四娘》的第一句话是:"程孝思,剑南人";《庚娘》的第一句话是:"金大用,中州旧家子也";《青梅》的第一句话是:"白下程生,性磊落,不为畛畦"。而乔女享受的,倒是开门见山的待遇。开卷即云:"平原乔生,有女黑丑"。作者还具体描绘了乔女的丑:

"壑一鼻,跛一足。"按照这个描写,乔女不仅皮肤黑、相貌丑,而且还是个残疾人。"壑"是积水的低洼处,我们常"沟壑"连用。"壑一鼻"应该不是有一鼻孔朝天,就是有一鼻孔塌陷。"跛一足"当然就是瘸子的意思。这个黑而丑的残疾女子,蒲松龄为何要写她?原来她握有一张王牌,那就是她自己说的:"所可自信者,德也。""德"是她并非"颜如玉"而能进入"书中"的通行证。

乔女的"德"主要表现为"贞",就是好女不嫁二夫。尽管守了寡,日子过得紧巴巴的,但当有人表示要娶她的时候,她还是断然拒绝了。这还不是一般的拒绝,她甚至顶住了来自母亲的压力。古代妇女改嫁,母亲、兄长的强迫往往是真正的驱动力,当然也是最好的挡箭牌。刘兰芝改嫁时对焦仲卿说"我有亲父母,逼迫兼弟兄",大概是真的,要不然她最后不会"举身赴清池"(《古诗为焦仲卿妻作》);而李密回忆"行年四岁,舅夺母志",可信度恐怕就要打问号了(李密《陈情表》)。毕竟,他只有四岁。母亲是真的为兄长所迫而嫁了人,还是成人后的李密故意这么说以维护母亲的声誉,已经很难查实。所以,乔女如果想要改嫁,母亲逼迫不失为一个顺水推舟的机会,但是她却坚决不嫁。而且她并不是看不上要娶她的孟生。相反,孟生看上自己,乔女内心里是感激的,把他视为知己,并"固已心许之"。她就是为不嫁而不嫁。因为唯有"不嫁"

方能表现出她的有"德"。为了让乔女的"贞"表现到极致，蒲老先生搬出了他的拿手戏：鬼魂。孟生的儿子乌头，为报乔女的养育之恩，私下买通了她儿子，希望把乔女和自己父亲葬在一起。结果那个棺材却变得无比沉重，三十人都抬不起来。不仅如此，她儿子还倒在地上，七窍流血，乔女魂附其身，呵斥道："不肖之子，怎么就把我卖了！"最终人们只能让她和丈夫穆生合葬。人常说誓死不嫁，乔女则是已死不嫁，执念之深，颇有些感动人的力量。

如果就是至死不嫁，乔女的故事未见得有多生动——除了那抬不动的棺材有点想象力。于是，高明的作者在这个贞女故事中开始大把撒盐。第一把盐叫作"义"。孟生暴病而卒，并无兄弟父母帮衬，村里的无赖趁机把孟家掳掠一空，还要谋夺他的田产。为了一酬知己，也为了道德正义，乔女挺身而出，先是找到他的朋友林生，晓以大义，希望他出头告官。林生受到恐吓，胆怯得闭户不出。乔女"挺身自诣官"。她容貌丑陋，还"跛一足"，行动应该不便，却勇敢地跑到官府去告状，这不仅是巾帼不让须眉，简直就是巾帼羞煞须眉了。告官不成，乔女又"哭诉于搢绅之门"，终于让正义得到伸张，为孟生夺回了被侵占的财产。在这个过程中，乔女勇敢、正直，不畏强暴也不畏强权，她义薄云天的行为，胜过须眉男子多矣。

还有一大把盐，则撒在表现乔女的"廉"上。她悉心抚养乌头,为他"延师教读",却让自己的儿子"巡行阡陌,若为佣然"。她精心打理家业,为"乌头积粟数百石"。自己却对孟家的财物"锱铢无所沾染"。其实,这不仅是安分守己,廉洁自律,不居功自傲,背后还有个尊卑的等级在内。穆生是在妻子死后"贫不能续"的情况下娶的乔女,他死了以后,"家益索,大困",属于贫困家庭;而孟生死后,族人还要"谋瓜分其田产",应该是比较富庶的。所以乔女始终把孟生的儿子看作主人,而自己的儿子则"若为佣然"。认同等级安排,安分守己,不行僭越之事,是古人很重要的道德。当贾宝玉对袭人胡扯说"你这里长远了,不怕没八人轿你坐"的时候,袭人就很冷静地指出:"有那个福气,没有那个道理,纵坐了也没趣儿。"(第19回 情切切良宵花解语 意绵绵静日玉生香)。鲁迅说他小时候看过一出戏(应该是根据清代李玉的传奇剧本《一捧雪》改编的绍兴戏),管家莫成和主人长得相像,在主人遇到危险即将被正法的时候,毅然为主人替死。临刑的时候,主母照例要去"抱头大哭",这才不会露出破绽,然而莫成一脚把主母踢开了。因为"虽在此时,名分也得严守,这是忠仆,义士,好人"(《准风月谈·电影的教训》)。乔女在无人监督的情况下安守本分,就是道德高尚的好人。

说实话,尽管作家竭力抬举,拼命表现乔女的"德":她的"贞"、她的"义"、她的"廉",但是这个道德标兵实在无甚可爱。有意思的,倒是作者叙事的技巧。乔女的故事是以"贞"为主题的,但如前所说,一个誓死不嫁的故事未见得有多动人,于是,作者把这个故事做成了一个画框,中间则镶嵌上了她义责林生、勇诣官府、哭诉搢绅、抚子理产、居功不傲等一连串的情节,一面渲染她的"勇"和"廉",一面把她按在了孟府女主人的位子上。为了突出这一点,作者还特意加上了"乌头夫妻有小过,则斥遣不少贷"的情节,这分明是只有长辈才能对小辈行使的职权。就在万事俱备的时候,"东风"也到了——她过世了。她无法再拒绝和孟生的姻缘。于是乌头用钱买通了她儿子,商议好把她和孟生合葬。就在这时,"贞"的主旋律再一次响起,而且经由中间部分的衬托,这时的旋律分外激昂。对于孟生,虚的,她可以"心许之";实的,她可以履行主母的职能,但决不享受主母的利益,更不接受主母的名分,于是就有了棺重难抬的情节。首尾呼应,形成高潮,乔女的圣人形象完美闭环。

相对而言,《聊斋志异》中的另一个丑女故事,似乎更符合现代人口味。文士孙麒在山中别业遇见了"微黑多麻"的吕无病,开始他是直接拒绝的,但吕无病极有内涵,也极有耐心。从开始的毛遂自荐被拒,到通过展示文才让孙氏"意稍动",留用在书房;然后用出色的工作、温顺的态度、娇弱的样子和奇异的体香,让孙氏一步步从"悦之""怜之""异之"到"大悦之""嬖之",最后"终嬖爱"。也就是孙氏最终摆脱了对外貌的偏见,真正爱上了吕无病(《吕无病》)。作者评论说:"心之所好,原不在妍媸也。"他认为,毛嫱、西施也许就是因为有人爱她们,才把她们说得那么美的。话虽如此说,毕竟,作者笔下多如牛毛的是美女而并非丑女。

翻翻中国历史,美女多,丑女倒也是有几个的,比如民间称为四大丑女的嫫母、无盐、孟光和阮氏女,还有宋玉笔下可怜的登徒子之妻。她们大多也像乔女一样,尽管外表难看,却是个"心里美"的大香蕉。

嫫母传说中是黄帝的第四个妃子,以容貌丑陋而闻名。黄帝可不是下面要讲的故事中的穆秀才,不缺那俩小钱,为什么要娶丑女为妻,有点莫名其妙(就像《乔女》故事中的孟生一样)。于是,传说就加上了关于她贤德的种种,也就是"心里美"。"心里美"是丑女存在的理由。大凡出了名的丑女,心里美都是必须的。比如丑女排行榜的亚军钟离春,又名无盐,传说她虽然长得极丑,却有治国之才。她因为容貌丑陋嫁不出去,干脆跑去向国君自荐。在齐宣王面前,她大大展示了一下"心里美",直指齐国政治上弊端:强敌环伺、不立太子;大兴土木、劳民伤财;小人横行、贤才隐遁;沉迷酒色、不修德政。这样的宏论出自一个女性之口,想必齐宣王是闻所未闻的,而且这还是一个和他眼目所见的女子都大不相同的丑女。应该是出于政治原因吧，齐宣王把无盐留在了后宫。孟光的"心里美"则表现在她的"举案齐眉"上。是妇德标兵，就应该不管丈夫工作好不好、职位高不高、薪水多不多，做妻子都应该毕恭毕敬。相比较而言，阮氏女则更硬气一点。据《世说新语》记载，因为阮氏女"奇丑"，所以新郎许允看都不要看她。后经朋友劝说，勉强回到房内，一看那张脸，又忍不住掉头要走。阮氏女"捉裾停之"，就是一把抓住衣襟，不让他走。这个动作对于一个古代女子，而且是丑女，实在是够有魄力的。许允气哼哼地说："女人应该有四德（德、言、容、功），你有几样？"阮氏女回答说："我只是缺容貌而已。男人有各种德行，您符合几条？"许允说："我都符合。"阮氏女说："德行以德为首，您好色不好德，怎么能说都符合？"许允被她点到软肋，不由得惭愧，从此过上了琴瑟和谐的生活。

比较可怜的是宋玉笔下的丑女，她连个名姓都没有，就是登徒子的妻子。宋玉还不厌其烦地细细描写她的丑态："蓬头挛耳，齞唇历齿，旁行踽偻，又疥且痔。"之所以说是"丑态"，是因为有些东西本不属于长相，比如"蓬头"，那是不注意修饰打扮的结果（除非她的头发天然鬈）；再比如"旁行踽偻"，如果不是腿有残疾，那就是走路姿势不好；至于"又疥且痔"，那是身体上的疾病，而且后者应该是宋玉无从知晓的。宋玉的这一番糟蹋可以说是用尽全力，不过目标不在她，而在她丈夫。是用糟践他老婆的办法来达到洗白自己、攻击登徒子的目的。这时候，丑女就没了"心里美"，成了陪衬人，写她的"丑"是为了衬托登徒子的"好色"。

　　无独有偶，聊斋也写了一个把"丑"作为陪衬的故事，叫《丑狐》。谁都知道，狐狸精的特点就是能变善化，这只丑狐也不例外，它能凭空变出元宝来，但却没能把自己变漂亮点，而是"颜色黑丑"，真不知是怎么想的。丑狐的故事与其说是表现狐的"丑"，不如说是要表现人的"丑"。这种丑不是外表上的，而是内心的。秀才穆生，见到丑狐的时候，原本是"厌其丑"的，就因为丑狐"以元宝置几上"，就"悦而从之"。这一行为本来就够丑的了，更丑的是，秀才"告妻，妻亦喜"，还殷殷勤勤地为丈夫和丑狐的苟合缝好了被褥。难怪丑狐也嘲讽说："君家娘子劬劳哉。"这一笔，简直就是把人领进了《金瓶梅》世界。《金瓶梅》里，西门庆和他店铺主管韩道国的老婆私通，韩道国知道后竟然对老婆说："等我明日往铺子里去了，他若来时，你只推我不知道，休要怠慢了他，凡事奉承他些儿。如今好容易赚钱，怎么赶的这个道路！"大有额手称庆之意，和穆秀才娘子有得一拼（第38回　王六儿棒槌打捣鬼　潘金莲雪夜弄琵琶）。穆生的丑行到此还未结束。丑狐"赂贻渐少"的时候,他起了厌弃之心,请了术士来,画符于门,要把丑狐拒之门外。受到丑狐的警告后,他继续还让术士来作法。丑狐很生气,后果当然很严重。不仅家里的门扇窗户、锅盆碗瓢全给砸了个稀巴烂,还被咬掉了两个脚指头。财物更是一无所有,变回了穷光蛋一个。这个丑女(狐),外表丑,心里也不美。它之所以要丑,就是要检测一下人心吧。如此看来,丑狐也算是蒲氏狐鬼大观园中的傻大姐,不仅有"万绿丛中的一点红"的意外,也颇能折射些人事、人心。

5

邵九娘：优秀"小三"的杰出代表

民间有个不太雅的说法，叫"妻不如妾，妾不如偷"，就是说，男女相处的时候，越是不"在册"的，愉悦感越强。用这话对照一下蒲老夫子写的《聊斋志异》，还真是！他写得最多、也最好的是各种各样的花式偷情；其次是小妾；写妻子的既少又差。这也难怪，从观念形态上来说，娶妻事关家族利益和宗嗣的延续，严肃认真，连形式都是"父母之命，媒妁之言"，一板一眼，不容亵渎。《西厢记》《牡丹亭》《红楼梦》这样的作品，之所以高居文学史榜首，就是因为在这个问题上各自有了重要突破。从文学创作的角度说，娶妻（或妻子）可以"讲故事"的空间远不如其他大。《金瓶梅》中，西门庆尽管有一妻五妾，笔墨下得最多的也绝不是吴月娘。

想要结识《聊斋志异》中形形色色的"小三"，首先要明白彼时的婚姻制度以及随之而来的婚姻观念（或者倒过来，明白彼时的婚姻观念以及随之而来的婚姻制度）。现在的很多电视剧都是让现代人穿上了古人的衣服，然后满嘴跑火车——注意：跑的是"火车"，还不是"马车"，所以是完全信不得的。古代的婚姻观念和今天有很大的不同。当然，我们所说的"古代"是一个漫长的历史阶段，这个历史阶段本身也是有好多变化的，很难一概而论。就如马文·佩里说的，文化的生成是个极其复杂的问题，在不同地域生成的文化肯定不同，但说不定，它们又会在某些方面表现出相同的特征。文化生成是一个过程，但我们又必须将它看成是一个相对固定的概念。比如，在底格里斯与幼发拉底两河流域的中间产生的美索不达米亚文明，"这种文化作为一种有特殊风格的文化延续了近三千年之久"，但我们论述时却不得不把它作为一个相对固定的概念来研究（《西方文明史》）。比如，《周礼·地官·媒氏》中说："仲春之月，令会男女，于是时也，奔者不禁。"尽管学者对这段话，尤其是其中的"奔"字有各种解释，但有一点好像大家都没有异议，那就是周代农历二月（春季三个月：农历正月称孟春，二月称仲春，三月称季春）是放"爱情假"的，可以暂时不管什么"父母之命，媒妁之言"，对上眼了就结合。这也是我们先人高明的地方，看看《周礼》就知道，要结个婚，那一套繁文缛节啊，总有人受不了或做不了，那就留个口子呗，实在不行就往那儿走。可是，到了宋代"二程"的嘴里，情况就不是这样了。有人问程子："孀妇于理，似不可取（娶），如何？"就是从道理上说，寡妇好像娶不得啊，对不对？伊川先生（程颐）回答说："对呀！凡是娶妻，都得和自己相配。如果娶一个失节的人来和自己相配，那你岂不是也失节了？"那人好像不怎么乐意接受这个结论，又接着问："有人死了男人，穷得养不活自己了，可以再嫁吗？"程夫子毫不留情地回答说："这都是后来的人怕冻死饿死，所以这样说。但饿死小事一桩，失节可是大事。"瞧瞧，贞节比生命还重要了，还谈啥"奔"啊。这两种态度明显大不一样，但出于方便（也出于需要），我们都笼而统之地把它算在"古代"里。

笼而统之地说，中国古代的婚姻是多妻制的。有人专门写过文章，否认中国古代的多妻制，题目很抓眼球："中国古代是多妻制的吗？"用这样的设问做标题，连小学生也知道答案应该是否定的。不过，当你读了文章的论据，却有些哭笑不得的味道。他的理由很简单：中国古代不是多妻制，而是"一妻多妾"制。"妻"只能有一个，唯有妻死了才能招聘新人上岗，叫作"续弦"。妾才能有几个。这就太好玩了。就好比问："人必须吃饭才能活着吗？"暗含的结论当然是人不吃饭也能活着，于是大家就都想知道不吃饭咋活，结果他却告诉你：不吃饭可以吃粥，还可以吃馒头,吃包子,吃面条……相信大多数人对"一夫多妻"中的"妻"是不会这么"严格要求"的。如果这里的"妻"就是指婚姻生活中的配偶的话,那么,说中国古代是多妻制的,相信不会错。《孟子·离娄》讲了一个"齐人有一妻一妾"的故事。说齐人在家里有一妻一妾,每天出门,一定吃饱了酒肉才回来。老婆问他和谁在一起喝酒,老公报出名来的,都是有头有脸人。妻对妾说:"不对呀,老公每次出门都酒足饭饱了回来,问他和谁在一起吃,还都是大富大贵的人,但为什么从来不见有身份的人到我家来过呢?我倒要看看他到底去哪儿了。"第二天早晨,妻偷偷跟着老公出去,发现哪儿都没人肯站下来和他说句话。他一直走到城东郊外的坟场,向那些祭祀的人讨要食物,吃人家祭奠剩下来的东西;一家吃不饱,再走一家——原来他就是这样吃饱的。妻子回去,把看到的告诉妾,说:"老公是我们指望依靠终身的人,现在却是这副样子!"妻妾都很伤心失望,在庭中哭泣,而她们的老公并不知道,还得意洋洋地回来,在妻妾面前摆出很傲骄的样子。有人说,这个齐人已经到了在坟场乞食的地步,怎么还有一妻一妾呢?有人解释说,这就一寓言,"妾"是孟子假造出来的,目的是让故事更生动。其实倒也不尽然。首先,齐人的经济状况不见得有多糟。他去坟场乞食,目的恐怕不仅是为了果腹(这点在文中看不出来),而是为了"骄其妻妾",也就是在妻妾面前显摆。他用"餍酒肉"的事实向她们炫耀自己有N多大咖朋友。如果他自己也要靠乞食才能果腹,那怎么养活一妻一妾?便是一妻也养不活啊。当然,齐人不富裕也是事实,要不然他也不用去坟场乞食,自己跑到酒店吃个酩酊,回来吹牛说是大咖请他,也是可以的。总之,即便是寓言,也应该有一定的生活基础,不是可以随意编造的。从孟子编造的这个故事中,我们可以看到在中国古代,纳妾是常见的现象,并非为豪富所独有。

由于古代女性参与社会活动的程度很低,劳作也大多是做些洗涮、针黹之类,较难独立地获得足够的生活资料,这时候,"适人"是解决生计问题的好办法,也就是依靠男人来生活。就像"齐人有一妻一妾"故事中所说的:"良人者,所仰望而终身也。"这些女性中,还应该包括丈夫去世的寡妇。良人已去,生存即成问题,所以有人问"人或居孀贫穷无托者"可不可以改嫁。

那么,如果女人有钱,是不是就可以独立生活呢?我们来看看《史记·货殖列传》中的故事。有个女子,名字叫清。祖上是经营丹砂矿的。丹砂又称辰砂,是一种含汞的矿物。因其为朱红色或褐红色,所以被称作"朱砂",也叫"丹砂"。丹砂可以提炼后作为画画的颜料,也即所谓"丹青"中的"丹",中医也用来入药。更重要的是,东汉之后,为寻求长生不老药而兴起的炼丹术,其中的"丹"

也就是提炼丹砂。另外，据说朱砂还有检验是否处女的神奇功能。皇宫里的宫女都会在手臂上点一个朱砂点，称为"守宫砂"，如果女孩子有性行为，红点会立马褪去。马致远让王昭君出塞时说自己"守宫砂点臂犹红"，就是说自己还是处女之身。这么一个神奇玩意儿，自然值钱得很，清的家族几代人开采，赚了个盆满钵满。丈夫死后，清承担起了管理矿产公司的职能，好像她还挺有能力，能保证它正常运转。这件事连秦皇帝都惊动了，表扬她是"贞妇"，为她筑女怀清台，把她捧成了全国的示范标兵。秦皇帝表扬的是她的贞节，可我们看见，这贞节是用银子换来的。司马迁在写她的时候用了"用财自卫，不见侵犯"八个字。也就是说，作为一个女人，她在丈夫去世后是受到威胁的，好在她有钱，也懂得金钱的力量，用经济实力购买服务，这才保护自己不受侵犯。那么换句话说，如果一个女性失去了丈夫、又不懂得"用财自卫"，她很可能还会被人侵害。如果连钱也没有，那就更不用说了。可见，即便是富婆，要独立也不太容易，并非所有人都能做到。我们看到，《金瓶梅》里的两个富婆，李瓶儿和孟玉楼，在丈夫死后都乖乖地（甚至有些迫不及待地）把自己的钱交到了西门庆的手上，希望由他来保护自己。这种女人对男人的依附关系，就是中国古代多妻制的基础。明白了这样一个基础，我们再回头看蒲松龄写的小三，就特别有意思了。

《聊斋志异》中写到小妾的不少,邵九娘可谓是作者的理想人物。

在妻妾这个问题上,蒲夫子的立场坚定得很:男人尽管艳遇不断,女的必须虚怀若谷,前者是原则,后者是保障。因此,他对所谓的"妒妇"是痛加攻击的,与之相对,很多符合他标准的小三则闪亮登场,邵九娘就是其中的杰出代表。

邵九娘作为优秀小妾的代表,具备了如下几个特点:

第一是年轻美貌。

俗话说:娶妻娶德,娶妾取色。貌不美还为人妾,是很有点危险性的。都中洪大业纳了一个名叫宝带的小妾,容貌比妻子差很多。开始还有点新鲜感,后来妻子在狐仙恒娘的指点下,略施小计,丈夫便"视宝带益丑",直至"厌怒之,兼施鞭楚"(《恒娘》)。而邵九娘是年轻貌美的,"二八女郎,光艳溢目"。

第二是巧手能干。

邵九娘不仅能事伺候之事,居然还懂医理,在大妇病笃之时,"暗撮别剂",让她"病若失",还会用银针"按穴刺之",使她"画然痛止",俨然一高明的家庭医生。

第三,也是最重要的,是要能忍会让。

忍什么?忍大妇的种种刁难,甚至折磨。邵九娘在这个问题上简直行同圣人。首先,她主动放弃作为外室的优宠生活，自投罗网。然后，积极调解夫妻关系，即使惨遭毒手也无怨无悔。聊斋中的另一个故事，更是把小妾的这种"忍"的精神发挥到了极致。这个妾不仅外貌"颇婉丽"（必须的），而且身怀绝技，"不啻百人敌"，在一个盗贼撞门的夜里，挥舞一条挑水木杖，把贼人打得屁滚尿流，抱头鼠窜。而就是这样一个女豪杰，居然平时里被大老婆"鞭挞横施"而"殊无怨言"（《妾杖击贼》）。忍耐功夫不得不让人佩服。

除了忍，"让"也是必须的。"让"什么呢？让丈夫啊。毕竟丈夫只有一个，拱手相让才是美德。邵九娘就是这么做的。丈夫来时，"十余夕始肯一纳"。《红楼梦》里的平儿更惨，"大约一年二年之间两个有一次到一处"，王熙凤"还要口里掂十个过子呢"（第65回 贾二舍偷娶尤二姨 尤三姐思嫁柳二郎）。

貌美能干而甘愿屈居下位，这就是蒲松龄等一干男性对小三的要求。如此高标准严要求，放在今天，怕是很少有人能做到，更很少有人会愿意的吧？其实古代又何尝不是？大凡美妾，仗着丈夫宠爱，总要恃宠而骄搞事情的，比如《金瓶梅》中的潘金莲，《红楼梦》中的宝蟾、秋桐。正因为生活中罕见，蒲松龄才在笔下津津乐道呢。毕竟，对于男性来说，邵九娘这样的女子，正是他们所渴想的。

6
于成龙：神探式清官

聊斋里面，贪官多，昏官也不少，但也有一些清官。因为要"志异"，所以表现清官"廉"的不多，主要表现的是断案能力，类似今天的刑侦题材，警匪片，虽然没有狐精鬼魅，倒也好看。

中国古代的政治制度，行政司法不分，当了行政长官的，还要审案子，行使侦探职能。而这样一个全能的长官，选拔却又只看书卷文字。这情形就有点古怪了。聊斋中写了一书痴，唯知读书，其他什么都不知。把"书中自有黄金屋，书中自有千钟粟，书中自有颜如玉"当真。连夫妻之道都不懂，更不用说待人接物了。但就是这么一个书痴，居然"秋捷，次年举进士"。"秋捷"就是指他参加三年一次的乡试，并且中举了。乡试是科举考试的第一级，在京城和各省的省会举行。因为时在秋天，所以也叫"秋闱"，乡试中榜就是"秋捷"，也就是中举，成了举人。乡试的第二年举行会试,这是科举的第二级考试,是由礼部主持的全国性统考,考生必须是已通过乡试的举人,还要自己提出申请、审核通过才能赴考。会试中式的成为贡士,就是贡献给皇帝老子用的意思。贡士再参加殿试,这是科举的最高一级考试,也叫廷试。参加殿试的一般不会黜落,都能成为进士。殿试的主要意义就是确定前10名,也就是评出状元、榜眼、探花等。我们这位连基本常识都不懂的书痴,竟然就成了进士。就算这是蒲老先生瞎编的,但生活基础总还是在。也就是说,科举选拔的主要依据,是书本知识,以及由此申发的一点点不离经叛道的小思考,所谓"代圣贤立言"。此即所谓的"学问""文章";至于"世事"是否"洞明","人情"是否"练达",是科考之外的功夫。这种选拔制度的荒唐,在传统戏曲小说完全没有恶意的表现中显示得淋漓尽致。往往某官出个上联,如果能又快又好地对出下联来,就被肯定为有才。殊不知这种在使用语言文字上的敏捷,和治国平天下的行政能力,实在是没有半毛钱的关系。假如进士只是一纸文凭,那倒也罢了,关键是成了进士就要做官,要管理一方事务,个中的不靠谱,应该可以想象。出现几个审不清案子的官员也是理所当然之事。元杂剧中经常讽刺这类官员,给他们的上场诗,或者是"我做官人胜别人,告状来的要金银。若是上司当刷卷,在家推病不出门"(关汉卿

《窦娥冤》）；或者是"官人清似水，外郎白如面，水面打一和，糊涂成一片"（孙仲章《勘头巾》）。再看看我们这位书痴，他成为进士后就"直指巡闽"。"直指"这里是指中央直接派出的巡视员。故事里说这是他朝夕祝祷书仙颜如玉的结果，但他祝祷的"官于闽"，主要是"于闽"，也就是到福建去，找先前烧了他书的官员报仇。至于为官，对他来说不是问题。如愿之后，他果然给了仇人"籍其家"（抄没全部家产）的重惩。你会发现，书痴在中举前后判若两人，前面是"痴"到人事不知，连"啪啪啪"之事也"逢人辄道"，而后面忽然精干起来，连报仇也不是贸贸然的，而是先让人查清了仇人的底细，证据充分才动手。还玩了个华丽转身，功成身退（《书痴》）。看来"官"还真是个好东西，只要官魂附体，一切都不在话下，难怪官本位的阴魂至今不散。书痴的故事其实是"无心插柳"地暴露了科举制度在用人上的问题。

在这种官僚制度下，刑侦能力比较强的官员往往就被作为"清官"的典型来歌颂了。我们所谓的清官，包括大家熟悉的包公、狄仁杰等，若排除不畏强权这一点，与其说是清官，不如说是神探。

聊斋中的于成龙，也是这么一个神探。

于成龙主要侦破的是两个案子：一个是妆奁被盗案，二是入室抢劫杀人案。

第一个案子,是巨绅家女儿的妆奁被盗,彼时既无指纹可验,又无监控可看,怎么破案?于成龙采用了"打草惊蛇法"。一面放出风去,说明日要挨家挨户搜查;一面封锁城门,只留一处出入,暗中叮嘱官吏注意反复出入的人,果然从中发现了窃贼。因为,听说要搜查,盗贼一定急于转移赃物,城门有官吏把守,盗贼势必要分批运输出城,所以盯住反复出入的人,也就盯住了盗贼。

第二起案子更奇,是在没人报案的情况下,于成龙根据看到的细节确认了案情的存在并成功破案。某天早晨,他经过城外,看见两人用床(应该是类似担架的东西吧)抬着一个病人,病人侧睡在床上,盖着大被子,枕头上露出头发,簪着一支凤钗,应该是个女子。三四个健壮的男子护送着担架,不时轮流用手掖掖被子,把它压在病人的身子底下,像是怕吹到风似的。于成龙马上就觉出了不对劲:哪有少妇在床,男人可以随便伸手到被底下的?走一段后,这伙人歇息下来,然后换两个人继续抬。于成龙明白:这一定是担架沉重的关系,看来不仅是一个女子的分量。他让人去问,那伙人说是妹子垂危,要送回夫家。他派人悄悄尾随。看他们到了一个村舍,两个男子把他们迎了进去。于成龙确认,一定有问题!如果真是女病人到了,一定会有女眷等候,现在只看到男子,又不问一句话,一定有鬼。他马上派人看有没有人家报案被抢劫了,但是居然没有。他又仔细盘查,才发现果然有一户人家被抢劫了,但那家人因为害怕,没敢报案。真相大白,8个盗贼终于全部落网。原来他们抢劫之后雇了一个妓女,假装送病人,把抢来的金银珠宝藏在被子里,转移出去分赃,遇到于成龙这样的神探,也算是倒了八辈子的霉(《于中丞》)。

比于成龙的破案故事更好看的,是《胭脂》。这故事要拍成侦探片,绝对有卖点。可惜现在的同名电视剧,说的不是这个故事。《胭脂》的故事是这样的:

牛医卞某,半夜发现有人翻墙进了自家院子,在那里探头探脑,想到自己有一漂亮女儿,料定是冲着女儿来的,便拿着刀子追出来。那人来不及逃走,情急之下,反手夺刀,把卞某杀了。卞妻追出来,在墙根发现女儿胭脂的一只绣鞋,逼问之下,胭脂说了实情:有一天,她在门前见一帅哥走过,瞬间来电,就多看了几眼。不想有一天晚上,那帅哥竟然自己摸来了。胭脂不肯苟合,告诉他如果真想和她好,赶快派媒人过来。帅哥索要信物,脱走了她的一只绣鞋。天亮告官,官府拘捕了帅哥——南巷秀才鄂秋隼。鄂秋隼在堂上瑟瑟发抖,话不成句。县官看他吓成那样,认定他就是凶手,一顿拷打,鄂秋隼认罪。案子一级级上报,到了济南府。太守吴南岱觉得文弱的鄂秋隼不像杀人凶手,于是再细细询问。

鄂秋隼说，我曾经在她家门口路过，看到以前的邻居王氏和她一同出来，我赶快就走开了，从此以后再没和她有过接触。吴南岱细心，发现供词中有漏洞：胭脂说她见到鄂秀才的时候并没有提起身边还有旁人。于是再询问胭脂，胭脂承认边上确实有邻居王氏，因为不想带累别人，所以开始没说。于是，吴南岱拘捕了王氏。询问之下，王氏供出曾向奸夫宿介说起胭脂看上鄂秀才的事。吴公拘捕宿介，宿介供出曾冒充鄂秋隼去过胭脂家，强索了她的绣鞋，但后来发现鞋子丢了，就再没去过胭脂家，更没有杀人。吴南岱哪里肯信？严加拷打，宿介终于认罪。至此，大家都以为真凶已获。

这宿介虽然浪荡，却还有点文才，写了一封自诉冤枉的信，给主考官施愚山。施愚山讨要宿介的供词，反复研究，觉得宿介是冤枉的。于是，他再讯王氏，问她还有什么奸夫，王氏供出了几个有挑逗之意的浪荡子。施愚山把他们全部抓来，带到城隍庙，告诉他们：昨晚神来告诉我，凶手就在你们几个之中。那些人大呼冤枉。施公让人用毛毡、床单把大殿的窗户严严实实地遮挡起来。让几个人都脱了上衣，裸露背脊，赶到黑暗的大殿里，让每人在盆里洗了手，用绳子把他们捆住，让他们面朝墙壁，不许动。说："谁是凶手，神会在他的背上写字。"过了一会儿，把这群人放出来，施公指着其中的毛大说："这个人就是凶手!"原来,大殿的墙壁是用石灰水刷过的,让他们洗手的水里是有烟煤的,凶手害怕神在自己背后写字,就会把背抵在墙上,粘上了石灰,出来时又会用双手护住自己的背脊,又沾上了烟煤。毛大先还抵赖,施公"施以毒刑",他才供述:他知道王氏和宿介私通,那天他晚上摸到王氏家,想抓个现行,好要挟王氏就范,不想在门口捡到了宿介丢失的绣鞋,然后趴在窗户上听到宿介告诉王氏,他如何冒充鄂秀才去见过了胭脂。毛大早就听说胭脂貌美,高兴极了。几天后,他拿着绣鞋翻墙进了胭脂家,不料被卞某发现,导致了命案的发生。

这个故事的有趣在于"凶手"竟然有三个:先是因为腼腆战栗而令人生疑的鄂秋隼,后是因为品行不端而让人确信的宿介,最后才是真凶毛大。三个"凶手"被怀疑的理由都很充分,认罪的过程也如出一辙——"横加桎梏",就是用刑。表面上,三个官员一个比一个有能耐,从草草了事的邑宰,到无不称神的吴南岱,再到最后的施愚山。但让人细思极恐的是,后两者翻案的基础都有点玄乎。吴南岱的怀疑,始于他看到鄂秀才,觉得不像是杀人凶手;施愚山的怀疑,始于宿介的一封诉状。那么,如果鄂秀才长得不那么文静呢?如果宿介不是山东名士,写不出一篇"语言怆恻"好文章呢?当然,他们断案也有亮点,比如对细节的追寻,比如对王氏是否在场的追究，对绣鞋下落的追查，这些细节看上去和案子没啥关联，却都是破案的关键。但最后结案，靠的都是酷刑。这是和现代刑侦的最大差别。现代刑侦要的是证据，而那时就是靠酷刑。鄂秀才和宿介都是屈打成招的，但后面好像并没有接受教训的意思，仍然是靠"施以毒刑"结案。让人毛骨悚然。

聊斋中，刑具的使用比较能让人接受的，唯有《新郑讼》。

石宗玉为新郑令时，某甲来告状，说有人扒在自家矮墙上窥探，应该是贼。可是"贼"却说，自己在外经商，因病思归，雇了一辆车和两个车夫，车内有五千银子。那天，两个车夫去买吃的东西，他独自守在车中，某甲看他病弱，抢走了银子。他无力抢夺，只能一路尾随，以致有扒墙窥视之说。石公认为两个人都口说无凭，把他们赶了出去。石公想起某甲好像有一笔赋税还没交，就让差役催逼。第二天，某甲就交了三两银子。问他哪来的钱，某甲说是典卖了衣物换来的。石公就让查纳税人中有没有和某甲同村的，恰好有个邻居，就问他知不知道某甲典卖衣物的事。邻居开始说不知道，某甲急了，逼问说："我典卖了什么什么，你怎么就不知道？"邻居只能说："是，是有这事。"这时候，石公把刑具搬出来，效果就出来了。邻居说："我们是邻居，我不敢得罪他；现在要用刑，我也管不了那么多了。他确实是抢劫了别人的财物。"这时的刑具不是简单的威慑作用,而是为证人搭了一架梯子,让他自然地顺梯而下,既不得罪邻居,又供出了实情。

不靠酷刑而用推理破案的,是《诗谳》中的周元亮。一桩命案,现场留有一柄诗扇,上面写着"王晟之赠吴蜚卿"。吴蜚卿有风流轻浮之名,屈打成招判了死刑。案件到周元亮手中,他觉得案发在四月份,又是阴雨天的晚上,凶手没理由带一柄诗扇在身边,分明是故意栽赃。回想起某酒肆的墙上有李秀的题诗,诗意基本相同,于是把酒店老板叫来,老板说是几个日照的秀才写的。于是去日照拘了李秀。李秀承认扇子上的确是自己的诗,但字不是自己写的,笔迹好像是沂州的王佐。王佐说:这是益州铁商张成请他写的,说王晟之是他的表兄。张成到案供述:他觊觎那个女人的美貌,想去勾搭,又怕被拒绝,于是假托是吴蜚卿。争执中,女子被杀,他扔下诗扇跑了。真凶到案,吴蜚卿的冤案得以昭雪。不过从现代刑侦的角度说,推理还不能定案,还需要证据。不知道周元亮拘捕张成后"一讯遂伏"的过程中,有没有动刑。

蒲松龄对行刑是有看法的,他特意在《折狱》中写了两个不随便动刑的故事。贾某被人所杀,为了等真凶浮出水面,案子"逾半年"尚未侦破。贾弟急欲为兄报仇,"怨公仁柔",公的回答是:"欲我以桎梏加良民耶!"明确表示不愿随便用刑。还有一个故事是一桩牵涉多人的复杂案件,作者特地指出,到结案时"并未妄刑一人"。可见,作者对询讯过程中的"妄刑"是不满的。

所幸靠行刑来获取口供以定罪的时代已一去不复返,不能刑讯逼供,增加了审讯的难度;但现代刑侦技术的发展,也让证据的获得如虎添翼。佛说,道高一尺,魔高一丈。犯案和破案,永远在彼此的较劲之中。

7

王子安：读书人的梦醒时分

聊斋中，写科举的故事很多。大致可以分为两类：一类是痛骂科举制度的，要知道蒲老先生当年可是孜孜矻矻考了N回，却一直是个落榜生。有一次，还因为犯规而被轰出了考场，这口恶气如何咽得下去？所以在聊斋中痛骂几句，是再正常不过的事。痛骂得最爽的，是《司文郎》。

《司文郎》的故事中，有一个盲和尚，虽然眼睛看不见了，却可以让人把文章烧成灰，他用鼻子嗅那灰烬，便能知道文章的好坏。好文章"心受之"，其次"受之以脾"，劣等文章"强受之以膈"。租住在报国寺的赶考士子王平子和余杭生都烧了自己的文章请盲僧嗅。盲僧很欣赏王生的文章，而对余杭生的作品颇不以为然。不料几天后放榜，王生落第，余杭生居然中了。面对余杭生的责问，盲僧说："仆虽盲于目，而不盲于鼻；帘中人并鼻盲矣。"这一骂已经够毒的了：你们那些手握大权的评阅人，比我一个瞎了眼的和尚都不如！似乎光骂还不解气，后面又来了一段精彩的故事，和尚说："把你们考官的文章各取一篇给我闻，我一定能找出谁是你的老师。"他一篇篇闻着，闻到第六篇的时候，突然"向壁大呕，下气如雷"。天哪，上吐下泻（放屁），这气味该多刺激？盲僧对余杭生说："这可真是你的老师啊。"这个故事的讽刺，可谓辛辣。贾奉雉的故事也有类似内容，他虽然"才名冠一时"，却考来考去考不上，最后在一郎姓秀才的指点下，"于落卷中，集其阘茸泛滥、不可告人之句，连缀成文"，居然高中。之后他"又阅旧稿，一读一汗，读竟，重衣尽湿"，觉得再无颜见人（《贾奉雉》）。这些情节，说白了都是骂人话，蒲松龄把屡次科考失败，恨其目盲、怨其不公的愤懑大大宣泄了一番。

还有一类却是对读书人自身的反省。在这一点上，《聊斋志异》和另一本讽刺科举的小说《儒林外史》相比，就弱了很多。鲁迅先生评价《儒林外史》是"秉持公心"，并断言"是后亦鲜有以公心讽世之书如《儒林外史》者"（《中国小说史略》）。所谓"公心"，自然是与"私心"相对，就是有自己的小九九。李渔的小说《拂云楼》中有个叫能红的丫环，是个相当有个性、有主见的女孩，当她觉得某个男人可以终身相托时，便毅然决然地采取了一连串包括阴谋诡计在内的行动，让自己先小姐而拔了头筹（当然后来还是主动让出了主位），有位现代学者就批评她"私心滔滔"。《儒林外史》的作者不怎么有私心，周进、范进等形象的塑造，既写出了现实的逼迫，也写出了读书人自身的迷信和迂腐。而蒲松龄，从上面说的《司文郎》等文来看，"私心"则比较明显，作者的愤怒溢于言表：你们这些"帘中人"，不识好歹，以丑为美，连一个瞎了眼的和尚都不如！不过，王子安却是一个难得的自我反省式的人物。

和作者一样，王子安也是"困于场屋"，在科举这条路上不怎么顺利。这年考完试，临近发榜的时候，也许是因为过于紧张，故意要麻痹自己吧，他喝了个酩酊大醉，瘫倒在床上。忽然听到有人说："报喜讯的来了！"就踉跄着起身，大喊："赏钱十千！"家人看他醉得厉害，就骗他说："已经赏过啦，你睡吧。"他倒下又睡。过了一会儿，他觉得又有人进来了，说："你中进士啦！"王子安居然反问："我还没去京城参加殿试呢，怎么就中了进士？"烂醉如泥、幻象迭出的王子安，突然冒出一个如此清醒的问题，实在是作者的生花妙笔，可见科考的种种在读书人的脑海中有多深的烙印。那人说："你忘了吗？三场都考完啦。"王子安高兴极了。其实，分为三场的，是乡试和会试，殿试只考一道策论，时间是一天。这里的"三场"，或许就指乡试、会试和殿试。这时的王子安被"胜利"冲昏了头脑，又跳起来说："赏钱十千！"家里人又哄他说："赏过了，赏过了。"又过了一会儿，有个人急急忙忙进来，说："您殿试成了翰林，伺候您的人来了。"伺候官老爷的人叫"长班"，也就是跟班的意思。王子安豪情万丈，吩咐家人给长班赏赐酒食。家里人嘴上答应着，心里却暗暗好笑。后来，王子安忽然想：我都做了官了，怎么能还不出门去炫耀一下？于是大叫："长班！长班！"一连叫了几十遍，都没人答应。家里人笑着说："你再睡会儿，我们找他们去。"又过了很久，长班才出现了。王子安捶床顿足，大骂说："你个笨奴才，死哪儿去了？"长班也恼了，说："你这个混蛋，和你开开玩笑而已，你还真骂呀！"王子安大光其火，跳起来扑向长班，一下打落了他的帽子，自己也跌倒在地。妻子把他扶起来，说："怎么醉成这个样子！"王子安说："长班可恶，我惩罚他，和醉不醉有啥关系？"妻子笑着说："你家里就一老妻，白天帮你做饭，夜里为你暖脚，哪里来什么长班伺候你这把穷骨头？"

这个故事对读书人的奚落真够辛辣的。王子安醉中所见，是读书人的梦想三部曲：一是高中，二是做官，三是耍威风。金榜题名是基础，没有这个基础，啥也别说。《儒林外史》中的范进就是例子。一个书生，被丈人胡屠夫羞辱得不要不要的。如果得中举人、进士，那就达到了科考的终极目标。比如范进，就一下子从"现世宝穷鬼"，变成了"天上的星宿"（第 3 回 周学道校士拔真才 胡屠户行凶闹捷报），但那也只是仕途的起点。按照惯例，进士的前三名才能立刻成为翰林。第一名状元授翰林院修撰，第二名榜眼和第三名探花授翰林院编修。一部分成绩较好的进士将被馆选为翰林院庶吉士，在翰林院继续学习研究三年，以后再出任翰林院的编修等，其余的就会被安排到六部去主事或外放去做知县。王子安醉中见自己"殿试翰林"，其意是不仅得中进士，而且还成绩很好，可以在翰林院任职。有了官职，有了跟班，耍威风是必须的。就如《儒林外史》中臧蓼斋描述的："中了就做官。就是不中，十几年贡了，朝廷试过，就是去做知县、推官，穿螺蛳结底的靴，坐堂，洒签，打人。"（第32回 杜少卿平居豪举 娄焕文临去遗言）王子安还不到坐堂的时候，签也没得洒，打人就只能打跟班了。但可笑的是，所有这一切都是醉里乾坤，事实上，他啥都没有。更狼狈的是，他的醉里乾坤唯有他自己能看到，而他的言行，却一览无遗地暴露在家人的眼前，包括妻子，应该还有他的儿女。我们设想一下：一家子头脑清醒的人，围观一个醉汉，看他一会儿高喊"赏钱十千"，一会儿高喊"赏钱十千"，又煞有介事地吩咐"赐酒食"，然后大声呼唤根本不存在的长班，最后怒气冲冲做扑打状，搞得自己跌倒在地。这是何等的丢人现眼！这种丑态也暴露在读者面前，让我们看到被科举占据了大脑的读书人是多么可悲而可笑。

意味深长的是，王子安还不是一般的读书人，而是"名士"。所以作者让他在酒醒时分"犹记长班帽落"，最后在门后寻到一顶碗盏大的小缨帽，然后自嘲"昔人为鬼揶揄，吾今为狐奚落矣"。这一闲笔，一方面和聊斋的总体风格挂上了钩，似乎那个假扮长班和他闹着玩的是狐精；另一方面，这一点点自嘲，应该就是"名士"和俗物的根本区别吧。在科举强大的压力下，读书人的狼狈，何止被鬼狐奚落？王子安以及把他的故事写出来的蒲松龄，其实都是在做认真的反思。

类似的故事还有《僧术》。主角是黄生，一个"才情颇赡，素志高骞"的读书人，十余年不能发达，他的僧人朋友对他说："你的命也忒差了点，我帮你去买通阴间主事的人吧。"黄生把家里值钱的东西都拿出去抵押，凑了五千银子，僧人又借给他五千。黄生家有一口水井，深不可测。僧人把银子堆放在井边，说："你估摸着我快到寺庙了，你就把这些钱推到井里去，一会儿会有一枚大钱浮起来，你就朝它磕头。"僧人走了以后，黄生心想，这方法灵不灵还不知道呢，万两银子就这么下去，太可惜了。于是他藏起了九千两，只往井里投了一千银子。过了一会儿，井中泛起一个大水泡，水泡"铿"地一下破掉，浮出一枚大钱，足足有车轮那么大。黄生吃了一惊，赶紧下跪磕头，又拿出四千银子往下扔。银子掉在大钱上，声音脆生生的，可是都被大钱隔住了，沉不下去。第二天，僧人跑来责问说："为什么不把银子都投下去？"黄生无奈，只得说了实话。僧人叹气说："小气的人成不了大格局啊。你本来可以弄个举人、进士的，现在只能贡生当到底了。"

这里的贡生是指那些从地方学校升到中央国子监读书的学生。明清两代的贡生有许多不同的名目。蒲松龄老先生自己就是在71岁的时候才获得了岁贡的名目。岁贡是贡生的一种，就是主持考试的学政在各学校按照年资选送一批秀才，也叫岁进士，是可以直接做官的。其他类型的贡生也可以出任知县一类官职的。但是和举人、进士相比，还是差一大口气的。

在这个故事中，黄生被放置在一个十分尴尬可笑的地位。一方面，他出身良好，是所谓"故家子"，也就是做官人家的后代，既有才情，也有志向；另一方面，他却了无决断，游移迟疑。和尚说的那套，你要是信，就照办；不信，就拉倒。可他却将信将疑，一方面被功名强烈地诱惑着，一方面又吝惜金钱，结果弄了个昧九投一，不尴不尬。看到大钱后，他急忙补投，这本身就够可笑了，世间哪有后悔药可吃？更可笑的是，补投他还留了一手，只投四千，昧下五千，简直叫人哭笑不得。那个隔住了银子的大钱，似在无情地嘲笑这个可怜又可悲的读书人：你不是舍不得钱吗？得，我也不要了！

但是，可笑的仅仅是黄生吗？他穷，把家里值钱的都抵押了也只得五千银子，又借了僧人五千，你要他一下子把十千银子投到井里，万一打了水漂呢？他的担心不是很正常吗？更重要的是，给十千银子，可以"科甲立至"；一千银子就"合以明经终"。这还是公平公正的考试吗？这是明码标价的买卖啊。黄生的犹豫，不正是读书人对科举制度的一息尚存的信赖吗？当"才情颇赡，素志高骞"的黄生朝那个大钱磕下头去的时候，这一点点的信赖也荡然无存了。取而代之的只有对金钱的崇拜。讲述这个故事的时候，作者对黄生背后的黑幕是淡化的，故事的主调，仍是对黄生这个读书人貌似清高、实则猥琐的奚落。

冷静想想，埋怨别人瞎了眼，没取中你这个人才，并不是对科举考试本身的批判，相比之下，倒是后一类的故事，通过王子安在梦醒时分的自嘲，通过黄生后悔不迭的懊恼，揭示了科考对读书人的精神戕害，可能意义更加深远。作者在这个故事的后面，还用"异史氏曰"的形式，写下一大段文字，刻露尽相地形容读书人在科考过程中的"七似"：似乞丐，似囚犯，似秋末冷蜂，似出笼病鸟，似被縶之猱，似饵毒之蝇，似破卵之鸠。把科考过程中的狼狈、盼望金榜题名的急切和落第时的失态，刻画得淋漓尽致。并深刻地指出："当局者痛苦欲死；而自旁观者视之，其可笑孰甚焉。"蒲松龄既是"当局者"，也是"旁观者"，能跳出"当局者迷"的格局，自觉去反思科举对人的精神戕害，写出了读书人在梦醒时分的反思，比起跳脚骂人，说人家有眼无珠，这是更值得敬佩的。

8 席方平：古代版"秋菊打官司"

聊斋里面，写到官司的不少，阳间有，阴间也有。写官司的故事多为刑侦类警匪片，第一男主角就是当官判案的，如《诗谳》中的周元亮，《于中丞》中的于成龙。唯有《席方平》，把笔墨放在了告状者的身上，而且状告的过程一波三折，颇有点张艺谋导演的电影《秋菊打官司》的味道。

这个古代版的秋菊是这样出场的：

> 席方平，东安人。其父名廉，性戆拙。因与里中富室羊姓有郤，羊先死；数年，廉病垂危，谓人曰："羊某今贿嘱冥使搒我矣。"俄而身赤肿，号呼遂死，席惨怛不食，曰："我父朴讷，今见凌于强鬼；我将赴地下，代伸冤气耳。"自此不复言，时坐时立，状类痴，盖魂已离舍矣。

和秋菊一样，席方平告状也是因为亲人受到了不公正待遇。秋菊是因为村长踢了她老公"要命的地方"，而要"讨个说法"；席方平是为父亲在阴间备受拷打而鸣冤叫屈。但他和秋菊相比，多了一道根本性的障碍，那就是阴阳两隔。父亲已经过世，受欺负是羊某人在阴间运动所致，因此想要告状，必须得到阴间去。席方平似是遗传了父亲的"性戆拙"，不管阴阳两隔，就是要报仇。好在聊斋不是一般小说，穿越是分分钟的事，席方平只要动此一念，魂灵儿就已经飘飘荡荡去了阴间。

席方平第一眼看到的，是阴间监狱屋檐下惨遭折磨的父亲。不过他并没有像秋菊那样直接找当事人村长去论理，而是对狱吏说："父如有罪，自有王章，岂汝等死魅所能操耶！"就是说，我父亲如果有罪，应该走法律程序，轮不到你们这些鬼来责罚。这觉悟，应该比秋菊还高些。秋菊没有"王章"的概念，她甚至认为，你是村长，打他几下也是可以的，她脑子里只有一个更宏大、也更具体的东西：不孝有三，无后为大。你踢了他"要命的地方"，万一踢坏了命根，就是最严重的后果，所以要"讨个说法"——也就"讨个说法"而已，并没有其他的合理诉求。席方平则不同，他应该比秋菊有文化，再加上在阳间为人的优越感，所以并不和"死魅"多费口舌，而是提笔写诉状，走法律程序。

席方平上诉的地方是城隍。城隍是个什么"官"呢?是守护城池的神。民间的神祇和宗教里的不同,他们往往分工明确,管事具体,很像衙门里的官老爷,所以人们也以"老爷"称之。比如"城隍老爷",管的是一城中的事;"灶家老爷",管的家家户户的餐饮大事。而观音、弥勒之类的,他们不行使官员的权力,所以也没人叫他们"观音老爷""弥勒老爷"。城隍老爷既然是官,就要升堂理事,所以城隍有"早衙",而席方平一早就把状子递进去了。这一告,姓羊的急了,马上"内外贿通",搞定了城隍。这在古代中国是太普遍的事。《金瓶梅》中,西门庆但凡出了点什么事,被人举报了,投诉了,第一个反应就是派人往东京"干事"。"干"个什么"事"呢? 就是贿赂打点,而且无不奏效。《红楼梦》里面也是,薛蟠出过两起命案,第一次是为了抢夺香菱,"恃强喝令手下豪奴将冯渊打死"(第4回 薄命女偏逢薄命郎 葫芦僧乱判葫芦案);第二次是在酒店,那堂倌"只是因为在人群中多看了你(蒋玉菡)一眼",被薛蟠用酒碗砸破脑袋,命丧黄泉。人命官司,他却视为儿戏,自谓花上几个钱,没有不了的。事实也正是如此。第二起命案,薛家花钱的过程写得格外清楚:先拿出几两银子打发了两个衙役,留出时间"赶着办事"。"办"的"事"仍然是打点银两,重金聘请辩护律师,然后是"向当铺内再去取五百两来使用",用途是"衙门上下使费",又找了个高参,"许他银子",让他帮着出了个让人做假证的馊主意。先花钱让人把和薛蟠一起喝酒的目击者保出来,威胁利诱并施,让他做伪证,说薛蟠是"误伤"。诉状上去,衙门批两个"不准"。薛姨妈不懂个中奥秘,还以为"这不是救不过来了么"?其实这只是因为人家知道他们家"家当充足",等着"再送一份大礼"。薛家"花上几千两银子,才把知县买通",后面的事情便急转直下了,故意杀人变成了"误伤"。薛蟠也神定气闲,告诉母亲说:"我无事,必须衙门再使费几次,便可回家了.只是不要可惜银钱。"(第86回 受私贿老官翻案牍 寄闲情淑女解琴书)正是在这样的社会背景下,没有银子的席方平(且不说他是否愿意行贿赂)PK 有大把银子的羊氏,自然落败了。

但席方平和秋菊一样,有一股不罢休的劲头。他又"行百余里,至郡,以官役私状,告诸郡司"。这就在两处升了级:一是告状的地方,由原来的县市级上升到了省里头,由地方法院告到了中级法院;第二是被告增加了,不仅是羊氏行贿、官吏受贿的问题,还有"官役私状",就是官员对这个案件的徇私枉法的处理。这就不是民事诉讼,而是"民告官"了。

这场官司俄延了半个月才开庭审理。这半个月的时间里究竟发生了什么,我们不知道,但我们可以猜得到。因为郡司在开庭时几乎连询问都没有,就把席方平打了一顿,然后来了个"批城隍复案"。这大概是所有告状人最深恶痛绝的一招。本来就是因为城隍有问题才告到郡司，而且诉状是连带城隍一起告的，你现在又让发回原处复审，那不等于小羊跑狮子那里告状，说老虎要吃我，结果狮子判了个"你去老虎那里讲理"一样吗？毫无疑问，回到城隍那里，席方平就遭到了更残酷的打击报复，"备受械梏"。械梏本是限制人行动的刑具，如套在脖子上的枷，戴在手上的杻；也可以指用刑具拷掠。蒲松龄多次描写过这种刑罚。比如"检得鲍庄体有重伤，生以谋杀论死，备历械梏"（《神女》）；比如"官收诸媪，械梏百端"（《阳武侯》）。这是席方平第二次受刑。第一次在郡司那里，作者只用了两个字"扑席"，这一次用了"备受械梏"四个字。这里的惜墨如金，为后文的大肆铺叙留下了空间，构成了步步推进的阶梯，逐渐把故事引向高潮，让席方平的形象越来越清晰、越来越高大。

席方平顽强地第三次告状，告到了冥府，这应该是阴间的最高法院。冥王开始颇有点主持正义的意思，"立拘质对"。这可把城隍和郡司吓坏了。两人都秘密派出心腹人，用千金收买席方平。就像秋菊不要村长给的钱一样，席方平也不为所动。于是他们转首去贿赂冥王。几天后开庭，冥王的态度来了个180度大转弯，不容分说，上来就给席方平二十大板——至此，作者开始具体描写席方平所受到的酷刑。席方平厉声责问:"小人何罪?"冥王装聋作哑。席方平之前已经听人传言冥王收受了两个官员好处,所以大声喊道:"该打,谁让我没有钱!"这一声呼喊,悲壮,也凄楚,令人动容。之后,他经受了种种阳间也不曾有的酷刑:放在火床上烙,放在板子上锯——反正已在阴间,没有死去这一说(至少这个地方没有,故事终结时有城隍、郡司的"冥死",在其他故事中,蒲松龄也写到过阴间里鬼的"死"),怎么折磨都行,把人锯成两爿也可以,但痛苦的感受是一样的。当大锯呼隆隆从头顶往下锯的时候,席方平"痛不可禁",但还是忍着一声不吭;行刑的鬼卒觉得他是个汉子,出于好心,说咱们把锯子偏一点吧,不要锯到他的心脏。这样,锯锋就不是笔直而是曲折地往下锯,对席方平来说,"其痛倍苦"。相对前几次受刑的点到为止,这次作者是挥洒笔墨,细细描写:受刑人所受的痛苦和他不屈的精神,施刑人敬佩的心情和怜悯的举动,尤其是那个因为爱护他反而造成更大痛苦的细节,都让读者从感官到心灵都受到了大大的震撼,也为席方平最后不得不佯装答应放弃诉讼做足了铺垫。

席方平表面应允,心里却想着要到灌口二郎神那里告状。二郎神是民间传说的神祇。有人说,他是建造都江堰的蜀郡太守李冰的第二个儿子(排行第二的儿子称"二郎")(《朱子语类》);有人说他就是额头上有天眼的杨戬

(《封神演义》);也有人说,他是华山神西岳大帝的女儿三圣母的兄弟(《宝莲灯》)。总之,他是个有威望的神,宋以后有很多供奉二郎神的庙宇。席方平觉得这阴曹地府比阳间还黑,"入地"不行,看来只有"上天"了。所以想着找二郎神告状。冥王也知道他未必就肯便回阳间去,派人追来,又把他送回冥府。就和秋菊告到乡政府之后,村长就掏钱一样,冥王也自知理亏,给了席方平N多好处,包括让他的父亲往生富贵家,还给他千金之产、期颐之寿。如果说,此前他是用酷刑来威逼席方平的话,这次则是用长命富贵来诱惑席方平。《礼记·曲礼上》说:"百年曰期颐。"期颐之寿,就是冥王答应让席方平活一百岁!长命百岁在医学和科学如此发达的今天还是一件不太容易做到的事,何况是在"人生七十古来稀"的年代啊。但这些,却都不能让席方平心动。冥王也心知肚明,所以让公差趁其不备,把他推堕在投生的门户中,成了一个婴儿。倔强的席方平愤而不食,三天就死了。他回到冥府,继续寻找告状的机会。最后终于辗转地把状纸递到了二郎神手里。

席方平胜利了,他胜得比秋菊更爽。对秋菊来说,村长被警车抓走不是她的初衷,也出乎她的意料,所以张艺谋以秋菊跷跄地望着警车尘烟滚滚地驶去为结尾。而席方平,二郎神的判决是让他心满意足的。

细看二郎神的责罚,其实也蛮残酷的,而且好像还有点不公。给冥王的惩罚是掬西江之水来洗涤他的黑肚肠，这个主意很不错；然后以其人之道还治其人之身，也把他放在火床上烙，有点残忍，但也还说得过去，因为他也对席方平这么做过。城隍、郡司罚他们在冥间再死一回，并且只能投胎为畜生，不能做人——原来阴间还能死，只不过不是阳间的死法。这也没错。对隶役就有点过分了。在刑场上把他们的四肢剁了，放到汤锅中煮，再把筋骨捞出来。小喽啰不过助纣为虐，量刑重了。何况他们中还有同情席方平、把一条丝带送给他，让他把锯成两爿的身子束起来，使他"殊无少苦"的。羊某人被判入枉死城，过永无天日的日子，并处没收全部家产。枉死，即非正常死亡。阴间专设一处，安顿这些枉死的灵魂，叫枉死城。枉死城的居民人身自由是受限制的，不能正常收到阳世亲友烧给亡魂的冥纸及纸扎祭品，有点类似阴间的监狱。

这份判决书和现代法院开出来的还有一点不同，就是还连带了表彰。因为席方平孝，给他父亲再赐阳寿三纪。古时十二年为一纪，增寿三纪，就是再多活36年，所以他父亲到90多岁才去世。羊家的财产没收后并不归官府，而是渐渐转到了席家。有人看到羊氏家道中落，想要买他的田地，居然被神人在梦中呵斥，说："这是席家的东西，你怎么可以占有！"开始还不信，没想到买了田耕种，却颗粒无收，最后只好把田再卖给席家。

这个故事作者要褒扬的是席方平的"孝",但我们看到的,却是一个充满正义感、不畏强暴的硬汉。他的不屈不挠在一次次的投诉—失败—再投诉的过程中表现得淋漓尽致,尤其是当他在冥王府大声叫喊"该打,谁让我没有钱"的时候,当他发现自己已托生为婴儿却用绝食结束生命的时候,胆气之豪壮、意志之坚定,令人肃然起敬。而且席方平还并非有勇无谋,为了避免荼毒,他可以佯装撤诉,可以假装回家,但不忘初心,伺机实现自己的计划。虽然生在清代,他的见识、智慧和胆略,和秋菊相比,却是有过之而无不及的,这不禁让我们很有些愧怍。

9

于公：抗争命运的勇士

大家都知道聊斋是鬼蜮世界，狐精鬼魅穿梭往来。可能就是因为多吧，聊斋中人似乎都不怎么怕，尤其是对狐狸。明知眼前的美女是狐狸精变幻的，可还是愿意与其绸缪，这样的男子不在少数。比如书生伊衮，"夜有女来，相与寝处。心知为狐，而爱其美，密不告人"（《狐女》）。如果说，这还只是贪恋狐精（或女鬼）的美貌，让人不能自持的话，还有些不怕鬼的人就更令人佩服了。比如《妖术》中的于公。

于公是偶然和鬼物打上交道的。那年他在京城参加殿试，仆人感染上了"疫"，也就是传染病。古人还不能真正认识流行病学的原理，但直觉知道有些病和一般疾病不同，是在特定的条件下发生的，有很强的传染性，通常把这种病称作"疫"，也称"时疫"，也就是瘟疫。比如，1127年，金兵围攻汴京之后，史载曾发生汴京大疫；1232年，来自蒙古草原的元兵围攻金人治下的汴京，城破之后，紧

《妖术》

接着也是一场大疫。类似这样的流行病在古今中外的历史上发生过多次,文学作品也多有表现。比如英国作家毛姆的《面纱》,还有拉美作家加西亚·马尔克斯的《霍乱时期的爱情》。于公的仆人染上了流行病,病得还挺重。于公有些担心。听说有人会占卜,能预测人的生死,他就去询问。到了那里还没开口,占卜的人先说了:"你是来问仆人的病吧?"于公吃了一惊,这就是典型的未卜先知啊,他忙说:"是呀。"那人说:"生病的人没事,可是你有危险。"于公就让他为自己打一卦。

占卜是非常古老的预测术。当人类察觉到自己在自然或其他因素面前的无能为力时,往往会一方面去膜拜这种人类无法掌控的、神秘的力量(如果是宗教,一般会有人格神来掌控这种力量),另一方面则试图和它沟通——其实膜拜也是一种沟通,是向神秘力量表示臣服,而占卜之类的事是另一种沟通,试图提前知道神秘力量对人的安排,以做出合理的反应。殷商时期,大小事情都"唯鬼神是问",后来,大概是渐渐意识到不可能和鬼神"全面合作",于是才开始考虑"敬鬼神而重人事",大概的意思就是:我是把您老人家当回事的,可是您总不搭理我,那我也不能束手待毙呀,总得干点什么吧?最早古人是用火烘烤龟背,根据出现的纹路推断吉凶。后来也用兽骨、蓍草、铜钱、牙牌等。占卜曾是非常重要的政治活动,上古还有专门掌管占卜事务的官员。后来在民间也流行开来,有专门从事预测的人,称为"占人""术士"等。占卜的方法多种多样,比如著名的苏州弹词《描金凤》中,江湖术士钱志节,人称"钱笃招","笃招"就是一种占卜方法,道具是两块木板:一面平整,一面有棱;一头平,一头尖。根据木板抛掷后的情况来测吉凶。不论用什么方法,占卜的目的就是推断祸福,而且术士往往还同时具有禳解能力，就是向神祈求解除灾祸，可以在一定程度上消除或减轻预测出来的灾难。这个术士帮于公起了一卦，惊愕地说："你三天之内会死掉。"于公非常诧异。那人又不慌不忙地说："我有点小法术，你给我十两银子，我可以为你消灾免难。"于公想，既然生死有命，命中注定我要死，小法术有什么用？所以也不吭气，起身往外走。占卜的人在身后说："不肯花这点小钱，可别后悔啊！"

大家都为于公着急，劝他倾囊而出，去求那占卜的人破解。于公不听。

故事再往下发展，有两种可能：一种是他等了三天，并没有死去，证明占卜是不靠谱的。那就简单了，属于破除迷信一类的。第二种是三天后他果然死了。就像俄狄浦斯被预言要"杀父娶母"一样，躲也躲不掉。很多中国古代的小说戏曲都是这么写的。主人公得知自己在数日之内有血光之灾，千里之外可避，于是拼命想逃避，结果却往往是事与愿违。比较有趣的是《警世通言》中的一个故事，有人被算卦的断言今年今月今日夜里三更天必死，尽管他竭力躲避，最后却果然在三更天冲出家门投河而死。但后来却被发现，那是他老婆和情人做的圈套。得知他被算命的料定三更天必死，他们便趁机谋杀了他，然后由奸夫伪装成他的模样，在三更天冲出家门，假装跳了河（第十三卷 三现身包龙图断冤）。这个故事的有趣在于：你可以说算卦的错了（不是谋杀他不会死),也可以说算卦的没错(他最后毕竟是死了)。而《于公》故事的有趣,是又出现了一种新情况。

于公没死,但于公又确实差一点死掉。他先遇到了两个从窗户缝里钻进来的鬼魅,一个是荷着戈的,另一个面目狰狞。幸亏于公不是文弱书生(尽管他已经从科举考试中脱颖而出要参加殿试了),而是有扛鼎之力的豪侠之士,所以挥剑砍杀了他们,才得以自保。接着,他遇到了更凶险的情况。一个和屋檐一样高的巨鬼出现了。他要是躲在屋里,巨鬼的力气足可以把屋子推倒,把他压死在里面。他不得已跑出去,好像也不是鬼的对手。巨鬼又是刀又是箭的,而且都是真家伙,一箭射在墙上,能把墙射穿;一刀砍在石上,能把石砍断。连于公的衣裾都被斩断了一片。危急时刻,于公发挥了灵巧的优势,在巨鬼的两腿间穿来穿去,用剑砍他的脚趾;又躲到巨鬼的胁下让他砍不到,并趁机进攻,终于战胜了这个鬼魅。

这个结果既没有肯定占卜有效(因为于公到最后也没有死掉),但也没有否定占卜的有效(因为他确实存在死的危险),这本身就很有意思了,但故事还在往下发展。

杀死那些鬼物后,于公发现它们不过是纸人、泥人和木偶,于是于公认定这是占卜之人作法的结果,决定找他算账。

这个账有两笔可算:第一,你说我三天必死,可我现在没死。说明你占卜不灵。第二，这些鬼物都是你驱使来的，想让他们杀死我，显示你的灵验，这可是故意杀人罪。这第一笔账我们看着好生眼熟，《西游记》里的老龙王就是这么去找袁守诚算账的。袁守诚神算，惊动了龙宫。龙王化身白衣秀才来问天气预报。袁守诚何时风、何时雨说得清清楚楚。龙王为了赢他，故意把下雨的时间延迟一点，雨也下得少一点。过后仍然变作白衣秀士，找袁守诚算账，把他的招牌、笔、砚等一齐摔碎。这一算账，引出了整个西游故事。老龙王为了证明袁守诚的卦不灵，是违规做了小动作的，所以这个账没法算得理直气壮。于公不同，他绝对理直气壮，见不得光的是那个占卜者，所以他见到于公就躲了。

聊斋里面有几种非人类的人形生命体。一种是神怪，即各种动植物变成的人形生命体，比如狐精、花神；二是鬼怪，就是人死了之后再次以人形生命体的形式活动。还有一种是所谓"术"，就是通过法术，让其他不是人的东西变成人形生命体，比如于公故事里的术士，把泥人、纸人和木头人都变成了活的人形生命体。这三种人形生命体在聊斋世界中都很活跃，尤其是前两种。《莲香》就写了书生桑晓同时和狐鬼交往的故事。两人（其实都不是人）开始互相攻讦，后来不仅和平共处，狐精莲香还对女鬼李氏"深怜爱之"。李氏后来托生为人，和桑晓正式联姻。莲香则在生下狐儿后死去，投胎为人，在十四年后再嫁桑晓。

这个故事中的生命世界简直让人眼花缭乱。人、狐、鬼共生共存，鬼可借尸还魂，狐可投生为人。所谓"两世情好"，生死不能阻隔，异类无妨交往，如此穿越无限度的世界，想想也是蛮爽的。

神怪和鬼怪往往都有超自然的能力，也就是有"术"可御，而人在这方面的能力就比较差了。即便有小小法术，在妖或鬼的面前也往往失据。比如《丑狐》中，穆生因为不想见丑狐，就聘了一个术士，术士画了一道符在门上，试图阻止丑狐进门。但是被丑狐一把扯下，连咬带撕扔在地上。穆生告诉术士，术士来作法，他的坛坛罐罐还没放好，就忽然倒在地下，满脸鲜血直流，一看，竟被割去了一只耳朵，只能抱"耳"鼠窜地逃走了。《妖术》中的占卜者也有点法术，好像比那个术士还强些。他可以驱使纸人、泥人、木偶去杀人，如果不是于公临危不惧、武艺高强，是真要丢性命的。作者并不否认这种"术"的存在，只是觉得勇气、智慧和力量或许也可以战胜妖术。

后面的情节发展再次证明了这一点。那人远远望见于公过来，就赶紧躲起来了——严格地说，不是躲起来，他并没走，还在原地，只是别人看不见他了。有人告诉于公，这是遁形法，用狗血就可以破解。《三国演义》中的左慈曾宣称他得到一本《遁甲天书》，上卷名"天遁"，能腾云跨风，飞升太虚；中卷名"地遁"，能穿山透石；下卷名"人遁",能云游四海,藏形变身,飞剑掷刀,取人首级。这术士能"藏形",应该是学了点"地遁"。于公听了,准备好狗血再去。那人一见于公又躲起来了。于公就用狗血往他站的地方泼过去,那人立刻显形了,满头满脸的狗血,两只眼睛亮闪闪的,像鬼一样。于公把他抓起来送到官府里,官府把他给杀了——这时候他的"术",好像一点用处也没有了,这就远不如左慈了。左慈因为替刘备说话,又玩弄手段,曹操认为他是个"妖人",命许褚引三百铁甲军追杀他。人家穿着木屐,慢步而行,许褚飞马也追不上。直赶到一山中,有牧羊小童,赶着一群羊而来,左慈走入羊群内,没了。许褚一生气,把羊全杀了。可许褚一走,左慈又把羊全弄活了。最后曹操在全国抓了三四百个左慈,也像于公一样,用猪羊血(不是狗血)泼他,然后押赴刑场斩首。结果呢,三四百左慈的颈腔内各起一道青气,到上天聚成一处,化成一个左慈,向空招白鹤一只骑坐,还拍手大笑。这可能是因为于公故事中的术士不是啥好料,想敲诈于公的钱财,而左慈却敢戏弄曹操,挺让老百姓快意的,所以下场就不一样了。

这个故事中的于公当然是个英雄,他不向术士低头,同时又不麻痹大意,他关门、关窗、点灯、持剑、端坐,做好一切准备,提高警惕,严阵以待。发现两个鬼物都是从窗户缝里钻进来的,他干脆就坐到窗前,盯着窗户缝看。

发现屋外的巨鬼几乎要把屋子推倒,他又理性地选择开门出屋。面对这个庞然大物,他斗智斗勇,终于保全了生命。

不过,于公这一形象,并不是用来破除迷信的。首先于公也是相信占卜的,不然他不会去替重病的仆人算命。其次,故事写"术"还是真有效果的,最后那个面目狰狞的巨鬼,被剑砍中的地方,还有血迹。还有最后的狗血喷头等等。

聊斋好玩的地方,就是作者明明在吹大牛,可是细节却特别真实。比如第二个进来的鬼是个泥人,所以于公一剑挥过去,轻而易举就可以把它一刀两断。因为看它还在蠕动,生怕它活过来,就一剑又一剑地砍,每次都砍中了,但是声音怪怪的,不像是砍在人身上,仔细一看,原来是个泥人,被剑一片一片削下来了。那巨鬼也是,于公挥剑猛砍的时候,一下下声音清脆响亮,像在敲梆子一样,用蜡烛一照,原来是个木偶。这些细节如此生动,即便是虚幻的鬼神世界,也足够让人莞尔了。

10
陈氏：忍辱负重的女丈夫

《聊斋志异》中，桃色事件的发生，多为女子投怀送抱，比如绿衣女，就是在于璟夜读的时候送上门来的（《绿衣女》）；红玉则是学习宋玉"东家之子"的榜样，"自墙上来窥"，进而和冯相如成其好事的（《红玉》）。男子主动追求的也有，不过也总是女子抛头露面在先，半推半就在后。比如葛巾（《葛巾》），比如香玉（《香玉》）。若是逾墙钻隙地硬来，后果一般不佳。比如《胭脂》中的毛大，泡妞不成功，人命倒弄出一条。用异史氏的话来说，叫作"轻薄者往往自侮"。只是蒲老先生关于"轻薄"的定义实在是含混得很，比如《画皮》中的王生，搭讪独行的女郎，结果招了个鬼进来，最后被剖肚挖心。根据"轻薄者往往自侮"的定律，从结局来看，似有"轻薄"之嫌，但耿去病对着青凤拍桌狂喊"得妇如此，南面王不易也"（《青凤》），似乎又不是"轻薄"了。

《画皮》中的王生是在早行的时候看到了一个"抱襆独奔"的女郎,走得挺艰难的。这里的"襆"是包袱的意思,拿一包袱而行走艰难,应该不是包袱太重,而是拜缠足所赐。我国妇女缠足的历史很长。女孩子长到6—8岁,为娘的就应该为她裹足,错过了这个时间,那双脚就只能成为

《画皮》

女孩的终身遗憾了。制造小脚须将女孩子的脚脚跟向前、脚趾向下折叠，用布条一圈一圈紧紧缠住，再用针线密密缝住，确保下地走路时脚不会因为用力而撑开恢复原状，强迫它畸形发展，成其为"金莲"。这是一件极其残酷的事，整个过程非常痛苦。俗话说："小脚摇一摇，眼泪哭掉两大瓢。"但是，就像男人的"吃得苦中苦，方为人上人"一样，女孩的这份苦头也不会白吃。拥有一双三寸金莲，是她们日后作为玩器、讨个好价钱的有力砝码。《金瓶梅》中，西门庆第一次见到潘金莲，就注意到她有"尖趫趫金莲小脚"。相看孟玉楼时，做媒的薛嫂特地趁孟玉楼立起身的当儿，轻轻用手掀起她的裙子来，露出一对刚三寸恰半扠、尖尖趫趫金莲脚来。西门庆看了，就满心喜欢。相反，小说中嘲讽的对象、李衙内房里的大丫头玉簪儿，就被描写成一双大脚"约尺二长"。

因为男人脚大，女人的小脚就成了一种性信号，缠足就是对这种性信号的强化。《梼杌闲谈》中有一个情节，写太监魏忠贤特地跑到他的情人客印月的房中，去看她裹脚。再加上缠足的女子无法进行生产劳动，也符合传统审美标准中非劳动化的特征。西方女子的高跟鞋，从某种程度上说，与缠足有相同的文化意义。所以，西方人也不喜欢女人大脚。有一首爵士乐老歌，题目就叫《大脚的姑娘我不爱》，歌中唱道："你的大脚像踏板，可憎又可嫌。"灰姑娘故事进行到后来，王子寻找妻子的要求只有一个：那就是必须穿得上那双水晶鞋。辛德瑞拉的两个姐姐相继把脚塞进那双鞋子，可是一个不得不为此砍掉脚趾，另一个不得不砍掉脚跟。说明那双水晶鞋真的是非常小，小到全国只有辛德瑞拉穿得上。她也就因此而成为人人都羡慕的王子的新娘。这个故事因为它的浪漫美丽而掩饰了它所含有的男性性取向上的问题。

蒲松龄对此非常熟悉。《绩女》中，他写了一个书生，欣赏美女没看到脚，觉得很遗憾，等见到"帘下绣履双翘，瘦不盈指"的时候，癫狂得写了一首词来赞美"三寸凌波玉笋尖"，揣测"入握应知软似绵"，甚至愿意"一嗅余香死亦甜"。在今天看来，实在变态得可以，为女人一双脚，竟然来了个视觉、触觉、嗅觉全体总动员。也难怪绩女认为是"淫词污亵"，掉头而去。

有一双小脚，行动自然不便，这应该也是裹足的初衷之一：用以限制女性的行动。所以，王生看到的女郎是"甚艰于步"。也许，这也是吸引王生的原因之一吧。这个时候，他应该还是半好奇半同情吧，所以急急忙忙地赶上前去，想看个究竟。但是当他看到这是一个"二八姝丽"的时候，"轻薄"的心思就来了。后面的语言都是暗含挑逗的，关键词是"踽踽独行"——不论男女，只要强调自己或对方的孤独，就在暗示想与之成双。比如《林四娘》中，有女子搴帷而入，说："清夜兀坐，得无寂耶？""兀"本是"突出"的意思，引申为单独的、独自的。静寂的夜晚独自坐着，是不是很寂寞啊？自荐的意思是很明显的。

那女子倒也不怕搭讪，告诉他，自己是被父母卖到富人家做妾的，因为大老婆妒悍，朝打暮骂，所以逃出来了。而且对逃向哪里毫无打算。这扇门也开得太大了，王生不可能不进去。于是他就把她带到了自己的书斋。然而，这个"二八姝丽"却是厉鬼变化的，虽然暂时看不出对王生有什么伤害，但用道士的话来讲，他已经"邪气萦绕"了。很快，他看到了女子的真面目，是个"面翠色，齿巉巉如锯"的狞鬼。于是去向道士求救。道士的作法让厉鬼变得焦躁起来，非常凶残地剖开他的胸腔，拿走了他的心脏。

蒲松龄用这个故事来讽刺世人的"愚"，看不到事情的真相，"明明妖也，而以为美"。但如果世人的眼睛，确实只能看到"美"，而不能知晓真相，怪他也是无用且无益的。

这个故事有意思的地方是在后面，也就是王生的妻子陈氏拯救丈夫的行为。作者对陈氏的描写是粗疏的，我们只能揣测她应该已过了二八佳龄，是个极其温顺的妻子。王生在书斋养小三的事，是他主动告诉陈氏的。陈氏并不像女郎所说"嫡妒甚"，只是劝他让那女人走。理由很正当：恐怕这是富贵人家逃出来的小妾，留着要惹事。就如常大用所想"大姓失女，何得一置不问？"（《葛巾》）即便陈氏心中有七十二分的不愿意留她，也是很正常的情感。但王生不加理会。不理会之后也没见陈氏有什么动静，说明陈氏采取的是为人妻的最佳战术：点到为止。劝说，是尽为妻的责任；听与不听，是你自己的选择。如果丈夫执意不听，硬劝非但无用，而且无益，弄不好背上个"嫡妒甚"的名声。

这一小小的铺垫，勾勒出了陈氏的基本面貌：明理、温顺、通达。后面，丈夫被厉鬼挖了心，陈氏也就从幕后走到了前台。

和陈氏相比，王生还真不是个东西。自己在外面瞎搭讪闯了大祸，厉鬼找上门的时候，他不敢去看也就罢了，居然"使妻窥之"。这种危急时刻让老婆冲在前面的男人，实在令人作呕。挖心虽然残忍，但这个窝囊废男人确实是有点可恶的。我们再看陈氏的表现，实在是可圈可点。她先是苦苦哀求道士，请他让丈夫起死回生，不管道士如何拒绝，她就是伏地不起，导致道士不得不把一个重要人物推荐出来。这一幕，颇有几分刘备逼徐庶"走马荐诸葛"的味道。《三国演义》中，若不是刘备不忍相离，送了一程，又送一程，又是执手，又是流泪，甚至打算下令把阻碍他目送徐庶远去的树林全部砍了，徐庶如何会拍马而回推荐了卧龙先生（第 36 回 玄德用计

袭樊城 元直走马荐诸葛）？

陈氏在道士的指点下，找到了街市上的一个肮脏的乞丐。作者写他"鼻涕三尺，秽不可近"，陈氏却不可近而近之，跪倒在他面前。乞丐说，你丈夫死了找我干什么？难道我是阎罗？边说边狂怒地用手杖打她，她忍着痛，任由他击打——这已经勉为其难了，一个好人家的女子，要对一个肮脏的乞丐下跪，还要任其痛打，但这还不足为奇，高潮部分是乞丐在手掌里吐了一大捧痰，居然要她吃下去！这绝对是一般人难以忍受的凌辱，不要说心理上受不了，生理上也会自然地做出排斥的反应。就是读者，读至此处，也反胃的。然而，陈氏就在吃瓜群众里三层外三层的直播现场，硬把这一摊脏东西吃下去了！这恶心何其了得！难怪作者写陈氏的感觉是"硬如团絮，格格而下，停结胸间"。

乞丐扬长而去，陈氏无功而返。这个时候，她真是死的心都有了。但她还想着一件未了之事，那就是丈夫的尸体。王生是被厉鬼剖开胸腔把心脏掏走的，所以尸身惨不忍睹，没有人敢靠前，唯有陈氏走上前去，一边整理，一边哭，一直哭到声嘶力竭，哭到想吐，她张嘴欲吐时，隔在胸间的东西猛地飞出来，落在王生的胸腔里，原来是一颗心脏！

这颗心突突地跳动着，陈氏急忙用手把裂开的胸膛合并起来，撕一条绸带把它紧紧捆住。就这样，陈氏用自己的屈辱，换来了王生的复活。这本是一位了不起的、忍辱负重的、让人敬佩的女性，蒲松龄却在这里下了一条很恶心的断语："而爱人之色而渔之，妻亦将食人之唾而甘之矣。"真不明白，丈夫犯下的错误，为什么要惩罚在妻子头上？蒲氏的言下之意，妻子受辱就是对丈夫的惩罚。殊不知故事中的王生，轻佻好色，又不敢承担责任，遇险时还把无辜的妻子推到前面，这样的人，凭什么会认为妻子受辱是对他惩罚？再说，陈氏明明"红涨于面，有难色"，只是为了丈夫而"强啖焉"，何"甘"之有？

中国的男性社会里，有著名的韩信受"胯下之辱"的故事。韩信未发达时，有个少年屠夫故意侮辱他，说："别看你长得又高又大，还喜欢佩刀带剑的，其实是个胆小鬼。你要是不怕死，就刺我一刀；要是怕死，就从我裤裆下钻过去。"韩信认真地看了他一会儿，低下头，匍匐着从他裆下钻过去了（《史记·淮阴侯列传》）。后来的事实证明，韩信能蒙受这样的耻辱，是因为有远大的人生目标。他知道自己的生命价值不可以和眼前这个小人做等价交换。就如苏轼在《留侯论》中说的："古之所谓豪杰之士者，必有过人之节。人情有所不能忍者，匹夫见辱，拔剑而起，挺身而斗，此不足为勇也。天下有大勇者，卒然临之而不惊，无故加之而不怒。此其所挟持者甚大，而其志甚远也。"据此，他把张良的关键品格定调为一"忍"字，认为张良后来之所以能辅佐刘邦打下汉王朝的天下，全在于一个"忍"字。只不知张良这样的英雄，忍得下黄石老人的反复挫磨，是否也忍得下《水浒传》中牛二这样的泼皮？反正杨志是没忍住。当牛二胡搅蛮缠到一定程度时，杨志没有忍住，一刀把牛二杀了，从此走上了不归路（第11回 梁山泊林冲落草 汴京城杨志卖刀）。说到底，能忍与否，关键在于对自我生命价值的评估。如果志向远大，想着总有一天要出人头地的，那么随意交出生命就是下策，这也就是苏轼所说的"挟持者甚大，而其志甚远也"。

男性如此，那么女性呢？《画皮》的故事中，陈氏的"所挟持者"，是丈夫的生命和丈夫的体面。为了这个"志"，她经历了"人情有所不能忍者"，食下乞丐肮脏的痰唾，忍受乞丐"佳人爱我哉"的羞辱，能忍级数绝对是到了顶点的。如此能忍，实是堪与男子比肩的女中豪杰。可惜，她的"所挟持者"太不值了！更可惜的是，蒲松龄并没有像描写"二八姝丽"那样用他的生花妙笔给她更多赞扬性的笔墨。

11

真定女：早孕的故事

河北真定，距离蒲松龄所在的山东淄川几百公里，对一个古代书生来说，应该是"在那遥远的地方"了。蒲松龄用寥寥不足百字的篇幅，记载了发生在异地的一件异事：

> 真定界，有孤女，方六七岁，收养于夫家。相居二三年，夫诱与交而孕。腹膨膨而以为病也，告之母。母曰："动否？"曰："动。"又益异之。然以其齿太稚，不敢决。未几，生男。母叹曰："不图拳母，竟生锥儿！"

毫无疑问，这是一个早孕故事。这个女孩怀孕的时候最大也只有 10 岁（被收养时 7 岁，加相居 3 年）；小的话，应该只有 8 岁（被收养时 6 岁，相居 2 年），当然也可能是 9 岁——作者这样含糊其词，既表明了异闻的传说性

《真定女》

质,并没有确切的年龄和时间的记录,也突出了"孤女"之"孤":没有人关心她到底几岁、到底被收养了几年。与之相对比的,是孤女怀孕后的对话,被写得极其细致生动。先是孤女发现自己的肚子大了,因为年幼,她还以为自己生病了,跑去告诉婆婆。婆婆问她肚子里是不是会动,她回答说会动,婆婆虽然疑惑,但由于她实在年龄太小,不

真定女:早孕的故事

敢断定是不是怀孕了。后来她生产了,婆婆感慨地说:"真没想到这么个拳头大的母亲,竟生出了个锥子大的孩子。"有人说,这个故事蕴含着作者对孤女的同情,这固然不假,我们看到这个可怜的女孩既没名没姓,也没准确的年龄,更没有生活常识和生理常识,冷不防就生了个孩子,是挺可怜的。但是作者同情她的孤伶身世,却并不见得对她的早孕有多少不平与愤恨,在他看来,这也就是奇事一桩而已(而且发生在很远的地方),所以才会有后半部分的津津乐道。这里,我们特别得注意几个问题:

第一,这里的早孕并不如我们所感觉的那样早。我们现在法定的婚龄是男方不得早于22周岁,女方不得早于20周岁。事实上,大部分人,尤其是生活在城市中的人,结婚还要晚很多,生育自然也更晚,因此,一个髫龄女孩的怀孕,让我们感觉好早。但在古代,这个"早"的感觉却有点不太一样。《礼记·内则》说:"女子……十有五年而笄。"15岁之前,女童的散发是垂着的,就是所谓"垂髫",到了15岁,就要盘起头发来,用簪子固定,这个簪子就叫"笄"。"及笄"就是到了盘头发的年龄了。《国语·郑语》说:"及笄而孕。"就是说到了15岁,女孩就要盘起头发,就像男孩20岁行冠礼一样,表示成人了,就可以出嫁,为人妻、为人母了。这显然要比现代的婚龄早很多。所以,《聊斋志异》中出现的女孩,大多为"二八佳人",或者"年仅十五六"(《莲香》),"年约十五余"(《辛十四娘》),"年可十四五"(《伍秋月》),甚至"年十四"(《鸦头》《瑞云》)。而她们很快(非常快)就要与男主人公正式或非正式地缔结良缘了。这并非蒲松龄瞎编。杜牧有一首著名的赠别诗,是写给他风月场中的情人的:"娉娉袅袅十三余,豆蔻梢头二月初。春风十里扬州路,卷上珠帘总不如。"(《赠别·其一》)明确写这个风尘少女的年龄只有"十三余",并且对她的年轻(甚至可以说是年幼)十分欣赏,说她像二月初含苞欲放的豆蔻花。如果到了19岁,还在挑三拣四,不出嫁,父母都要不高兴了(《细柳》);"年已二十,长而不嫁",连家人都得被口水淹死(《素秋》);23岁,就成为"老处女"了(《陈云栖》)。所以,孤女虽然早孕得让人惊奇,不过和我们感觉中的"早"还是有区别的。和那时的标准相比,大约早了五六年吧。

第二,是关于其夫的"诱与交"。"诱"在现代汉语中几乎是个贬义词:诱奸、诱拐、诱惑、引诱……但在古代却未必全是贬义。《诗经·召南》中的《野有死麕》就用到了这个"诱"字,诗歌是这样的:

野有死麕,白茅包之。有女怀春,吉士诱之。
林有朴樕,野有死鹿。白茅纯束,有女如玉。
舒而脱脱!无感我帨兮!无使尨也吠!

"麕"同"麇"，是一种动物，现在叫獐子。白茅，也作"白茆"，是一种多年生草本植物，因为花穗上有白色的柔毛，所以叫它白茅。因为它洁白、柔软，古代常用它包裹祭品，也用来分封诸侯，象征所在方位的土地。从创作的角度说，开头两句是"兴"，也就是"先言他物以引起所咏之词"（朱熹语）。"兴"多在诗歌的开头，所以也叫"起兴"。有时，"兴"就起个开头的作用，和后面的"所咏之词"并没意义上的联系。比如《小雅·鸳鸯》用"鸳鸯在梁、戢其左翼"起兴，后面跟着的是"君子万年、宜其遐福"；《小雅·白华》同样用"鸳鸯在梁、戢其左翼"起兴，跟着的却是"之子无良，二三其德"。前者为褒，后者为贬，可见"兴"与后面的内容没啥关系。但有时候，"兴"不仅在韵律上接应后句，在情感、氛围上也时常有呼应。比如《诗经》的第一首《周南·关雎》，起兴是"关关雎鸠，在河之洲"，接着的是"窈窕淑女，君子好逑"。这就有关系了。而且这种关系杜丽娘也看出来了。她的家教老师不知道是真傻还是装傻，解释说："雎鸠是只鸟，关关鸟声也。"学生毫不留情地打断他说："依注解书，学生自会。"看着注释解读文本，谁不会啊！杜丽娘自己悟到："关了的雎鸠，尚然有洲渚之兴，可以人而不如鸟乎！"就是说，鸟儿尚且要求偶，人怎么能做单身狗？（汤显祖《牡丹亭》）这一首也是如此。荒野有一头死去的獐子，用白茅把它包裹起来，是珍惜、成全的意思；后句的"有女怀春，吉士诱之"也一样。当姑娘渴望爱情的时候，那酷帅的男孩就适时出现了。"吉"是一个美好的词，意思就是善，美；"吉士"是男子的美称，能称得上"吉士"的，应该是个好男孩。当然，尽管"有女怀春"，求爱还是要男孩主动的，所以叫"诱之"。如何"诱"呢？男孩拿起了用白茅包裹好的猎物，以之为礼，把它献给了女孩，并送上赞美的话：你可真是纯洁美丽啊，就像洁白的茅草，就像精纯的美玉。女孩羞怯地接受了爱的表白，下面连着三个请求："慢慢来啊，不要鲁莽；小心别碰掉我的佩巾，别惊动了狗儿让它叫起来。"古人依据当时的价值观解读此诗，觉得这是写女孩虽然觉得应该及时成婚，但还是坚持要循礼而动，不能乱来，所以男孩用茅草包裹的鹿肉作为聘礼云云。但在我们读来，这就是一个少年少女邂逅相爱的故事。透过女孩不胜娇羞的话语，不难想象男孩兴奋激动甚至冲动的举动。你看这里的"诱"，多么热烈，多么自然而美好。真定女的丈夫我们不知道年龄，猜想也不会太大，所谓的"诱与交"，搞不好就是两个小孩子的荒唐游戏，应该和现代意义上的"诱奸"有所不同。

另外，和真定女发生关系的，是她的"法定"丈夫，只不过因为年龄尚小，还没有合卺，没有"圆房"（即正式成为夫妻）。童养媳在中国的历史非常悠久。据研究，童养媳的婚俗约于宋朝出现，但类似童养媳的婚姻更早的时代就有出现。比如《三国志》记载："至十岁，婿家即迎之长养为媳。"十岁时夫家就接了去，过几年当媳妇，这不就是童养媳吗？不仅平民百姓有童养媳，皇族也有。汉昭帝的皇后上官氏，六岁时就被送进宫中去当皇后，那时皇帝也只有12岁，实际上也是童养媳的性质。清代更是童养媳盛行。那些像真定女那样孤儿、弃儿等，更是大量成为童养媳。这其中，自然不乏因为孤身在夫家而备受欺凌的。有一出传统剧目，叫《阿必大回娘家》，是滩簧、申曲时期经常演唱的，说的就是家庭贫穷、父母双亡的姑娘阿必大，由婶娘作主，给李家作童养媳。在李家她受尽虐待，婶婶得知后找上门去，和阿必大的婆婆斗智斗勇，最终把她领回了家。童养媳也有和婆家人相处得比较好的。比如窦娥，7岁到蔡婆家做了童养媳，婆媳之间的关系就不错。蔡婆开始就对窦娥说："媳妇儿，你在我家，我是亲婆，你是亲妇，只当自家骨肉一般。"后来，出了人命案，窦娥甚至为婆婆替死，"怕连累婆婆，屈招了药死公公"（关汉卿《窦娥冤》）。有的童养媳，甚至小到在婴孩时就没了自己的家，吃婆婆的奶长大，叫作"婆养媳"，想来这种情况婆媳关系应该比较好。

真定女6、7岁上去的，看上去婆媳关系尚可。要不然，"腹膨膨而以为病"的时候，她不敢去问婆婆。新嫁娘"待晓堂前拜舅姑"都那么紧张，要"妆罢低声问夫婿，画眉深浅入时无"（朱庆余《近试上张籍水部》）；"洗手作羹汤"还怕口味不合适，要"先遣小姑尝"（王建《新嫁娘》）。真定女敢"告之母"，应该相处还和谐。从婆婆的反应看，也没有恶声恶气，而是仔细询问情况，挺和蔼的。就是最后生了孩子，婆婆也只是惊奇而已。或许，婆媳之间还有更多故事，但作者所写的就是这些。

第三，我们要注意的，是作者对婆婆的语言的欣赏。对语言表达的重视和欣赏在古代是有传统的。"孔门四科"中位列第二的就是"言语"。《世说新语》36门，首先照搬"孔门四科"："德行""言语""政事""文学"。"言语"还是位居第二，里面说的大多是语言的机巧。其实，不光是"言语"门，其他门类的记载中，关于话语机巧的也不胜枚举。比如《世说新语》的"排调"，就记录了这么一件事：松江（古称"云间"）有个名士叫陆云，字士龙；洛阳有个名士叫荀隐，字鸣鹤，两人碰面自我介绍，陆云一拱手："云间陆士龙"，荀隐立对："日下荀鸣鹤。"洛阳是西晋都城，帝王是太阳，皇城根儿就是"日下"。这两人既介绍了自己的籍贯、姓名，又有龙在云间、鹤鸣日下的画面，而且还对仗工整，确实奇妙。而且，他们是故意的。张华事先就嘱咐"勿作常语"，理由是你俩"并有大才"。能捷对就是有才，可见古人对文字表达的重视。蒲氏受笔记小说的影响很深，对语言也是特别敏感的。"不图拳母，竟生锥儿"八个字，不仅把真定女小小年纪就生孩子的事一语道破，而且夸张而生动描画出了母亲和儿子的小，同时也表现出了婆婆惊讶的心情。八个字，简练工整，字字妥帖，作者把它记录下来，其欣赏之情是溢于言表的。

  注意到了这样三个问题，再来看这个故事，恐怕就没有些读者所说的"义愤填膺"之类了。实事求是地说，作者并没有强烈的谴责在里面，而是把它作为异闻来记录的成分更多，我们似乎也没必要因为这个而去苛责作者，毕竟，时代不同，文化不同，价值观等等自然也是不尽相同的。

  至于十来岁的女孩是否会怀孕生子，这个问题涉及生命科学，和文学无关。不过从现有的科学常识推想，这种特殊的个例也不是没有发生的可能吧？《聊斋志异》连一定是子虚乌有的事都会写，记录一下这样的特殊事例，应该算是很正常了。

12

庚娘：智勇兼备的烈女

《醒世恒言》中有一则故事，叫"蔡瑞虹忍辱报仇"。说的是蔡指挥在上任途中，一家俱被歹徒所害，女儿蔡瑞虹为了报仇，忍辱与强盗船主陈小四成亲，后又经过许多曲折，终于借助官府的力量，让所有涉案歹徒全部落网，"剐的剐，斩的斩，干干净净"。大仇得报，蔡瑞虹自杀身亡。

这个故事情节曲折。蔡瑞虹为了报仇历经艰辛，受尽屈辱，本来挺动人的，但作者为了让蔡瑞虹"失身匪人"的行为不至于招惹读者的反感，特意写她在失身之前，先有一番思想："我若死了，一家之仇那个去报？且含羞忍辱，待报仇之后，死亦未迟"；报仇之后，又留下遗书，及时自尽。在今天的读者看来，这样的安排不仅是残忍的，而且是迂腐酸臭的。本来，故事进行到最后，"朱源自娶了瑞虹，彼此相敬相爱，如鱼似水"，大仇已报，夫妻情好，不是应该"从此就过上了幸福的生活"吗？为什么还要死？理由倒也在遗书中说清楚了，所谓"男德在义，女德在节。女而不节，与禽何别！"为了证明自己并非禽兽，还特意说明之所以"隐忍不死者，以为一人之廉耻小，合门之仇怨大"，甚至搬出那个让司马迁倒了大霉的李陵为例，说"李将军忍耻降虏，欲得当以报汉，妾虽女流，志窃类此"。李陵是汉代的大将，在一次抗击匈奴的战役中，李陵带领的五千士兵被单于大约三万人的部队包围了。李陵率领将士英勇奋战，杀死了几千个匈奴人。单于又召集了八万多骑兵向李陵的部队发起攻击。李陵还是临危不惧，又杀敌两千多。就在匈奴准备退却的时候，李陵内部发生了问题。一个部下因为平时受军官欺负，投降了匈奴，并且泄露了李陵没有后援、箭矢即将用完的重要军情。这下匈奴有恃无恐，大举进攻，李陵的部队寡不敌众，终于败北，李陵投降。司马迁为李陵辩护而获罪，遭受了宫刑。李陵后来在《答苏武书》中的确说过"然陵不死，有所为也"的话，不过人家最终也没自杀呀。他是"在匈奴二十余年，元平元年病死"（《汉书·苏武传》）。你蔡瑞虹既然效仿李陵，为什么没学他活下去呢？蔡瑞虹的回答是："失节贪生，贻玷阀阅，妾且就死，以谢蔡氏之宗于地下。"说失了节还活着，有辱祖宗，必须死掉，到地府去向先人谢罪。看来，女人的贞操竟比男人的气节还要重要。

在《聊斋志异》中，也有一则类似的故事，写的是尤太守之女庚娘，她嫁给了旧家子金大用。金大用误结匪友王十八，同行途中，被推堕入水，父母偕亡。庚娘假意应允下嫁王十八，在合卺之夜手刃匪徒，然后自杀。金大用入水后被人救起。王十八之妻因不满他的劣行，当时亦被

《庚娘》

推堕水中，此时也被救起，成了金大用的小妾。再说庚娘，在墓穴中苏醒，恰逢有人盗墓，于是重返人世，最后和金大用团聚。

　　和蔡瑞虹相比，庚娘显然更有智慧和胆略。发现一家人都为匪徒所害，她并不惊慌，而是哭着说："翁姑俱没，我安适归！"这话说得太有意思了！首先，她并没有说丈夫已死，而是说"翁姑俱没"。翁姑，就是公公婆婆。"翁"作为对男性的称呼，可以指祖父，如王安石的《久雨》，说："城门昼开眠白贾，饥孙得糟夜哺翁。""孙""翁"并举，显然是指祖父。"翁"也可以指父亲。当项羽以刘邦的父亲要挟他的时候，这个政治流氓面不改色地说："我俩受命怀王，约为兄弟。我老爸就是你老爸。如果你要把咱老爸烧了吃，请分一碗我吃哦。"（《史记·项羽本纪》）他用的是"吾翁即若翁"，"翁"是父亲无疑。还有陆游那首著名的《示儿》："家祭无忘告乃翁"，"翁"也是父亲。引申出去，"翁"也可以指丈夫的父亲，也就是公公。还可以指舅父等等。"姑"我们现在多指父亲的姐妹，也就是姑母。古代也有这样的用法。但古代也用"姑"指称丈夫的姐妹，或者指丈夫的母亲，就是婆婆。早在《左传》中就有这样的用法。"翁姑"并用，一般就指公婆。这里，庚娘说"翁姑俱没，我安适归"，仿佛丈夫不存在似的，这就给王十八发出了第一个信号：她是大不以丈夫为意的；其次，她说的是"安适归",翻译成现代汉语,就是"那我跟谁呢"?这完全是明知故问,庚娘早就知道,王十八做这一切,都是为了得到她。她在之前就提醒过金大用:"勿与少年同舟。彼屡顾我,目动而色变,中叵测也。"金大用不以为意,导致了悲剧的发生。所以,说"安适归"云云,简直就是大开城门,引君入彀。果然,王十八答应她"保无虞",她也就"收涕"。这眼泪召之即来,挥之即去,和话本《杜十娘怒沉百宝箱》中的李甲有得一拼。彼时李甲已和孙富商量好了,把十娘以一千两银子的价格转让,但怕十娘"义难顿绝",所以请了眼泪来帮忙,"欲言不语者几次,扑簌簌掉下泪来"。"男儿有泪不轻弹,只因未到伤心处",李甲泪如雨下,伤心如此,十娘当然必得问个究竟。问到最后,他"含泪而言",道出事情原委,说罢,还"泪如雨下"。眼泪始终伴随左右。但当十娘愤然说出"为郎君画此计者,此人乃大英雄也!郎君千金之资既得恢复,而妾归他姓,又不致为行李之累,发乎情,止乎礼,诚两便之策也。那千金在那里"时,利令智昏的李甲竟连那么强烈的讽意都听不出来,当即"收泪"。作者借助眼泪的收放自如,把李甲的昏聩无耻表现得淋漓尽致,其嘴脸当然和庚娘有云泥之别,但以眼泪为武器,这一点却是相同的。这种被强烈的目的性操控着的眼泪,和蔡瑞虹那种伤心无助的泪自是不可同日而语。这就是庚娘比蔡瑞虹多出的几分机智。

蔡瑞虹报仇，借助的是官方的力量。为了得到这个机会，她延宕而又延宕。先是被陈小四强占，后来转到卞福手中，又因为卞福老婆的妒忌而被卖入娼家，娼家再转卖给胡悦，胡悦逼迫她玩"仙人跳"诈骗，她发现被骗的朱源是个好人，便戳穿骗局，依傍了朱源，最后借助朱源的力量、通过官府得以报仇。庚娘则爽利多了。就在合卺之夜，她灌醉王十八，亲手将仇人杀死。比起蔡瑞虹又多了几分勇敢。

蒲松龄赞誉庚娘堪比"千古烈丈夫"，认为她可以"比踪彦云"。这里的"彦云"，应该是指三国时期曹魏将领王凌。王凌的儿子王公渊娶了诸葛诞的女儿为妻，新人进入洞房，刚开口说话，王公渊就很不客气地对妻子说："新娘子你的神态不大高贵，很不像你父亲公休哪。"（"公休"是诸葛诞的字）聪明的妻子立刻反唇相讥："大丈夫不能像你父亲彦云却要求妇人和英雄豪杰并驾齐驱！"（"彦云"是王凌的字），一句话，既有力地把丈夫对自己的责怪怼了回去（你说我不像父亲，你也不像啊），又把自己父亲大大夸耀了一把：我父亲那么伟大，你却要求我和他比肩！父亲越伟大，相似自然就越难，这也就进一步反驳了丈夫说自己不像父亲的责难。这个故事记录在《世说新语》里，原文为："大丈夫不能仿佛彦云，而令妇人比踪英杰！"蒲松龄用"比踪彦云",猜测大概有几层意思:第一,从史实而言,处乱的背景相同。王凌因不满司马懿专擅朝政,联合兖州刺史令狐愚谋立楚王曹彪为帝,事泄自尽,夷灭三族。庚娘的故事发生在"流寇之乱"的时候,是不是也有些奋起抗暴的意思?第二,从《世说新语》记载的故事而言,女子的机智相仿。本来是王公渊出言不逊,不料却被妻子怼得哑口无言。女胜于男相同。

值得注意的是庚娘的结局。庚娘是在手刃仇敌后就自杀的,先是自刎,因"刀钝铁不可入",又有人追逐,所以投水自尽。事先她留有遗书,邻里知道了事由,都很感佩,有人出资让她穿上了华丽的服饰,置办了丰厚的殉葬品。这个细节一石双鸟:一方面表现了众人对烈女的敬佩,另一方面为后面的盗墓埋下了伏笔。因为她"葬具丰美",引起了恶少的觊觎,他们挖开了她的坟墓,让她得见天日。庚娘这时却不想死想活了,说我戴的首饰你们全部拿走,再把我卖到尼姑庵去,也能得点钱,我决不泄露。这下轮到盗墓贼害怕了,说您那么贞烈,我们也钦敬的,只是缺钱花,不得已才出此下策,我们哪敢卖您啊。告诉她说镇江有个耿夫人,"寡而无子",我们把您送去,她一定是高兴的。就这样,庚娘死而复生,到了镇江。她丈夫金大用落水后被人救起,正好"暂过镇江",两人各乘船只,在江上相遇。这里的描写特别精彩。金大用看见有一小艇从船旁过，中间的少妇很像庚娘。他万分惊疑，又不能追问，急切中居然想出了这一招，把平时闺房中戏谑的隐语喊出来："看群鸭儿飞上天耶！"那边听到后，也大叫："馋猁儿欲吃猫子腥耶！"暗号对上，是旧日夫妻无疑，大团圆终于来到。庚娘的结局当然是拜作者所赐，我们要想的是：作者为什么没有让庚娘像蔡瑞虹那样壮烈地死去呢？是他比较开明，觉得"生命诚可贵，爱情价更高，若为'贞操'故，二者皆可抛"是迂腐和荒唐的？恐怕不是。庚娘和蔡瑞虹有个最大的区别：蔡瑞虹失了节，而庚娘没有。在船上王十八求欢，她以正在来大姨妈推辞。因为之前她没有表现出任何仇视，加上王十八的妻子也在船上，所以逃过一劫。到家后王十八又求欢，她以合卺好歹要有点仪式感为由，和王十八对饮，"引巨碗，强媚劝之"，把王十八灌醉，然后实施她的杀人计划。就是盗墓贼，也没敢侵犯她半根毫毛。这是作者让她活下去所作的充分的准备。若非如此，庚娘是否能活，还真是难说。

还有个细节也很有意思。王十八的夫人因为"诚不愿为杀人贼妇"，投水自杀，后被人救起，但不知为什么，她自称是金大用的妻子，后面就紧随金大用不放，金大用无论如何不肯，最后她只得"愿自居于媵妾"——这是在庚娘出现之前，无疑是作者的一点小诡计，用她的自居媵妾，为庚娘复归预留了位置。因为，她毕竟"二夫"了。"三言"里有个故事,对大小老婆的处理也同样有意思。商贩蒋兴哥离家去做生意,妻子三巧儿在寂寞中出了轨,蒋兴哥知道后把她休了。后来续弦,娶的却是三巧儿情人陈商的遗孀。三巧儿后来又机缘巧合和蒋兴哥重修旧好,但是对不起,主母的位置已经没有了,做了偏房。作者还特地加上"恩爱夫妻虽到头,妻还作妾亦堪羞"的评语。"三言"这类的市民小说,在贞操观念上已经大有进步了,蒋兴哥被绿,虽然愤恨,但处理得很有分寸,甚至自我反省:"当初夫妻何等恩爱,只为我贪着蝇头微利,撇他少年守寡,弄出这场丑来,如今悔之何及。"最后还和三巧儿破镜重圆,但作者毕竟还是要给三巧儿"品行有亏,降格处理"的惩罚,和庚娘的故事中,为贞节的庚娘保留主位其实并无二致。

13 仇大娘："没面目"的女中豪杰

《聊斋志异》中有很多女性形象，包括人，也包括鬼以及由狐精、花妖变化的，她们当中美艳动人、柔情万种的是多数，但也有一些不在此类的，仇大娘就是一个另类。

仇大娘，未知名，也未知她长啥样——这在《聊斋志异》写女性时可是很难得的，借用《水浒传》中地恶星焦挺的绰号来说，她就是个"没面目"之人，只知道她是仇仲和前妻所生的女儿，早就出嫁了，而且嫁得不近。她和父亲以及继母的关系不好，因此很少走动。仇仲在战乱中被盗寇掳去，续弦邵氏带着儿子仇福、仇禄过活。邻里中有个叫魏名的人，和仇家关系不好，不，应该说是视仇家为眼中钉，非要把他家弄垮不可（关于这一点，我们在后面还会说到）。他故意引诱仇福赌博，让他输得倾家荡产，甚至把妻子姜氏都抵押出去了。邵氏被他气得一病不起。仇福负债逃跑，仇禄还未成年，一家人眼看就过不下去了。

《仇大娘》

这时,魏名让人捎口信给仇大娘,让她回来和两个弟弟争夺家产,想给这个摇摇欲坠的家庭再烧一把野火。就在这样的情况下,仇大娘出场了。

我们无法揣测仇大娘此来的动机。之前回娘家的时候,因为不满父亲和继母的馈赠,她曾经顶撞父母,拂袖而去,都几年没回来了。现在听说继母垂危，携子赶来，究竟想干什么，还真不好说。不过，就在她走进仇家、看到"幼弟侍病母"的凄惨景象的那一刻起，她就决心要拯救仇家于危难之中了。理由倒也简单：我们家的田产，凭啥给那些贼人弄去！

她首先跑去地方官那里，把那些引诱仇福赌博的人给告了。赌徒们害怕，敛钱贿赂仇大娘。仇大娘真是个人物，钱照收，状也照告。地方官把那些赌徒抓起来，责打一顿，但却没有提到归还田产的事。仇大娘哪里肯罢休？立马升级告到了郡里。郡守本来就最恨赌博，更加上仇大娘慷慨陈词，细细描述弱弟病母如何可怜，赌徒如何诱骗仇福，郡守采纳了她的诉讼请求，把案子发回重审，责令追回仇家的田产。地方官不得不把仇家失去的田产全部追了回来。第一回合，仇大娘完胜。

魏名一计不成又生一计。买通一个旗下逃奴，让他诬陷仇禄替他窝藏了财物。明代末年，满族统治者以旗为标志规划单位，分正黄旗、正白旗、正红旗、正蓝旗和镶黄旗、镶白旗、镶红旗、镶蓝旗，合称八旗。最初八旗兼有军事、行政、生产三方面的职能，后来成为兵籍编制。编入八旗的人习称为"旗下"。入关前后，清帝和八旗的贵族及官员，掳掠了上百万的汉民，通令充当家奴，耕田放牧，从征厮杀。这些汉人中，也有慢慢因军功什么的成了贵族的。比如曹雪芹家。万历四十七年左右，曹雪芹的远祖曹世选被满洲俘掠为奴隶。五世祖曹振彦随多尔衮入关，归满洲正白旗。之后，曹家先人应该是经由战场厮杀地位逐渐上升。《红楼梦》中写焦大"从小儿跟着太爷们出过三四回兵，从死人堆里把太爷背了出来"，可以看出战场厮杀的痕迹。尤其是曹寅（曹雪芹的爷爷），和康熙帝玄烨关系亲密，成了显贵。但也有些被掳掠的汉人因为在底层受奴役而选择逃跑的，尤其是在初期。清政权严禁家奴逃亡，据《清世祖实录》卷十五记载，顺治年间有详细条例规定，凡是逃跑的人以及帮助他的人，包括他的左右邻居、十家长、百家长（差不多就是现在的居委会小组长、大组长之类），都要受到同样严厉的惩处。仇禄被诬陷后，被判处没收全部家产、流放关外。处罚是很重的。危难时刻，仇大娘又出场了。

如果说，第一次出场，仇大娘走的是民事诉讼的路子，凭着"性刚猛"、不惧出头露面大抵可行的话，这一次，有点"民告官"的意思，可是要有点头脑的了。仇大娘的武器是一份"析产书"。当初，仇福新娶的妻子姜氏"颇贤能"，把个家打理得井井有条，小叔仇禄也能照常读书。魏名就挑拨离间，对仇福说，你弟白吃你的，将来娶妻还要一大笔钱，你还不快和他分家？仇福于是闹着和仇禄分了家。现在，仇大娘就拿着这份分户证明上场了。既然兄弟已经分家,现在仇禄出事,属于仇福的一份家产就不应该充公。就这样,仇大娘为这个家庭争取到了几亩良田,放在仇福名下,一家人又可以赖以生活了。

魏名的第三个计策更毒。他在邻居着火的时候假意救火,用草垫子把火引向仇家,除了仇福的三间房子,仇家被烧成一片白地。仇大娘第三次出场。如果说,第一次凭的是勇,第二次凭的是智的话,那么这一次,凭的是义。仇大娘拿出了自己的藏金,再起新房。其时,躲赌债逃亡的仇福已经回家,仇禄在关外为奴,遇见了同在一户将军家为奴的父亲仇仲。仇仲泣求将军,为仇禄平反昭雪,父子二人也回到了家中。仇福在"负锸营筑"时居然掘见了满满一窖银子(实话实说,这个情节太low了点)。于是,仇家大兴土木,盖起了像贵族一样豪华的屋子。

仇大娘三次拯救仇家于水火,足见她的智、勇和义气。她还另外为仇家做了很多事。比如,"里中豪强,少见陵暴,辄握刃登门,侃侃争论,罔不屈服"。注意:是"握刃登门",带着刀子来的,但又并不乱来,而是"侃侃争论",也就是说:你讲不讲理?讲理咱好好说,不讲理今天就白刀子进红刀子出!这仇大娘不是豪杰是什么?她还在邵氏犹豫不决的时候果断为仇禄定下亲事,遭媒人,送彩礼,让他有了一个好妻子。她又为改过自新的仇福请回了住在娘家的姜氏,更不用说平时的种种料理。更重要的是,她做这一切都毫无私心。到仇家时,她是带着一个儿子的,第一回合胜利,她就"遣少子归,且嘱从兄务业,勿得复来"。之后她长居仇家,从不让儿子上门。仇福夫妻团聚时,她慨然告辞,说:"我苦争者,非自利也,今弟悔过,贞妇复还,请以簿籍交纳,我以一身来,仍以一身去耳。"仇福夫妻把她苦苦留住。最后,仇家父兄同归,一门欢腾,仇大娘又"坚辞欲去"。蒲松龄虽然无一字写到仇大娘的模样,但她泼辣干练、义气干云的形象已牢牢树立在读者心中。

类似这样的女豪杰故事,《聊斋志异》中还有几篇,比如《农妇》。说起来,这位女豪杰也够惨的。仇大娘虽然属于"没面目",但好歹还有个姓,这位女豪杰却不仅"没面目",一并连姓都没有,只知道她是邑西磁窑坞的农人妇。她的婚姻生活也很奇特,和丈夫是分居的,两地相去百余里。偶然团聚,过一晚又走了。平时自食其力,贩陶器为业。不仅能养活自己,还有赢余,常施舍给乞丐。文中记载了两个精彩的故事:一是有一天她正和邻家妇女闲聊,忽然说:"肚子有点痛,大概孽障要离身了。"说完就走了。自个儿回家生孩子去了。第二天邻妇去探望,只见她肩扛两只酿酒用的大缸正要进门,跟她走进室内,看见一个婴儿正躺在那里,一问,才知道分娩之后,她已经负重走了一百里了。第二个故事是她和北庵的一个尼姑很要好,订为姊妹。后来听说这个尼姑行为不端,她愤怒地操起木杖要打她,被众尼姑苦苦劝阻。有一天,在路上遇见了那个尼姑,她上去就猛扇她的嘴巴。尼姑问:"我犯了什么错?"她也不回答,只是拳石交加,直打到那个尼姑喊都喊不出声了才住手。有了这两个故事,这个农妇的"勇健如男子"已如在眼前,她"辄为乡中排难解纷"也不难想象了。难怪作者直呼"豪爽自快,与古剑仙无殊"。

可惜的是,赞叹归赞叹,作者平时用在那些美女身上的、对外貌和个性的细腻描写,却是缺席的。写美女,作者不仅会用"艳绝"(《房文淑》)这样抽象的字眼,还会有细细的描绘,比如"笑弯秋月,羞晕朝霞"(《公孙九娘》),用比喻来写美人的笑靥;比如"秋波频顾,眉目含情,仪容娴婉"(《鸦头》),用动态来写美人的神情;比如"瘦怯凝寒,弱不胜衣"(《连琐》),用一串形容词来写美人的体态。但作者却只字不提女豪杰们的长相,好像既然是女丈夫,长啥样就不重要了。以致把这些女豪杰和美女相比,总给人差一口气的感觉。

还有《仇大娘》这个故事,构思其实是很不高明的。王国维先生曾引叔本华的理论说:"悲剧之中又有三种之别:第一种之悲剧,由极恶之人极其所有之能力以交构之者。第二种由于盲目的运命者。第三种之悲剧,由于剧中之人物之位置及关系而不得不然者,非必有蛇蝎之性质与意外之变故也,但由普通之人物、普通之境遇逼之,不得不如是。彼等明知其害，交施之而交受之，各加以力而各不任其咎。此种悲剧，其感人贤于前二者远甚"。但仇家的悲剧恰恰是"由极恶之人极其所有之能力以交构之者"。所有的问题都是缘于魏名对仇家莫名其妙的仇恨——直到故事结束我们也不知道魏名究竟和仇家有什么血海深仇，为什么要一而再、再而三地用极其恶毒的手段陷害仇家。大概作者也觉得这样有点不合情理，所以在文末又加了一段，说魏名最后反悔了，想与仇家和好，但他送一只鸡，这只鸡却蹿入灶下，引着了缚鸡脚的布条，鸡又跳到柴火上，引起了火灾；送一只羊，拴在树上，夜里就有一个小童在这棵树上上吊自杀，用的就是拴羊的绳子，并把它归结为"造物之殊不由人"。意思说命定这个魏名要成为仇家的对头，即使他想不做对头也不行。这种把无法解释或者不能解释的事情的原委推给天命的做法，是又简单又容易的。《水浒传》的大框架其实也是这样。《水浒传》有个"引首"，篇幅不长，但时间距离却拉得很开，从五代一路讲过来。讲五代什么呢？讲五代的不太平，不安生。的确，五代从公元907年到960年，50年不到，朝代却更换了五茬，而且都是内部的军官造反：后唐的河东节度使石敬瑭，后来就成了后晋的高祖。同样，后晋的河东节度使刘知远，后来是后汉的高祖；后汉的邺都留守郭威，是后周的太祖；后周的殿前都点检赵匡胤，就是大宋的开国皇帝，而且人家没有再让之前的剧目重演。"引首"说的大概就是这么回事。但问题来了：你把赵天子说得那么好，那后面108人造反是咋回事呢？于是，就有了"洪太尉误走妖魔"的桥段。洪太尉是见着"四个真字大书"，凿着"遇洪而开"才挪开的石碑。这就是所谓的"天数"：一来天罡星合当出世，二来宋朝必显忠良，三来凑巧遇着洪信。谁也怪不着。《水浒传》是大部头作品，这样构思自有其苦衷，在一篇小小的《仇大娘》里，也弄个天数作为事件发生、发展的唯一动力，这可就不太妙了。还有，为了表现"益仇之而益福之"，故事中还逸出一大段仇禄娶妻的故事，但这个故事和烧掉房子反而掘出窖金一样，既缺乏感人之处，更与仇大娘毫无关联，说它是败笔大概也错不到哪里去吧。

14

姚安：渣男一箩筐

《聊斋志异》中渣男不少。有的故事比较轻松，比如沂水某秀才，夜读时见到了两个美人。美人含笑不语，各用长长的衣袖拂拭坐榻，两个排排坐，衣服软软的，一点声音都没有。过了一会儿，一个美人"以白绫巾展几上，上有草书三四行，未尝审其何词"。照理说，这应该是读书人感兴趣的，这三四行草书，到底写的是啥呢？可是秀才却无动于衷。另一美人把一锭三四两重的银子放在桌上，秀才便伸手把银子纳入袖中。这三部曲挺有意思的：首先是美色——从整部聊斋来看，作者一直觉得美色很重要，甚至觉得是好男儿就不应该对美色无感，所以放第一，没毛病。其次是学问，倜傥性情再加点锦绣文章，当然也是好的。金钱最次。尽管作者也很有见识地发过"自食其力不为贪，贩花为业不为俗"的高论，表示了坦然直面金钱的态度，但总体而言，对吝惜金钱、贪图金钱的人是鄙视的。

而这位秀才呢，全倒过来了。不为美色所动，或许还能用自重来解说；对文字没点好奇心，就有些没劲了；等到伸出手拿钱，则"渣"态毕露，也难怪被美人（狐精）哂笑"俗不可耐"了。（《沂水秀才》）

这个渣男故事是轻松的，除了被美人嘲笑，还有美人一离开，秀才再去摸袖子里的钱，却已经没有了，白白出了一场洋相。有的就比较沉重了，比如《姚安》。

《姚安》

姚安是一帅哥，帅到什么程度呢？帅到成了型男的标准。宫家有个叫绿娥的女孩，非常漂亮，且知书达理，挑人的眼光也高。她母亲放出话来，非要帅到姚安这样的才肯嫁。这就有点貌如潘安的意思了。潘安本名潘岳，字安仁，是西晋著名的文学家。文学是小众的事，加之他又算不上一流（以文学史论），所以知道他的人不多。但长得帅就不小众了，谁都知道，而且嫌"潘安仁"三字太麻烦，简称"潘安"。中国古代的小说戏曲，若要提到男子的帅，就是貌如潘安。像潘安似的做了一回标杆，姚安当然挺得意，一才貌双全的美女以自己为标准，换谁都得高兴不是？问题是姚安已经结婚了，他也不想想，人家之所以这么说，也许就是因为知道他已婚，这么说也不会引起啥麻烦，要是他还单着，怎么可能这么说呢？那不就是直接求婚了吗？这可不是女方会做的事，女方总得给自己留点面子，不会这么贸然的。糟糕的是，姚安并不这么想；更糟糕的是，他因为这个而谋杀了自己的妻子！

姚安杀妻的方法挺简单，骗妻子说：你看，井里有个啥？妻子探身看向井里的时候，把她往下一推，说起来就是她不小心掉井里，淹死了。用这招杀妻的还有话本小说《金玉奴棒打薄情郎》中的莫稽。这家伙因贫寒落魄，娶了团头（也就是丐帮帮主）的女儿金玉奴为妻，靠老丈人的资助，读书、中举、做官，一路顺畅。可是有了荣华富贵，他嫌弃起妻子的出身来，就在上任途中，骗妻子到船头赏月，把她推下了河。这种谋杀方法简单而有效，既能杀死妻子，又不会被发现。即便放到今天，现代刑侦学那么发达，这种案子也是难破的。纵然明知男方有作案动机，也很难找出证据来证明女子的溺死不是意外而是谋杀。为了娶更美貌、或者有更好家庭出身的妻子，姚安和莫稽，两个渣男犯下了同样的罪恶。

金玉奴坠河后未死，被人从水中救起，莫稽的上司认她做了女儿，二度嫁给莫稽。读者诸君千万别觉得作者这样安排太不通情理，和谋杀自己的罪犯再结一次婚？天哪，这是什么事嘛！要知道，对于古代的女子来说，一不守寡，二不嫁二夫，简直就没有比这更好的下场了。莫稽得到的惩罚是"七八个老妪、丫环，一个个手执篱竹细棒劈头劈脑打将来，把纱帽都打脱了，肩背上棒如雨下，打得叫喊不迭"。你看，施刑的不过老妪、丫环，刑具也只是"篱竹细棒"，分明是点到为止、不想打坏他的意思。这也是传统戏剧常见的桥段。很多剧种都有《临江驿》的剧目，说书生崔通在探望伯父崔文远的时候与翠鸾结为夫妻。崔通中状元后，又娶主考官赵礼部之女为妻。翠鸾寻来，他诬蔑翠鸾是逃婢，严刑拷打后，刺配沙门岛，并吩咐解差于途中将她害死。幸亏途中翠鸾和已为廉访使的父亲相遇，被解救，但最后，她也还是与崔通重新团圆。

有些渣男,虽然还不到杀妻的地步,但也"渣"得够可以的。比如武孝廉石某,在命悬一线的情况下接受了一个中年妇女的帮助,不仅捡回一条命,经济上也宽裕起来。此时却嫌弃人家年龄太大,"终非良偶",来了个始乱终弃,甚至还动了杀她的念头(《武孝廉》)。还有景星,为了纳新,百般凌辱妻子,非要把她赶出门去(《阿霞》)。而姚安,他的"渣事"还没有到此为止。

谋杀妻子后,他成功迎娶了漂亮的新娘绿娥。于是,他开始"严防死守",寸步不离。绿娥总要回娘家吧?回娘家总要坐车吧?就上车的那几步他也不放心,用两肘撑开袍子,罩着绿娥,护送她上车——想象一下这副丑态,再帅的人也让人恶心吧?绿娥上车,他就把车门封了,还做好标记,自己骑马跟在后面。到了娘家,住一晚上就催促着一起回去。绿娥对他的变态当然很不满意,恨恨地说,若真要劈腿,你折腾这些有用吗?有时,不得不出去,姚安就把绿娥锁在房间里。绿娥气不过,等他走了,故意弄把钥匙放在门外。姚安大怒,逼问哪来的钥匙,绿娥恨恨地说:"不知道!"姚安更加不放心,对绿娥看管得更严了。有一天,他外出回家,先支着耳朵偷听,听半天没动静,再拿出钥匙开门,不弄出一点声响,蹑手蹑脚地走进去。果然看到一个戴着貂皮帽子的男人睡在床上,姚安妒火中烧,拿了刀奔进去,把那人杀了。仔细一看,被杀的却是绿娥！她在睡午觉，因为怕冷，所以把貂皮帽子盖在脸上。此时，后悔已经来不及了。

姚安背上了两条人命。两次杀人，第一次是因为贪恋美色而蓄谋杀害妻子，第二次是因为多疑的变态心理。后一次虽然是误杀，但不管怎么样是杀了人。这样的渣男，不给点惩罚怎么行？作者是怎么惩罚他的呢？首先是让他成为被告。绿娥的父亲把他告上法庭。这场官司起两个作用：一是让他吃尽苦头。中国古代的刑罚有多严酷，可以看看莫言的《檀香刑》，虽然是小说，却也并非空穴来风。第二是让他倾家荡产。买命是需要花钱的，这在所有的故事中几乎都是这样。这就花光了他的钱财。第二波的报复是让他意识恍惚，神志错乱，总是见到绿娥和别人做不堪事，就算灭了灯，那声音还在，日夜不得安宁。用今天的话来说，就是患上了狂想症。他只好卖掉田宅，去别处居住，又偏偏有小偷凿壁而进，把他的钱全部偷走。从此姚安沦为赤贫，在穷困潦倒中死去。这惩罚不可谓不严厉，但从小说创作的角度看，似是平平，无甚出奇处。

作者认为姚安爱新杀旧，太过残忍，是截指适屦，所以受到了报复。这个评价很有意思。纵观《聊斋志异》，"爱新"之事层出不穷：比如耿去病之与青凤（《青凤》），陈宝玥之与林四娘（《林四娘》），景星之与阿霞（《阿霞》），魏运旺之与双灯（《双灯》），邓成德之于房文淑（《房文淑》)、张于旦之与鲁公女(《鲁公女》),全都是"爱新"——这些男主全都是有老婆的。"爱新"的结局往往取决于正妻的态度,只要正妻不反对,就可以"从此过上了幸福的生活"。可见,作者并不反对"爱新",他反对的只是"杀旧",也就是"截指适屦"——方法不对而已。

在这个问题上,实事求是地说,用今天的眼光看,蒲松龄也是"渣"得可以的。如果他不分性别,对"爱新"一概采取宽容大度的态度,那么我们最多说,这家伙够前卫的,是个性开放主义者啊。可惜,他不是。对于男性,他觉得尽可以去"爱新";而已为人妻的女性,则必须能容忍男子的"爱新",他还写了几个强烈要求丈夫"爱新"、甚至不择手段让丈夫"爱新"的例子。比如林氏,尽管她"美而贤",丈夫戚安期照样狎妓浪荡。在战乱中,林氏被掳,为保贞节,她毅然抽出敌兵的佩刀自刎。后来侥幸存活,终于感动了她那个浪荡子丈夫戚安期,发誓决不再相负。然而,林氏的贞节保卫战绝不是她"贤"的全部内涵,她还要为丈夫找"新爱",当然,冠冕堂皇的理由是为了繁殖后代。上自王公贵族,下至平头百姓,"不孝有三,无后为大"的信条永远是他们寻花问柳的最坚实的理论基础和挡箭牌。《红楼梦》中贾琏和贾蓉商量着偷娶尤二姐的时候,贾蓉出的主意就是:"叔叔只说婶子总不生育,原是为子嗣起见。"(第64回 幽淑女悲题五美吟 浪荡子情遗九龙珮)在戚安期坚拒的情况下,林氏千方百计,让丫鬟冒名顶替,偷梁换柱,什么办法都用上了,最后终于让丫鬟海棠为戚安期生下两男一女。作者由衷地赞叹道:"女有存心如林氏者。可谓贤德矣。"(《林氏》)再比如青梅,做了夫人以后遇见了自己微时伺候过的小姐,不仅让她嫁给了自己的丈夫,还坚持让出了正妻的位置(《青梅》)。还有范十一娘,苦苦设计,怎么也要让自己的女伴封三娘和自己共"效英、皇"(《封三娘》)。陈云栖也是,"存心久",要与女伴"共事"丈夫,还生怕婆婆不答应(《陈云栖》)。阿霞更有意思,自己做了小三,非但不思上位,还对情人休了妻子虚位以待的行为嗤之以鼻,甚至就此绝交,另抱琵琶别嫁郎。最后看在"夙好"分上,才让他重新娶妻生子,不过娶的是"缙绅家婢",地位不高,而且"甚丑悍"——所谓"悍",应该就是不让他再"爱新"吧。

在要求女性允许丈夫"爱新"的同时,作者又绝对要求女性守节,甚至连丈夫死后也不能另抱琵琶别嫁郎。耿十八病危时,一面假作大度地对妻子说:"我死以后,再嫁还是守节,由你决定。"一面却非要妻子回答是嫁还是守。妻子沉默不语,他又说,守节固然很好,再嫁也是人之常情。你明白说出来,我和你有个了断。你守节,我很欣慰;你要再嫁,我也就断了这一份情缘。这番假惺惺的话起了效果,妻子流着泪说:"咱家穷成这样,你活着还不能好好过日子，让我拿什么守节？"这态度应该没毛病吧？首先，是你坚决要我说的；其次，你也觉得再嫁是人之常情；再说，日子过不下去，再嫁也是不得已的。可是，这却让耿十八恨恨不已，一面死死抓住妻子的手臂，一面说着"你好狠心"断了气。用力之猛，竟然要两个人一起用力才能把他的手掰开。这一幕本来挺讽刺的，小心眼的丈夫偏要充大气，死了也是洋相。偏作者并不这么认为。他让耿十八死而复生，而且"由此厌薄其妻，不复共枕席"（《耿十八》）。也就是说，还是他老婆错了：谁让你不肯守节？你不忠于我（尽管还只是说说），我就让你一辈子守活寡！

尽管我们无法苛求古人有今天的思想观念，但同样，古人也不能禁止我们用今天的眼光来打量他们，并且恨恨地骂上一句：渣男！

15

陈云栖：女道士的尘世生活

道教是我国的主要宗教之一。东汉时，书生张道陵根据传统的民间信仰创立了道教，道徒们尊他为"张天师"。道教刚开始时，初入道的人需交五斗米，所以也叫"五斗米道"。道教尊老子为教祖，以"道"为最高信仰，希望通过炼丹等方式，羽化登仙，终极解决人的生死问题。南北朝时期，道教逐渐兴盛。唐代国力强盛之时，朝廷特别自信，佛教也好，道教也好，你玩你的，都没关系。加之皇帝姓李，碰巧和太上老君同姓，道教也就特别热闹。鼎鼎大名的美女杨玉环也在开元二十八年（740）奉命出家当了一会儿女道士（个中隐曲咱先不说），号太真，后来唐玄宗下诏让她还俗，并接入宫中，正式册封为贵妃。金元以后，道教分为正一教和全真教两派，是金庸先生比较感兴趣的所在，在他的武侠小说中多有表现。虽说我们习惯把儒释道称为"三教"，但儒家学说其实并非宗教。道教和佛教，是中国民众主要的宗教信仰。南北朝以后，佛道两家和并不是宗教的儒家文化互相交融，形成所谓"三教合流"的局面。《红楼梦》中，邢岫烟说妙玉"僧不僧，道不道"（第63回 寿怡红群芳开夜宴 死金丹独艳理亲丧），其实，"僧不僧，道不道"的多着哪，大的我们不说，就说小的吧，你以为"道士"就一定是指道教徒？错！南朝梁的高僧慧皎，曾作《高僧传》，其中记载了东晋僧人竺道潜的故事：有人对竺道潜游走豪富之家表示不满，说："道士何以游朱门？"竺道潜回答说："君自睹其朱门，贫道见为蓬户。"你看，问的人和答的人都用"道士""贫道"来指称和尚。清代典籍中也能找到类似的说法。所以，"三教合流"可不仅仅是观念意识上的，连很多称呼、仪轨都是相互混杂的，即便现在，也依然能看到这种混杂的情况。

不幸的是，虽然人们对佛道两教富有哲理的思想有浓厚兴趣，也羡慕佛道两家的出尘生活，但中国文人包括民众，对皈依佛道两家的信徒，却并不都抱有敬重的态度。尤其是在小说戏曲中，和尚道士的形象实在是大高而不妙。说到和尚，高僧固然有之，但"色中饿鬼"更多。比如伪造情书骗人休妻、再设计将其归为己有的墦台寺和尚（《古今小说·柬帖僧巧骗皇甫妻》），诱骗无数良家妇女的宝莲寺和尚（《醒世恒言·汪大尹火焚宝莲寺》），《水浒传》中和潘巧云私通的裴如海，等等。《聊斋志异》中也有这样的故事：张某有个哥哥，在兴福寺当和尚。他非但不礼佛修行，反而"广募金钱，悉供饮博行淫"（《僧孽》）。道士也是如此，《红楼梦》中的王道士，当贾宝玉问他要药方子的时候，他"笑嘻嘻走近前来，悄悄的说道：'我可猜着了。想是哥儿如今有了房中的事情，要滋助的药，可是不是？'"（第80回 美香菱屈受贪夫棒 王道士胡诌妒妇方）可见这是他平时常干的营生。《聊斋志异》中，邪恶的道士会用法术害人性命（《长治女子》）。女性如果皈依，当了尼姑或道士，情形就更不堪了。用《金瓶梅》里的话说："谁又是干净姑姑？"比如闲云庵的尼姑王守长，因为贪财，竟然为男女牵线搭桥，甚至在庵中提供场所，让阮三和玉兰小姐幽会，结果弄出一场人命案来（《古今小说·闲云庵阮三尝冤债》）；再比如非空庵的众尼，因为淫欲无度，竟把赫大卿的性命给弄丢了（《醒世恒言·赫大卿遗恨鸳鸯绦》）。《红楼梦》的第93回，还专门写了"水月庵掀翻风月案"，虽然语焉不详，但小尼姑的不守道规还是很清楚的。鲁迅在小说《阿Q正传》中，曾非常形象地表现过这种鄙视链。"自轻自贱"的阿Q，不要说斗不过"假洋鬼子"，便是王胡和小D也打不过，他唯一还能欺负的人，就是静修庵里的小尼姑和老尼姑。

在戏曲中，"尼姑思凡"是常见的桥段，甚至有人让尼姑和和尚一起思凡，下山相遇。这个题材还很受欢迎，《思凡》不仅是昆剧的传统剧目，京剧、徽剧、婺剧、秦腔等也都有此剧目。我们当然可以解读为这是歌颂爱情，是反封建的，但从宗教的角度，这样的故事无疑是不虔敬的。在接下来的这个故事中，男女主角以及边上人都提到了陈妙常与潘必正，这也是著名的"思凡"故事。尼姑陈妙常是明代高濂《玉簪记》里的人物，她和书生潘必正互相爱慕，最后有情人终成眷属。虽然是个善意的故事，但究其主调，也还是尼姑思凡。也就是说，人们并不认为尼姑（或道姑）有虔诚的宗教信仰，寺庙庵堂不过是她们暂时的栖身之地而已，而且往往因为出家人有更严肃的戒律（《红楼梦》中的小尼姑智能儿把它称为"牢坑"）而反弹出更强烈的情色之欲。

  民间作为不入流女人而言的"三姑六婆"中，尼姑、道姑居于首位，余者为卦姑，就是占卜算命的；以及牙婆（专卖胭脂花粉等女性用品的人）、媒婆、师婆（也就是巫婆）、虔婆（妓院里的鸨母之类）、药婆（治病的）和稳婆（接生的）。从事这些行业的女性被歧视，有些是因为名声不好，比如牙婆，本来是正常的买卖交易，但因为可以自由出入闺闼，就容易充当"马泊六"——男女关系的牵线人。陈商看上了蒋兴哥的妻子三巧儿，找的就是牙婆薛婆。薛婆受了陈商的钱财，果然设计让他把三巧儿弄上了手。（《喻世明言·蒋兴哥重会珍珠衫》）如果说，牙婆之类被鄙视有时还不算冤枉的话，歧视稳婆等就很没道理了。古代文化一方面极其重视子嗣，所谓"不孝有三，无后为大"，另一方面又视生产之事为污秽，避之唯恐不及，把它视作"血光之灾"。巴金在《家》中写的"珏瑞之死"，就是描写这种观念的。珏瑞临盆正是高老太爷归天之时，按照陈姨太的意思，这是不吉利的，应该让瑞珏迁出公馆，大家也都同意，最后珏瑞在生产时死去。稳婆就是因为这个原因——操持的是一份污秽的工作，所以才被没道理地歧视了。《红楼梦》中，包勇就理直气壮地说过："我说那三姑六婆是再要不得的，我们甄府里从来是一概不许上门的。"（第112回 活冤孽妙尼遭大劫 死雠仇赵妾赴冥曹）。

鉴于上述情况，我们这个故事的男主角出场时，小说先做了两层铺垫：

第一，给真毓生相面的人说："后当娶女道士为妻。"他父母都把它当作笑话。为什么呢？就是因为绝对不可能啊。首先，论家世，他是孝廉之子。孝廉是汉武帝时设立的察举考试的一种科目。孝就是孝顺父母，廉就是办事廉正。被推选的士人也叫"孝廉"。明清两代已没有"举孝廉"的制度，所谓"孝廉"是用来称呼举人的。举人的儿子，诗书之家，有社会地位，若"以女道士为妇，何颜见亲宾乎"！其次，论才貌，他"能文，美丰姿，弱冠知名"，何愁不能"论婚士族"？怎么可能娶女道士？因为太太太不靠谱，所以真毓生父母对道士的妄测并不在意，一笑了之。这个笑里面含有对女道士的蔑视大概是不能否认的。

第二，女道士是干什么营生的？从"黄州四云"的名声和行为中不难窥知一二。黄冈离臧氏村十余里的地方有个吕祖庵，里面有四个女道士，分别为白云深、盛云眠、梁云栋和陈云栖。云深和云栋不仅在观中招留客人宴饮、上床，甚至还出台"与少年去"，简直与妓家无异。真毓生刚到臧氏村，就听到了"'黄州四云'，少者无伦"的说法，如此名声在外，应该也是她们品行不端的明证。盛云眠在嫁人后曾解释说，自己之所以出嫁，并不是因为不能甘于道观的寂寞，而是因为不堪"以闺阁之身，觍然酬应如勾栏"。"酬应如勾栏"，是道观、至少是小说戏曲中的道观的主要营生。这也就难怪陈云栖"羞出操道士业"了。道士居然成了"业"，栖身道观不是用来修炼以求飞升，而是用来赚钱的。在吕祖庵，这生意还做得有点策略。她们挑选了年龄最小、美得"旷世真无其俦"的陈云栖做形象代言，勾引少年公子。真毓生就是因为陈云栖而流连吕祖庵。第一天，陈云栖只闪了一下，再不出来见客，真毓生只能告辞。白云深下钩说："而欲见云栖，明日可复来。"明日，陈云栖还是没有露面。白云深先是说陈云栖会"自至"，给他十分希望；"自至"不了，就说："我捉婢子来奉见。""捉"不来，又劝酒说："饮三觥而云栖出矣。"最后，让梁云栋"往曳陈婢来"。陈云栖这个诱饵被用足用尽。

在这样的背景下,陈云栖如同出淤泥而不染的莲花似的出场了。陈云栖为何"隶道士籍",作者没有交代,但因为道观要"酬应如勾栏",所以为师的除了提供衣食,还要教些本领。前面说过,道士是正经人羞于操持的贱业,所以女道士嫁人往往会隐瞒这段经历。盛云眠就是。但是她会弹琴、会下棋、会写字、会记账,这让她婆婆觉得很奇怪,说你是孤女,那么这些是谁教你的呢?其实这些都是在道观里学的。所以陈云栖说"妾师抚养,即亦非易",要真毓生筹措二十金来为她赎身,就是要偿还生活费、教育费的意思。也因此,陈云栖完全没有宗教信仰,明言"不能终守清规",甚至主动烦请旁人带口信给真生,说自己"朝夕厄苦,度日如岁",希望他"早一临存"。但她有贞洁观,不仅"羞出操道士业",而且"不敢遂乖廉耻"和人苟合,拒绝真毓生的"桑中之约"。可见她脑子里放着的不是宗教信仰而是儒家伦理。这是她和白云深等女道士的区别,也是她作为"人",和狐精鬼魅的很大区别。在狐精鬼魅身上是基本看不到贞操观念的,这也是蒲松龄喜欢对她们大书特书的原因之一。

蒲松龄很清楚地把女性分为两种:一种是良家妇女,这个不敢草率,就是私奔而来,也要考虑再三。太原王生私藏了出逃的"大家媵妾",妻子就觉得有麻烦,"劝遣之"(《画皮》)。这一方面是因为和良家妇女私通会受到律法的严惩,另一方面也是因为作者头脑中牢固的贞节观念:不仅良家妇女要守节，男性也不可随意坏人贞节。为此，他让一个诱奸多名良家妇女的人，在阴间受到极其惨烈的惩罚（《李伯言》）。良家妇女之外的女人，包括妓女、狐精、鬼魅等，那就来者不拒了。

陈云栖虽然是女道士，但她毕竟要成为真生的妻子（而不像其他故事中做个外室或妾），所以贞操是必须保持的。就是盛云眠，因为最后要和陈云栖"效英、皇"，作者也特意强调了一下她的处女之身。所谓"英、皇"，指的是古代神话传说中帝尧的两个女儿，大女儿叫娥皇，小女儿叫女英，姐妹俩一起嫁给了帝舜为妻。后来就以"效英、皇"表示两个女人嫁给同一个男人，往往彼此平等，不分妻妾。在古代人心目中，"效英、皇"是一件挺风雅的事，男人乐意自是不必说，不少女人也挺情愿。因为能称得上"英、皇"的，不是亲姊妹，也应该是闺蜜一类，与其让丈夫在外面找不知什么样心性的女人来当小三，不如主动出击，弄一个和自己合得来的人，甚至还可以结成联合战线，共同对付后面可能再出现的小四、小五之流。

陈云栖和盛云眠的故事向我们描绘了一幅女道士尘世生活的图画：或者应酬接客，出卖色相；或者还俗嫁人，回到平常女子的生活。道教在民间蜕化到了这种地步，是小说的夸张虚构扭曲，还是真实情况的反映，这就留给研究宗教的人士去考虑吧。

16
王鼎：穿越阴阳的勇者

《聊斋志异》对阴阳两界的描写都非常细致而生动，可以说是活灵活现，而且两个世界往往并存于一个故事中，时常有人（或鬼）穿越其间。鬼穿越比较多见，因为他们如果不"穿"过来，我们就见不到他们，而"见鬼"是聊斋故事的最常见桥段之一。有时他们也借助活人的身体穿越，比如杜九畹的父亲（已经是鬼），两次借儿媳的身体和儿子说话。他甚至因为自己的夫人"年老龙钟，不能料理中馈"，把阳间的儿媳"借"到阴间去做了一场筵席，然后再送回阳间（《鬼作筵》）。总之，鬼在这方面的能耐比人可大多了。

人穿越也挺有意思。替父亲鸣冤叫屈的席方平算是去了一趟阴间（《席方平》）。杜九畹的妻子也去了一回。不过，她是由鬼暂借的，说好"去去即复返"。"去"的时候"冥然"，即昏迷不醒；席方平是"时坐时立，状类痴"，只是灵魂去了阴间。不过，从后面他投胎为婴儿来看，说他死了也是可以的。这些都算不上是真正的穿越。穿越和生、死、死了投胎甚至死而复生都不同。《伍秋月》中的王鼎，以"生人"的身份连续两次穿越到阴间，并在那里杀"人"（其实是鬼）后脱逃，可以说是真正的穿越。

《伍秋月》

王鼎：穿越阴阳的勇者

王鼎和王鼐是弟兄两个。名字就很有趣,一个叫鼎,一个叫鼐。鼐就是大鼎的意思,谁是哥哥就很清楚啦(也有人说鼐是小鼎,无考)。鼎是烹煮食物的器皿,更是礼器,代表政治权力。相传夏禹铸九鼎,历商至周,成为传国之重器。周定王派王孙满去慰问楚师,楚子向他询问周朝的传国之宝九鼎的大小和轻重,这就有夺取周王朝天下的意思,后人遂用"问鼎"来指图谋夺取政权(《左传·宣公三年》)。王鼎和王鼐关系很好。王鼐稳重,王鼎豪爽。豪爽到什么地步呢?他外出游玩,遇见了女鬼伍秋月,竟然"虽知非人,意亦甚得"。管你是人是鬼,你来投怀送抱,我就热烈欢迎。出于好奇,他让伍秋月带他去地府看看。在伍秋月的带领下,他第一次穿越到了阴间。出乎意料的是,他在那里见到了哥哥王鼐。要知道,王鼐也是"生人",是不应该在阴间出现的,所以他大吃一惊,问哥哥为什么到了阴间。好玩的是,哥哥倒不问弟弟是怎么来的,这应该是作者叙事的疏忽。王鼎见哥哥"强被拘囚",就向鬼卒求情,希望能放了他。鬼卒非但不肯,还摆出一副瞧不起人的样子。王鼎很生气,想和他们争论,哥哥说别争啦,这是官府的命令,合法的,就是我没钱,他们向我索贿,弄得我很苦。你快回去帮我筹钱吧。说着,握住王鼎的手臂,痛哭失声。那些鬼卒发怒,猛拉王鼐脖颈里的套索,王鼐一下跌倒在地。王鼎"忿火填胸,不能制止",一怒之下杀了两个皂隶。然后带着哥哥穿越回了阳间。这里要注意,王鼐去阴曹地府不是穿越,是死亡;回阳间也不是穿越,是死而复生,所以王鼎带他回家的时候,到家门口,"视兄已渺",看不见了。进入室内,知道他"死已二日"。因为王鼎已从皂隶手里把他抢回来了,所以他立马又复活了。穿越则不影响生死。王鼎穿来穿去仍是"生人",伍秋月穿来穿去,仍是鬼魂(不算最后的还魂)。这是王鼎的第一次穿越,杀了两个皂隶,拯救了他哥哥。

王鼎的第二次穿越则是为了拯救伍秋月。他杀了官使,穿越回了阳间,就像杀人犯逃亡国外似的,而且还是没有引渡关系的国家,冥府就只能把同案犯伍秋月拘禁起来。豪爽的王鼎当然要去救她。他赶到时,狱卒正在调戏伍秋月,他又一刀一个杀了。再穿越回阳间,后面就是开棺带尸首回家,完成有情人终成眷属的喜剧。

这个故事中,有两点非常有意思。

第一,阴阳两界不像是异度空间,倒像是同一空间中的两个地方。第一次去的时候,伍秋月说得很具体:"去此可三四里。"三四里路,是不用车马也可到达的地方,唯一的区别是"以夜为昼",就是日夜颠倒。王鼎因为是"生人",看不见阴曹地府的样子,伍秋月用自己的唾液涂抹在他的双眸上,他就能看见了。穿越回来的时候也简单,"夜买小舟,火急北渡",就回了自己的家。这"小舟"(上面还应该有舟子），穿越于两个世界，似乎没有任何障碍。他第二次穿越去的时候，更是熟门熟路，好像连唾沫都不用涂了。归途也是"篡取女郎而出"，就走回了旅舍。来去自由，出入不凭票，真是自在得可以。

第二，和阴阳两界并存的，还有一个空间，那就是梦境。伍秋月和王鼎的结合，是在梦里。王鼎因为同样的梦连做了三四夜，每天都有美女来和他交欢，感觉有异，所以在晚上硬撑着，"惕然自警"，在"甫一交睫"伍秋月出现的时候"忽自惊寤"，"急开目"——照理说，梦醒时分也就是梦境结束之时，可这时候梦却延续到了现实中，伍秋月真的在他的怀抱之中。对此，伍秋月给出的解释是：因为"亟欲自荐；寸心羞怯，故假之梦寐耳"。也就是说，伍秋月想和王鼎欢好，但又怕难为情，所以给王鼎催眠了，所发生的事对王鼎来说是梦，其实是真的。王鼎第二次穿越到阴间也是如此，他回到旅舍的时候"蓦然即醒"，感觉是做了一场梦，但是伍秋月告诉他："真也，非梦也。"伍秋月说的"真"就是王鼎真的又穿越到了阴曹地府，真的在那里杀了"人"，真的把伍秋月救了出来，而不是做梦。也就是说，如果是做梦，那么伍秋月还应该在牢里，那两个下流的狱卒应该还"活"着。这样，就把梦境和阴阳两界分了开来，也就是说，阴阳两界都是实的，而梦是虚的。

说梦境是虚，《聊斋志异》中另有一个故事可以佐证。

说是凤阳有个读书人，出去游学，对妻子说："我过半年就回来。"可是十个多月过去了，杳无音讯。妻子很是想念，就在晚上做了一个梦，梦见有个丽人来接她去见丈夫，路上果然看见自己丈夫骑着白色骡子来了。丽人邀请他们夫妇到她家歇息。席间，读书人置自己妻子而不顾，却和丽人相互挑逗，最后竟然上了床。妻子痛不欲生，出门寻死，正好撞见自己的三弟。弟弟听姐姐一说，义愤填膺，见两人闭门不开，操起巨石对着窗棂砸过去，只听见里面大喊："郎君的脑袋砸破了，怎么办啊！"妻子猛然惊醒，发现是一场梦。过几天，读书人回来了，果然骑着白色骡子。三弟听说姐夫回来，也过来问候。说起来，才发现三人竟然做了同样的梦！然而，梦就是梦，尽管三人梦到的事情完全一样，但读书人并未被三弟掷出的大石头砸死，延伸下去，和丽人偷情之类的事情应该是也没发生过，可见梦境是虚幻的（《凤阳士人》）。

还有一个空间，《伍秋月》的故事中没有提及，那就是天上。在古人的想象中，在《聊斋志异》的世界里，天上又是一个空间，人也可以穿越。书生乐云鹤，接济了一个落魄的人，不知道他是因为耽误了下雨而被贬谪的雷曹。有一天，天色晦暗，响起了雷声，乐云鹤感慨地说："云间不知何状？雷又是何物？安得至天上视之，此疑乃可解。"雷曹说没问题呀，我带你去看看。于是就设法让他穿越了一回。去的时候还是借助了梦：乐云鹤的状态是"倦甚，伏榻假寐"，然后就上了天。回来的时候是真正穿越的：雷曹让他握住绳子的一端缒下去，乐云鹤开始还有点害怕，雷曹说"不妨"，他就大着胆子照做，果然"飕飕然瞬息及地"，从一个空间回到了另一个空间。这两个空间一根绳索就可以贯通，实在是方便快捷。在这个故事中，作者对天上的想象十分有趣。云层软软的，像棉絮一样，踩在上面有点摇晃，像坐船一样，有点晕的感觉。星星像莲心镶嵌在莲蓬中，有瓮那么大的，也有小一点，像缸那么大的，再小就像杯、盅那么大。下雨呢，是两条龙拉一辆车过来，车上放几个大水缸，几十个人舀水往人间洒下去（《雷曹》）。这里，对云的描写最棒。作者没写云是咋样的，而是写站在云上的感觉，像踩棉絮，像坐船，让人感同身受。莲心莲蓬的比喻也有点意思，大水缸和舀水就远不如《西游记》里的"无根水"了。孙悟空给朱紫国的国王治病，需要"无根水"（也就是雨水）做药引子，他找到东海龙王敖广，敖广说你叫我又没说要下雨，我一个人来了，没带雨器，也没有风云雷电，怎么下雨呢？孙悟空说不用那么复杂，我只要够做药引子就行。龙王说那我打两个喷嚏吧。"那老龙在空中，渐渐低下乌云，直至皇宫之上，隐身潜象，一口津唾，遂化作甘霖"（第 68 回 心主夜间修药物 君王筵上论妖邪）。这可比大水缸舀水带劲多了，以致"龙王爷打喷嚏"都成了歇后语。

天上的世界鬼是去不得的,其他三个空间中,主动权最大的好像是鬼。是个鬼似乎都有穿越到阳间的能耐,而不像人,要穿越去阴间不是那么容易做到的事。如果没有伍秋月以及后面那个妇人的接引,王鼎是穿越不了的。鬼还能借活人的身体穿越到阳间,还有托梦的功能,虚的实的都可以。伍秋月托的是实梦,也就是说,她让王鼎觉得是在做梦,实际上却是真的在和王鼎缠绵。更多的鬼往往是利用梦传递个信息之类。比如说于江的父亲是被狼咬死的,于江为了替父报仇,每天晚上躺卧在父亲被咬死的野地,有狼来了,就用铁锤把它打死。接连打死了两只。父亲就托梦来了,告诉他:"咬死我的狼中,为首的是白鼻子的,不是这两只。"于江再等,终于等到了白鼻子的狼,把它打死了(《于江》)。当然鬼也有麻烦的地方,就是必须在晚上才能出现,很少白昼见鬼的事,除非是借活人的身体。如果说伍秋月在王鼎睡梦中出现还是因为羞怯的话,后一个来报信的"妇人"也是晚上出现,而且要等到王鼎"朦胧欲寝"时才来。而且鬼都在天亮时一定要离开,像是要急着回地府打卡似的。这一点连外国鬼也不例外。莎士比亚的《哈姆雷特》中,老国王的鬼魂显现,对哈姆雷特说:"天快亮了,那时我又要回到那被硫磺烈火烧灼的地方。"向哈姆雷特揭示真相后,他又说:"黎明已近。再会,再会,再会,请记著我。"(第五景城墙上)也就是说,他也只能在夜晚出没,无法见光。

阴曹地府,是人们的一种想象。在几千年的日子里,这个异度空间被描画得越来越具体,《聊斋志异》更是对此有出色的描写。地府和阳间往往有着一样的丑恶,比如王鼎的哥哥被拘时说:"余乏用度,索贿良苦";还有调戏伍秋月的狱卒说:"既为罪犯,尚守贞耶?"活脱是人间恶隶的画像。作者把他们安排在阴间,并让由阳间穿越而去的勇男子王鼎拔刀除恶,当我们读到王鼎"一役一刀,摧斩如麻"的时候,怎一个"爽"字了得!而且王鼎还不用像梁山好汉一样快意恩仇之后无路可走,他有一个最好的躲避空间,那就是阳间。第二次穿越回阳间的时候,可能因为带了伍秋月,还有个"冥追"问题,需要伍秋月父亲留下的符书保护一下;第一次则更是简单,只要做点小动作:"勿摘提籓,杜门绝出入,七日",便可以"保无虑"。这是多么美好的事情!如果真有那么两个、甚至更多空间可以穿越腾挪,正不知将有多少江湖义士出山。也许,这正是作者、也是读者所期望的。

17 缪永定：无行酒徒

和大部分文人一样，蒲松龄并不讨厌酒。在《聊斋志异》中，他写了不少关于酒的故事，有的还非常喜乐。比如车生，生平好酒，床头总要放一甄酒。某天，一只狐狸偷喝了他的酒，醉倒在他床上。他不以为惧，反而笑着说："这是我的酒友啊。"还为他盖上被子，生怕他着凉。狐狸醒来，变成了一个"儒冠之俊人"，从此和他成了腻友。就这一点，车生就够"洒脱可喜"（王渔阳语）了。而且他还一点都不贪财。狐狸为了报答他不杀之恩，指点他这儿那儿可以弄到点钱，他很满足地说，好好好，这下不用愁喝酒的钱了。倒是狐狸觉得"辙中水何可以久掬"（嗯，这狐狸应该读过《庄子》，知道"涸辙之鱼"的典故），还是要做生意发财致富的好。在狐狸的帮助下，他最终成了富人，而他和狐狸的关系也亲密到出妻见子的程度，成了一家子。在这个故事中，酒是纽带，把他们紧紧连接在一起。

后来他死了，狐狸也不再现身了（《酒友》）。还有一个书生朱尔旦，也是喜欢喝酒的。一次文社的朋友一起喝酒，有人和他开玩笑说："你不是很豪爽吗？你要是能深夜到十王殿，把左廊的判官背来，我们就凑份子请你客。"民间认为阴曹地府是由十殿阎王掌控的，所以有十王殿。十王殿里的判官模样很狰狞，有人夜里听到过刑讯逼供的声音，走进去的人都毛骨悚然。没想到朱尔旦一笑而起，径直去了十王殿。没多久，居然把判官给背来了。他把判官放在桌上，给他敬了三杯酒，又把酒浇在地上，祝祷说："门生狂率，不礼貌了，请老师不要怪罪。我家离这儿不远，有空来喝酒哦。"没想到第二天晚上判官真的来了，两人喝酒谈天，竟成了好朋友（《陆判》）。你看，人爱喝，狐爱喝，鬼也爱喝，而且一起喝，喝得其乐也融融。倒过来，不喝酒，也未必有什么好。有个姓刘的富豪，很胖，爱喝酒，也能喝酒，一个人一次能喝一瓮。因为有钱，多喝点也没关系。有一天，他遇见一个和尚，和尚说你这是有酒虫。于是把他手脚缚住，在他跟前放上一碗酒，闻到酒香，他馋得不行，又喝不到，喉咙一痒，吐出一样东西，径直堕入酒中。一看是一条赤红色的虫，三寸左右，有嘴有眼，像鱼一样在游动。富豪没了酒虫，从此视酒如仇，再不碰酒。奇怪的是，他渐渐消瘦，家里也一天穷似一天，最后竟连饭也吃不饱了（《酒虫》）。尽管作者解释说，这就是命中注定，该你喝,日尽一瓮也照样富;不喝酒,该你穷还是穷。但前后一对照,难免让人觉得还是豪饮比较好。

酒喝多了,难免会醉,醉酒之后呢,有的是别样风流,比如贵妃醉酒,经由梅兰芳先生的演绎,美得不可方物;有的是才情勃发,比如"李白斗酒诗百篇",比如张旭的醉草;有的是洋相百出,比如《红楼梦》里的刘姥姥,竟然"扎手舞脚的仰卧"在宝二爷床上,"酒屁臭气满屋"(第41回 贾宝玉品茶栊翠庵 刘老老醉卧怡红院);有的是惹是生非,比如《水浒传》里的宋江,在浔阳楼题反诗,差点断送自己的性命(第38回 浔阳楼宋江吟反诗 梁山泊戴宗传假信);有的则把人性丑陋的一面暴露无遗。一个题为《酒狂》的故事,蒲松龄就刻画了一个好酒而无行的家伙。

他叫缪永定,是个拔贡生。所谓"拔贡生"是读书人的一种身份。科举制度中要选拔一些文行兼优的秀才送到国子监,叫"贡",有点现在保送、推优的意思。清初六年一次,乾隆七年(1742)起改为每当酉年选拔,也就是12年一次。被选上的读书人,就称为拔贡生,简称拔贡。拔贡经过朝廷考核,合格入选的人,一等可以做七品京官,二等任知县,三等任教职。若什么等级都没考上,那就乖乖回家,叫作废贡。缪永定是什么情况,故事里没说,看样子只是有拔贡生的身份。从后面的故事来看,这个品行那么差的人居然拔贡,真的是很讽刺。不知道是蒲松龄听

《酒狂》

来的传说就是如此,还是他老人家有意而为之。既然科考弊端重重(蒲老先生确实是这么认为的),那拔贡也未必"拔"得出什么好人。

缪永定嗜酒——我们前面说过,作者对好酒者并不讨厌,相反,文人好酒往往被作者视为豪爽倜傥。缪永定的毛病是酒德不行。嗜酒和好赌虽然都不能算啥好事，但嗜酒也有酒品，好赌也有赌品。比如，《水浒传》中写到李逵赌博，一回之中说了四次李逵"赌直"，也就是赌品好，输便输了，不耍赖，不抱怨。当然，这一次李逵没有保持优良传统，而是因为本钱是宋江的，心里又想着要请宋江的客，所以耍了一回赖。但作者反复强调，这不是他"闲常"的风格，强调李逵赌品是好的（第37回 及时雨会神行太保 黑旋风斗浪里白跳）。酒品好的人也有，"竹林七贤"之一的刘伶还专门写过一篇《酒德颂》，描写酒徒大人先生不顾物议，"无思无虑，其乐陶陶"的胜景。

缪永定酒德不行，喝醉了酒就要骂座。骂座这件事说起来倒也是有传统的，汉代的灌夫还骂座骂出了名声，被司马迁写到了《史记》中。汉武帝时，魏其侯窦婴和武安侯田蚡都是权重一时的外戚，灌夫比较草根，是靠战功起家的。他父亲曾是灌婴的家臣，姓也随了灌婴。当窦婴和田蚡倾轧争斗时，灌夫是站在窦婴一边的。一年夏天，田蚡娶燕王的女儿做夫人，太后（也就是田蚡的老姐）下了诏令，叫列侯和皇族都去祝贺。魏其侯就拉上灌夫一起去。席间，武安侯起身敬酒，宾客纷纷离开席位，伏在地上（所谓"避席"），表示不敢当。魏其侯其时在争斗中已失势，敬酒时人们自然就比较怠慢，只有那些魏其侯的老朋友离开了席位，其余半数的人照常坐在那里，只是稍微欠了欠上身。灌夫心里老大不高兴,只是不便发作。轮到他敬酒,敬到武安侯时,武安侯照常坐在那里,只稍欠了一下身说:"我不能喝满杯。"这可是很不给面子的事。咱们敬酒不是到现在都这样?喝得越猛,态度越好。所以地位低的人给地位高的人敬酒,总是说:"我干了,您随意。"而高地位的人这时候如果一口干,那敬酒的人就无上荣光了。田蚡推辞,灌夫窝火得不行,但人家是丞相,也不好说什么。敬到临汝侯时,那人正在跟程不识附耳说悄悄话,压根没留意,当然就更没有避席。灌夫的满腔怒火一下找到了突破口:老子骂不了丞相,还骂不了你吗?于是他借题发挥,大大发作起来,怒骂临汝侯说:"你平时把程不识说得一钱不值,现在长辈给你敬酒,你却像女人一样和他嘁嘁嚓嚓咬耳朵!"武安侯来劝说,灌夫也毫不让步,这一场大闹,弄得酒都喝不下去了。当然,最终倒霉的是灌夫,一家子都被处决了。但灌夫骂座成了蔑视权贵的佳话,流传一时。明代作家叶宪祖还写了杂剧《灌将军使酒骂座记》。

不过,缪永定的骂座就没这么可喜了,纯粹属于胡闹性质。有一次他在叔叔家里喝醉了,发酒疯,惹恼了满桌的人。叔叔赶紧过来打招呼,他反而怪叔叔偏向别人,最后只能通知他家里人来,把他扛头扛脚地弄回去。到家放在床上,发现他已气绝身亡。缪永定来到阴曹地府,碰巧遇见了死去的舅舅。他恳求舅舅救他。不知道为什么，他们亲戚都和酒有关——舅舅是在地府开酒店的。平时，那些皂隶没少来蹭酒喝，所以和他舅舅关系挺近的。看到外甥落难，舅舅想：我们大大地送上一笔钱，或许可以免于一死（呵呵，咋和咱阳间那么像呢）。在等待舅舅运作的过程中，缪永定跑出去游玩，居然又在阴间的酒店喝上了。喝酒也就算了，居然又发起酒疯来。这次可大为不妙，他被人扔进了一条又脏又黑的溪流。溪水不深，但满是尖刀，身在其中，犹如千刀万剐。溪水污秽脏臭，灌进嘴里肚里，痛苦万状。幸亏舅舅赶到，把他救了出来。舅舅告诉他，打探下来阴间需要的总费用是十万，相当于阳间的金币纸钱一百提。舅舅罄其所有，为他预付了一千缗。缗是穿钱的绳子，一缗（串）是1 000文，也就是1 000个铜钱（或铁钱），大约一两银子，1 000缗就是1 000两银子。相对十万而言，还是个小数，其余的要等缪永定回到阳间去偿还。约期10天之内，置办好金币纸钱，晚上到村外野地里叫着舅舅的名字烧掉，这件事就算完了。阴曹地府放过一条人命，只需一百提金币纸钱，明码标价，还可以分期付款，这也真是黑得可以。聊斋中多次出现类似的情节，作者似乎见惯不惊，很少有抨击的话语。只有席方平曾在城隍的大堂上叫过："我该打呀，谁叫我没钱呢？"（《席方平》）

缪永定在舅舅缴纳预付款后回到了阳间，但他竟然吝惜起钱来，觉得活也已经活了，不烧纸钱又怎么样？心安理得地当起了"老赖"。就这样又过了一年多，他开始还有点收敛，慢慢就把去过阴间这个事儿给忘了，故态复萌，又开始饮酒骂人，最后终于在一次酒醉后气绝身亡——这回他真的死了，想必就是阴间的舅舅，也不会再帮他了。

细想缪永定这个人，差的岂止是酒品，人品也够呛。"金币纸钱百提"，他自己也说"此易办耳"，就是对他来说不是难以办到的事，而且舅舅已经为他付了百分之一，他只要烧99提就行了。舅舅临走还嘱咐"必勿食言，累我无益"，也就是说他食言，舅舅要为他背黑锅，但他竟然自欺欺人地认为，和舅舅的约定，也许是醉酒后的幻觉，不用当真。其实作者早就留下伏笔，详细描写了他回家后的几件事情：一是他醒来就"大呕，呕出潘数斗，臭不可闻"，"潘"就是汁，这里指呕吐的液体。吐完之后，"汗湿裀褥，气味蒸腾，与吐物无异"。这就是他在阴间沉浸黑水的明证，不仅呕吐物臭不可闻，连出的汗都是同样臭气冲天。当然，人大醉后也会呕吐，气味也不好闻，作者似乎是怕人这么想，还写了第二个细节："刺处痛肿，隔夜成疮。"这是他在黑水中被尖刀刺划的明证。有此证据，还说是"醉乡之幻境"，可不是自欺欺人到了极点？不过这个心理描写也挺有意思，缪永定好了伤疤忘了痛，背信弃义，置"罄所有"救了自己的舅舅于不顾，本身挺恶劣的，但这个可恶之人却连面对自己的"恶"也不敢，而是掩耳盗铃，为自己编造了一个"曩或醉梦之幻境耳"的借口，其怯懦和猥琐，令人又好气又好笑。

《左传》里有句话，叫"匹夫无罪，怀璧其罪"，意思说本来无罪的人，因为带了一块美玉就惹出祸端来了，而在这个故事中，恐怕是美酒无罪，"缪喝"其罪——作者要讽刺的，关键还是人。作者似乎漫不经心地借舅舅之口说过：缪永定是独生子，父母爱如掌上明珠，骂一句也舍不得。十六七岁时，就有了这毛病：每次三杯下肚，就要说别人这不对那不对；有一点小小的不合，就要拍门脱了衣裳叫骂。父母总说他还小……原来如此！无行酒徒就是这样炼成的。看来宠坏独生子女的事古已有之。缪永定无行，他的父母恐怕难辞其咎。

18

老饕：和饮食无关的故事

老饕这一词语，对很多人已经不陌生了。大概都知道就是善吃者的意思，不含贬义，自称、他称都可以。比如说："我别无爱好，就一老饕"；或者说："这家伙啊，典型一老饕。""老饕"是从"饕餮之徒"转化来的，可以算是"饕餮之徒"的简称或昵称吧。"饕餮"是传说中一种凶残的怪物，有的记载说它是"有首无身"，有的说它身上长毛。"饕餮"也是传说中尧舜时代四个最凶恶的部族首领之一，那"四凶"一个叫浑敦，第二个叫穷奇，第三个叫梼杌，第四个就是饕餮。或许是因为凶残就可以辟邪吧，古代青铜器上面常用它的头部形状做装饰，叫作饕餮纹。南朝的时候，梁世祖还把"饕餮"作为"氏"赐给人家。后来，饕餮凶残的一面淡化，仅仅保留了贪吃的意思，"饕餮之徒"就是能吃、善吃、贪吃无厌的人。"老饕"比起"饕餮之徒"来又增添了几分调侃甚至亲热的意思。在《聊斋

《老饕》

志异》中,老饕的故事当然也和吃有关,但却又不是十分有关,好像又回到了本义。

老饕的出场在一个酒店,很符合他的姓名特征。不过作者并没有写他的吃,而是写了与他同行的人,一共四个:老饕之外,有两少年,还有一个"黄发蓬蓬然"的僮侍。中国古代,穷人家的孩子会卖身做"童儿",就是奴仆,也作"僮",或者"僮侍"。《红楼梦》第 75 回写贾珍的筵席上"伏侍的小厮都是十五岁以下的孩子",则可见这些卖身的童仆也可以叫"小厮"。"黄发"一般是指老年人。如陶渊明《桃花源记》中"黄发垂髫"的"黄发"。"黄"在这里是转色的意思,老年人头发由黑转白,称"黄发"。作者描摹老饕是"颁白叟",也是指他已入老年,头发正在转色,有黑有白,叫作"颁白",现在叫"斑白",或者"花白"。也有叫"二毛"的。当年宋襄公和人打仗,规定"不重伤,不禽二毛",就是不伤害已经受伤的人,不擒获头发花白的人(《左传·僖公二十三年》)。这里,僮侍的"黄发"和"蓬蓬然"连在一起,是说孩子年龄尚小,头发还没完全长好,也没好好梳理。僮侍的地位很低,要服侍主人,所以他为老饕"行觞",也就是奉酒。"觞"是古代的一种酒器。过程中,僮侍不小心碰翻了盛食物的盘子,把老饕的衣服弄脏了。少年很生气,就去拉僮侍的耳朵,我们可以脑补当时的情形,少年应该是拉着僮侍的耳朵恨恨地说:"你怎么搞的?连这点事也做不好!"可怜的僮侍立马"捧巾持帨",替老饕擦拭。"巾"和"帨"在这里是一样的东西,就是手巾;"捧"和"持"在这里也是一样的意思,作者把两个动宾结构的词语连用,描画出僮侍的紧张、惶恐和慌乱。不过,要注意的是,蒲松龄在这里可不是要揭露什么阶级压迫之类的,而是要告诉读者:这个僮侍是四人中地位最低的,等后文僮侍的本领表现出来,才更显出这群人的武艺超凡。为此,他特地借邢德这个旁观者的眼睛,在僮侍擦拭的时候看到了他手拇指上的铁箭镮。箭镮是古代射箭的用具,圆形,套在拇指上有利于射箭时勾弦,也叫"韘"。大概因为大多用玉制成,所以也叫"玦",或"决",俗称"扳指",又作"搬指""班指"或"挷指"。箭镮可以用象牙、兽骨、玉石、翡翠、玛瑙等材料高配制成,所以也就成了男性的饰物,可以用来做礼品,有的妥妥地进入了奢侈品的行列。比如《官场现形记》中,文老爷失窃,被盗物品有扳指、鼻烟壶、打璜金表连着金链条,还有金镶藤镯等。但其中"一个搬指顶值钱,是九百两银子买的"。不过,僮侍的箭镮是铁做的,应该不贵重,准确地说,应该是不"贵","重"还是"重"的:因为它有半寸厚,所以每个镮都有二两多重。一般箭镮只戴在右手,而这个僮侍是两只手都戴了。这个铁箭镮的作用,后面才会表现,这里只不过是做个伏笔。

  这个故事中,正面描写老饕的只有一处,就是邢德试图劫财的时候,他俯身脱去左脚的靴子,微笑着说:"你不认识老饕吗?"邢德确实不认得,他拉满弓射出一箭。老饕仰卧在鞍上,伸出左脚,张开脚趾像钳子一样,把射来的箭给夹住了。还笑着说:"就这点功夫,哪里需要我用手啊?"邢德拿出他的绝技,连发两箭。老饕用手捉住一支,好像没防备他的连珠箭,后一支箭接踵而来,射入他的嘴里,老饕从骡子上掉下来,口衔箭矢躺在地上,一动不动。邢德以为他死了,走近前去。老饕把箭一吐跳起身来,拍着手说:"初次见面,怎么就下这样狠手?"邢德这才明白,在老饕面前,他的所谓"绝技",只能算雕虫小技。

看到底才明白,原来这就是一篇武侠小说,和吃没有半点关系。如果硬要找和吃有关的,就是邢德和他们相逢在酒楼,而且老饕他们喝了酒。至于喝的什么酒、有没有吃别的东西,老饕的胃口如何(是不是"食量大如牛"),全是半点笔墨都没有。看来此老饕不是那老饕。此老饕大概不是指他能吃,而是指他在江湖上的恶名吧?所以他问邢德"而不识得老饕也"?可惜邢德并没有像《水浒》中的那些好汉一样,听说宋江的名头就"纳头便拜",而是有眼不识泰山地射出一箭,就这一箭,开始了他改造身心的历程。而这段历程,作者几乎都是用对比衬托来表现的。

对比先从邢德开始。邢德是"绿林之杰"。所谓"绿林",原是对啸聚山林的强盗(一般特指劫富济贫的强盗)的美称,从后文的描写看,邢德似乎并无啸聚山林的行为,他也没有同伙,应该是个"单干户"。江湖上盛传他的绝技是能挽强弩,发连珠箭。两京的大商人往往喜欢邀他一起做买卖,途中可以有恃无恐。可见邢德也并非等闲之辈。邢德和老饕一伙有两次交锋。第一次是他主动出击的,想抢夺老饕他们的钱财,结果是落荒而逃。在这一场较量中,对比出了邢德的不自量力和老饕的异乎寻常。第二次是老饕一伙找的他,派出的是他们中地位最低的僮侍。可是,邢德那点本事在这个"黄发蓬蓬然"的僮侍面前反而像是小儿游戏。僮侍不但接住了他的三支箭,还调侃说:"就这点本事啊,难为情吗?你爹我来得匆忙,没空去找弓,你这玩意儿又没用,还给你吧!"于是脱下手上的铁箭镞,穿着箭,用力一扔,只听得呜呜风响,箭直飞过来,邢德急忙用弓去挡,弦应声而断,弓也蹦坏了。他来不及躲避,箭穿耳而过,把他从马上掀下来。他的"强弩"在僮侍手里就像纸做的一般,被僮侍一折为两,又折为四,丢在一旁。然后,僮侍用一只手握住他的两个胳臂,一只脚踩住他的两条腿。邢德感觉那两只手臂就像被绳子捆住似的,两条腿就像被石头压住,半点动弹不得。僮侍用另一只手去捏他的腰带,三指宽还双叠的腰带随手粉碎,像灰烬一样,囊中的黄金就这样被取了去。第一次败给老饕,还只是让邢德意识到技不如人,只能甘拜下风,所以当另有机会的时候,他毫不犹豫地又实施了抢劫,成功以后还洋洋得意。第二次在僮侍手中的落败,才让他真正意识到强中更有强中手,倚强凌弱是不对的,所以痛改前非成了"善士"。

看这篇小说，发现作为故事的叙述者，作者是超冷静的，冷静到几乎没有是非标准，只是客观描述，但字里行间却极有表现力。比如邢德的"窥多金，穷睛旁睨，馋焰若炙"。在酒店，邢德坐在南面的座位上，老饕一行坐在北窗下，南北相对，老饕一行的举动邢德都可以看见。他明明看见老饕让少年从革囊中探出银子，堆放在桌上，拿秤称，算账，看该付多少酒钱，其余的再装裹起来，却偏偏用了一个"窥"字，心怀鬼胎，目光躲闪。虽是偷窥，却又"穷睛旁睨"，斜着眼看，看得眼珠都要掉出来了，真正是"馋焰若炙"，觊觎之心如火中烧。11个字，把邢德的贪婪猴急从内到外都写透了。

和邢德相对的，是老饕一行人。他们似乎是最家常的一群：毛手毛脚的僮侍，盛气凌人的少年，昏聩懵懂的老叟（居然在大庭广众之下"命少年于革囊中探出镪物，堆累几上"），连他们的坐骑都是跛骡、羸马——当然，这"跛骡"后面是要"驶若飞"的。这里是欲扬先抑。接下去，他们出门上路，邢德"急尾之"；他们"款段于前"，邢德"斜弛"而出；邢德"紧衔关弓，怒相向"，老饕"俯脱左足靴"，微笑；邢德"一发三矢，连遭不断，如群隼飞翔"，僮侍"殊不忙迫，手接二，口衔一"。一紧张，一松弛；一慌乱，一从容，在对比中高下立现。

我们简直怀疑老饕一干人就是专程来点醒邢德的。你看，他们在邢德"目灼灼似贼"的情况下公然把银钱"堆累几上"，分明是布下诱饵，引鱼上钩；在邢德"急尾之"的情形下"款段于前"，分明是诱敌深入，就怕你不来；在邢德"不敢复返"的时候，他们又主动出击，非要他彻底底觉悟不可。我们不知道僮侍拿了钱"霍然径去"后是真的"瓜分"了，还是另有所处，但我们看到邢德的确是由此幡然醒悟了。这让我们想起了一个人：周处。周处原来也是为害一乡的，他是乡人眼里的"三害"之一，另外两害是老虎和蛟龙。在别人的游说下，周处射杀了老虎，又下水斩杀蛟龙，在水下和蛟龙搏斗了三天三夜，乡里人以为他死了，就欢庆起来。周处出水后，才知道自己原来也是别人心中的一害，于是改邪归正。虽然促使改正的契机不一样，但浪子回头的主题是一样的。只是蒲松龄用"强中更有强中手"的情节来点醒邢德，也算别开生面。

类似的情节也出现在李超的故事中。李超因为"豪爽，好施"，让一托钵僧（后文说江湖人称"憨和尚"）饱餐了一顿，憨和尚就教他武艺。虽然憨和尚"一脚飞掷"，就足以让他"仰跌丈余"，但他已经"遨游南北，罔有其对"了。然而，就在历下，他遇见一少年尼僧，比武时"胼五指下削其股"，让他感到"膝下如中刀斧，蹶仆不能起"，抬回去，一个多月才康复。憨和尚得知此事，大惊失色，说你太鲁莽了，惹他干什么？要不是看他的面子，"股已断矣"(《武艺》)。李超—憨和尚—少年尼僧,明白昭示着"强中更有强中手"的道理。著名翻译家林琴南也写过这样一件事:一李姓练家子,"能运单剑,云合鸟逝",因为有两下子,遂口出狂言,说自己走遍天下,不仅剑术,即拳勇也无人能出其右。他的武学师父方先生缓缓站起来问:"客负绝技如此,能否与秀才一试?"李某慨然允诺。脱去外衣,露出胸前密密麻麻三十来个纽扣的"朔方勇士衣",方先生只是寻常衣着。一交手,李某即被甩出一丈多远,匍匐在地。他爬起来就进了内室。别人还以为他要去拿剑,却见他收拾行李包裹,带着剑,头也不回地下山去了(《技击余闻》)。后世武侠小说中,这种桥段便成了最常见的写法之一。

19
乔生：拼得一死酬知己

《聊斋志异》中，很多篇目都是以人名为标题的，比如《席方平》《胭脂》《王六郎》，但叙事却并不一定从这个人讲起，而是会另起个头，比如《婴宁》，开头是"王子服，莒之罗店人"。《聂小倩》的开头是"宁采臣，浙人"。我们要讲的这个故事也是，题目是《连城》，叙事却先不讲连城，而是从乔生开始的。

乔生名年，字大年（不知为什么，乔生的名字是作者直到最后才说出来的，大概是郑重其事的意思吧），是个二十多岁的年轻人，有才华，更有肝胆。所谓"有肝胆"，作者略写了两件事：一是他时常看顾亡友顾生的妻子和孩子；还有一件事：当地的邑宰（也就是地方行政长官）是从别的地方委派过来的。邑宰死后，自然要叶落归根，回故乡安葬，但是家人没有这个能力（看来这个邑宰是如假包换的清官），于是乔生就折卖自己的家产，帮助他家人扶

《连城》

柩还乡,往返二千余里。因为邑宰活着的时候和他"以文相契重",他就感念不忘,不惜破家荡产以报知己。这两件事说明,"有肝胆"就是重情义、肯担当。这就为他后面和连城的生死知己关系打下了基础。

连城是史孝廉的女儿,知书达礼,擅长刺绣。史孝廉把她的《倦绣图》放出去,征集题咏,目的是从中挑个好女婿。这是古代小说戏曲中经常出现的征婚方式。古代凭科考定前途,文字好的人"一举成名天下闻"的可能性很大,所以用这个方法择婿也不算太荒唐。当然,生活中是否真有此事,或者这样的事是否经常发生,那又是另外的问题了。乔生写了两首诗,连城非常欣赏,在父亲面前满口称赞。照理说,这应该是考核通过的意思,可是史孝廉却嫌乔生穷,不肯把女儿嫁给他。连城假传父命,让一老妈子给乔生送银子,助他攻书。乔生非常感激,说:"连城真是我的知己啊!"这是他们互为知己的第一步。

那么,乔生写了什么,让连城如此欣赏呢?我们来看看他的两首诗。其中一首是对《倦绣图》的绣功的夸奖。第一句"绣线挑来似写生","写生"这词挺神奇的,从久远的古代一直活到当下,意思不变。古代很早就有"写生"一说,宋代画家赵昌,善画花,每天早晨有朝露的时候,他就绕着栏杆细细视察,一边就手中调色画下来,自称"写生赵昌"。这句是说绣得真切,就像画家写生一样。第二句"幅中花鸟自天成",是说绣得自然。《红楼梦》里,刘姥姥见了大观园,念佛说道:"我们乡下人到了年下,都上城来买画儿贴。时常闲了,大家都说,怎么得也到画儿上去逛逛。想着那个画儿也不过是假的,那里有这个真地方呢。谁知我今儿进这园一瞧,竟比那画儿还强十倍。怎么得有人也照着这个园子画一张,我带了家去,给他们见见，死了也得好处。"这乡下老妇人可不一般，一番话在拍马奉承之外拎出了一个有趣更有意义的话题："像画的一样"，是说真的东西好到了极点；可要是画的东西好到了极点，我们又说"像真的一样"，艺术和生活、真切和自然就这么相互交缠着。诗的后两句"当年织锦非长技，幸把回文感圣明"，用了"织锦回文"的典故。典出《晋书·列女传》，说的是前秦苻坚时的秦州刺史窦滔，因为被密告谋反，被发配到流沙（就是今天的敦煌），一去数年。妻子苏氏思念丈夫，用五色线绣了一幅织锦，上面是一首诗，有八百多个字，纵横反复，皆成章句，可以宛转循环地读，被称为回文旋图诗，也叫《璇玑图》。后来还得到了武则天的称赞。这两句是说连城的绣品比织锦回文并不差，只是没得到皇帝的称道罢了。这是一首"拍马"诗，诗意显豁，连城纵然喜欢，也不至于太感动。令她心动的，应该是另一首："慵鬟高髻绿婆娑，早向兰窗绣碧荷。刺到鸳鸯魂欲断，暗停针线蹙双蛾。"我们看不到《倦绣图》，不知道究竟长啥样，但乔生的诗是把"倦绣"的"倦"意表达出来了。"慵鬟"的"慵"，"早向"的"早"，写出了绣女从早到晚、日复一日的单调生活，正合一个"倦"字，和《牡丹亭》中杜丽娘的"炷尽沉烟，抛残绣线"异曲同工。接着，由外而内，道出了"倦"的缘由。直接刺激绣女的，是绣品上的鸳鸯。"新帖绣罗襦，双双金鹧鸪"——成双作对的东西，难免让人浮想联翩。杜丽娘就说过："关了的雎鸠，尚然有洲渚之兴，可以人而不如鸟乎？"但这种情绪在当时却是有毒的，所以只能"暗停针线"，但还是忍不住"蹙双蛾"。表面上，是写终日刺绣导致的无聊感，所以停下针线，皱起眉头，正合所谓"倦绣"之意，而内里却是春情涌动，不能自已。点破这一层，连城不仅不怪罪，反而"得诗喜，对父称赏"，甚至"逢人辄称道"，难怪乔生要认她为知己了。

乔生第一个酬报知己的行为是献出了自己的心头肉。因为乔生贫寒，史孝廉最终把女儿许给了盐商之子王化成。（不知道这个富二代会不会写诗？懂不懂连城的心思？）没过多久，连城突然一病不起，奄奄一息。这时，有个西域来的头陀说是能治，但是须得一钱男人的胸口肉，捣和在药里。西域是汉以来对玉门关、阳关以西的地域的总称。头陀是梵文 dhūta 的译音，意思是"抖擞"，就是洗净尘垢烦恼，用来指称僧人，尤其是居无定所的行脚僧。汉武帝通西域后，经常有西域、北地以及外方的僧人进到关内，称为"胡僧"，小说戏曲中经常有这类角色出现。《金瓶梅词话》中就有"永福寺践行遇胡僧"的情节。胡僧经常被认为是有异方或绝技的人。这个头陀应该也就是胡僧，他开出的药方需要有一钱人肉。人肉入药倒也不是稀罕事。人肉入药的药方最早或可追溯到《新唐书·孝友列传》中提到的《本草拾遗》："唐时陈藏器著《本草拾遗》，谓人肉治羸疾。"不过，《本草拾遗》早已失传，转引的是否靠谱就不得而知了。即便如此，二十四孝的故事中，割股疗亲是赫然在目的。古代的小说戏曲中也不乏这样的桥段。《醒世姻缘传》中，就有俩妯娌商量要割股疗亲的情节。人肉入药也罢了，还规定了性别（男子）和部位（膺肉）。不过，这也不算稀奇。陈莲和医生给鲁迅父亲开的药方有蟋蟀一对，也限定了"要原配"。薛宝钗服的冷香丸中，限定更多。既然要用到男人的肉，史孝廉第一想到的自然是准女婿王化成，不料他断然拒绝，还嘲笑说："痴老翁，欲我剜心头肉也！"他没说错，"膺"，就是胸口，成语所谓"义愤填膺"，《蜀道难》所谓"以手抚膺坐长叹"，皆此。史孝廉急了，放出话去："谁救我女儿，女儿就嫁给谁。"这些家长也不知怎么了，紧要关头总是拿女儿当筹码。《西厢记》中，普救寺被围，老夫人也声称："有人能退去贼兵，愿倒赔妆奁，将莺莺许之为妻。"那壁厢有个张生，这壁厢就有个乔生。一听连城需要人肉做药，乔生就自己带着刀子去了，从胸口割下一条肉来，肉到药成，药到病除，把连城救活了。史孝廉倒不像老夫人，事成之后想赖婚，他倒是打算把连城嫁给乔生的，但毕竟连城是许过人家的（其实崔莺莺也许过人家），怎么也得和王家打个招呼。不料王家坚执不肯，并翻脸说要报官。古代没有去民政局登记这一说,所以对婚约挺看重,赖婚是重要的罪错,这状是一告一个准的,所以史孝廉只得拿出一千两银子酬谢乔生。乔生断然拒绝,说:"我之所以舍得自己的肉,是为了报答知己,哪里是卖肉啊!"说完,拂袖而去。

  乔生和连城互为知己进入到第二阶段,是在他献出膺肉之后。乔生婚姻无望,又坚决不肯接受酬谢的银子,让连城非常感动。她让老妈子捎话说:"你如此有才,一定有功成名就的一天,那时还怕没漂亮女孩吗?我做过一个不祥的梦,知道自己活不过三年,你不用和他们争抢我这不久就要命丧黄泉的人。"乔生后面的话简直就惊天动地了。他说:"'士为知己者死',不以色也"。就是说,我并不贪图你的美色,我为的是你我知己!在乔生掷地有声的话语中,他们的知己关系超越了性别,更超越了肉体。在知己面前,金钱不重要——连城不嫌弃他穷,乔生也不为金钱所动;生死也不重要——王化成认为只有"痴老翁"才想得出来的"欲我剜心头肉"的事,乔生做到了;甚至结姻也不重要——只要你真的懂我,不做夫妻又有什么关系?他只是需进一步证实:连城是否真是知己?因为她在劝说的话语中,似乎只关注了能否结为夫妻,甚至还说可以由别的"佳人"来取而代之。于是他向传信的老妈子说:"诚恐连城未必真知我,但得真知我,不谐何害?"老妈子竭力为连城表明心迹,乔生说:"如果真的懂我,请她在以后相逢时为我一笑,我死而无憾!"后来偶遇连城,连城果然启齿而笑,乔生大喜过望,说:"连城真是我的知己啊!"为什么这一笑如此重要?作者在最后用"异史氏"的身份说明了:"一笑之知,许之以身,世人或议其痴。彼田横五百人岂尽愚哉!此知希之贵,贤豪所以感结而不能自已也。顾茫茫海内,遂使锦绣才人,仅倾心于峨眉之一笑也。悲夫!"首先,蒲松龄辩驳说,为相知的一笑,甘愿献出生命,看起来很荒诞,实际却并非如此,举了田横客的例子。田横是秦末的贵族,起兵自立为齐王。刘邦打下天下后,他带领五百壮士逃亡到一个小岛上(今称田横岛)。刘邦征召他,他不愿臣服,在途中自杀。岛上的五百壮士听到消息也随其后自杀。后人把这五百壮士称为"田横客",作为忠诚的象征。作者认为,这种为知己而献出生命的行为并不是"痴",不是"蠢"。更进一步,他指出,之所以这种精神可贵,恰恰是因为太少了。茫茫海内,乔生对连城的一笑如此倾心,可见知己之难得。在"异史氏""悲夫"的感叹中,我们不难读出蒲松龄内心的苍凉。

乔生酬报知己的第二次行为是献出生命。听说连城死了,他在吊唁时"一痛而绝"。如果这还可以说是悲伤过度、不由自主的话,后面就是乔生的自主选择了。他知道自己死了,并不悲痛,反倒觉得也许有机会见到连城了。在阴间,他遇见了曾抚恤其妻子的朋友顾生。顾生的第一个反应就是要送他回阳间,但乔生拒绝了。顾生在阴间管理文档,很得上司器重,乔生就请他帮助寻找连城。找到连城的场景,作者写得极其生动。连城本来"泪睫惨黛,藉坐廊隅",看到乔生,"骤起似喜",互叙衷肠之际,乔生回头对顾生说:"有事君自去,仆乐死不愿生矣。"这一细节简直让人忍俊不禁。你侬我侬时还记得朋友在侧,乔生也不算"重色轻友"了,但对朋友所说的却是请他快快离开,其情之急令人莞尔,而细想他这是自愿放弃生命而换得和连城相处,又不得不令人肃然起敬。他对顾生的唯一请求,是"但烦稽连城托生何里,行与俱去耳",也就是说,不仅在阴间相伴,下世还要相随。这样的感情真是让现代人也要汗颜的。

《聊斋志异》中写男欢女爱的不在少数,但大多是写男子被女子的美貌所吸引,写得如此纯洁的实在不多。乔生和连城的知己关系,超越了性别,超越了对肉体的爱恋。小说在开篇就写了他对顾生以及邑宰所做的事,尤其是对邑宰,往返二千余里,也就是一千多公里,差不多是上海到北京的直线距离,在交通极其不发达的古代,这是怎样的壮举!难怪为士林所称道。但有意思的是,他如此重报的邑宰,后文并没有出现,倒是顾生在明知"诚万分不能为力"情况下,断然决定"请携宾娘去,脱有愆尤,小生拼身受之"!可见酬报知己,不在于互相做了什么,而在于精神的相契。"知",也就是彼此的了解、理解和认同,这才是他们最为珍视的东西。也正因为如此,乔生是在连城提出"请先以鬼报"的情况下,才"极尽欢恋"。说明他并非没有爱欲,但彼此知己的重要是远超于爱欲之上的。

可惜的是,小说的后半段仍落入俗套,不仅双双起死回生,终结连理,还带挈连城在阴曹地府的姐妹宾娘一起做了乔生的妻子。

20

张诚：最是一笑才动人

这是一个关于张姓人家的曲折故事，据说作者为此掉了五次眼泪。

张氏的祖先是齐人。"齐"指今天山东泰山以北黄河流域和胶东半岛地区，战国时属齐国的地盘，汉以后仍然把那块地方叫"齐"。明末战乱，张氏的妻子被北兵掠去。从后文看，这里的"北兵"应该是满人的军队。妻子下落不明，张氏流落到豫，也就是今天的河南。他重新成家，生了一个儿子，叫张讷。妻子死后，续弦娶了牛氏，生了张诚。后面的故事是落套的：牛氏偏袒亲生儿子张诚，偷偷地给他吃好的，送他"从塾师读"。塾，是古代家庭或家族办的学堂，也叫"家塾""私塾"，或者称"家学"。《红楼梦》中关于宝玉上学的描写，把这种家塾的情况写得很详细。贾府有个学堂，是"始祖所立"，目的是让家族中"力穷不能延师者"到那儿读书。以"力穷不能延师者"为条件，是因为有钱人多半请的是"一对一"家教，所谓"延师"。比如林黛玉，延请的是革职后赋闲在那里的进士贾雨村。贾宝玉也有"业师"，不过那时正巧回家去了。《牡丹亭》里的太守之女杜丽娘也有自己的"一对一"老师，叫陈最良。就像小班化要比"一对一"价格低一样，家塾也比"延师"便宜。贾府家塾的运作资金是"族中为官者，皆有帮助银两"，所以它是"义学"，也就是上学不需要付学费，而且"茶饭都是现成的"。一般的家塾没有豪富人家做背景，不能这么阔气，大多靠学费运作。张诚上的学堂应该属于后者，所以作者把"从塾师读"，也作为牛氏偏爱张诚的表现。

牛氏一面宠着亲生的张诚，一面就恶待继子张讷。张诚吃的是"甘脆"，张讷吃的是"草具"。"甘脆"就是美味佳肴。《战国策》中，严仲子请求侠士聂政帮他刺杀仇人韩傀，送上黄金百镒，聂政拒绝了，理由是："臣有老母，家贫，客游以为狗屠，可旦夕得甘脆以养亲。""得甘脆以养亲"就是说能弄些好东西给老母亲吃。"草具"是粗粝的饮食，司马贞在《史记索隐》中说"然草具，谓麄食草莱之馔具"。就是说，"草具"本来是指餐具，这餐具本身就是粗陋的（"草"就是粗劣的意思），而且盛放的吃食也粗粝。古人对食器有要求，时常美食美器并举，比如"葡萄美酒夜光杯"，比如"玉盘珍馐"；"草具"则是它的反面。冯谖刚到孟尝君处，门客"食以草具"，他就弹铗而歌："长铗归来乎，食无鱼。"对伙食不好表示抗议。不过"草具"也不一定就"无鱼"，清代钮琇的《觚賸续编》中，就把"枯鱼焦腐二簋"也叫作"草具"。总之"草具"就是吃的东西不好。牛氏更过分，作者在"草具"前面还加了一个"恶"字，可见给张讷吃的东西有多差。

小说写张诚"性孝友"。"孝友"是中国文化中一个非常重要的概念，"孝"的意思大家都清楚，是指对父母长辈孝顺；"友"是指兄弟之间的相亲相爱。《尚书·康诰》中提到"友"，孔颖达解释说："善兄弟曰友。""孝友"时常连在一起用，有时两个意思并列，就是对父母孝顺、对兄弟友爱；有时则偏重于兄弟友爱。这里，应该是第二种用法。问题是，面对凶悍的母亲和懦弱的父亲，张诚的孝友之心是哪里来的呢？纵然有"人之初，性本善"之说，我们也很难解释说这就是张诚的天性，他是生来如此的，而应该说这还是因为吸收了社会环境中的"正能量"吧。古代小说戏曲中常有这样的人物：父亲或母亲品行上大有问题，孩子却大义凛然。比如创作于清代道光年间的长篇弹词《十美图》，严嵩是大奸臣，他孙女严兰贞却是深明大义的好女子。佛教故事《目连救母》也是这样。目连的母亲青提夫人，吝啬贪婪，其子目连却极有道心且孝顺，青提夫人死后堕入饿鬼道，目连竭尽全力要把母亲解救出来。

《红楼梦》里也写过"爱势贪财的父母,却养了个知义多情的女儿"(第16回 贾元春才选凤藻宫 秦琼卿夭逝黄泉路)。毕竟,人是生活在社会上的,主流价值观会通过各种渠道影响到社会的成员。张诚兄弟应该都是接受了这种影响的。所以张诚不仅对兄弟友善,对父母也是孝顺的。尽管母亲如此凶悍,张诚在得知她去世的消息后,还是"号嘶气绝,食顷始苏",大声嚎啕,一直哭到晕过去,有一顿饭的工夫才苏醒。这让我们想起了魏晋时的阮籍,他在母亲下葬时,蒸了一口小猪,喝了二斗酒,大叫一声:"完了!"然后嚎啕大哭,吐了很多血,好久才恢复过来。现代人纵有丧母之痛,要哀伤到这个程度,或者说哀伤要表现到这个程度,恐怕不多见了。可见,在古代要当个出了名的孝子,也真不是容易的。

张诚对哥哥的确是非常友爱。他先是"阴劝母",暗地说,不当面顶撞,这就是孝顺。在劝说无效的情况下,他开始出手帮助哥哥。这是一个聪颖的孩子,看到哥哥饿得只剩一口气了,他偷了家里的面粉,请女邻居做成面食给哥哥吃。之后他追本溯源,认识到每天砍足一担柴,是哥哥有饭吃的前提,于是就逃学去帮助哥哥砍柴。第一天,由于没有工具,他只能用手拗、用脚踏,尽管弄得手指出血,鞋子破掉,效果仍然不够理想。所以他咕哝:"明日当以斧来。"并且说到做到,第二天真的带着一把斧头来了。

张讷说他应该被老师责罚了，他笑着否认了。作者的五次堕泪，没有这一处，但这个细节却是令人动容的。张诚的"诚"，全隐藏于这憨憨一笑之中，我们几乎可以想见，当他说"无之"的时候嘴角泛起的微微的笑容。那是宽慰的笑，那是满足的笑：不管吃什么苦，我总算是帮着哥哥分担了。

一只老虎的出现改变了整个故事的走向：张诚被老虎衔走了。后面的故事都是张讷的。张讷是个生性谨慎、特别能忍让的人。继母如此恶待他，也没见他反抗。当他因为完不成指标而没有饭吃，饿得奄奄一息时，弟弟张诚拿来了偷做的食物，他一面吃，一面关照："以后别这样做了，被发现了连累你。"他想的是"且日一啖，饥当不死"。每天有一顿吃，虽然饥饿，但应该没有性命之忧。当张诚出现在山林中时，他连发两问："来干什么？""谁让你来的？"如果说第一问可能还只是惊讶，因为此时弟弟应该在学馆读书，第二问或许私下里就有些期许了。"谁让你来的？"继母是不可能的，指标就是她定下的，那么，还有谁呢？这个少年心中唯一寄寓希望的，大概就是他的生父了吧？可惜，张氏无此肝胆。得知弟弟是自行前来，他坚决拒绝，一定要他回去，甚至用自杀来要挟。他还特地跑到学堂里，请老师不要放张诚出来。可是，这个弟弟比他更轴。不仅第二天照来不误，而且还带上了斧头，对他的劝阻则不闻不问，只顾低头砍柴，汗流满面也不管，直到完成指标才离开。后来老师也为张诚的情义所感动，听之任之，如果不是那只老虎出现，这哥俩好的戏文不知要唱到什么时候。

有一天，众人正在砍柴，忽然来了一只老虎，大伙都吓得趴下了，老虎偏偏叼走了张诚。张讷奋身去追，抡起斧头砍在老虎的胯上，老虎负痛狂奔，跑得无影无踪。张讷急得用斧子自杀，众人把他救下，送回家里。牛氏又哭又骂："你杀了我儿，还想用砍脖子来塞责！"张讷说："你放心，我弟弟死了，我决不活着。"他忍着伤痛，三天不吃东西，终于死了。

在阴曹地府，张讷到处寻找弟弟，却一直没找到。在那里，他遇见了一个"皂衫人"。"皂"就是黑色。《水浒传》中，鲁智深说："就比俺的直裰染做皂了，洗杀怎得干净？"（第71回 梁山泊英雄排座次 宋公明慷慨话夙愿）"皂衫"是制服，说明这是个吃公家饭的人。他从公文包（佩囊）中拿出登记册来查，查来查去没有张诚。陪着张讷的巫（说是他可以往来于阴阳两界）怀疑是不是在别的簿册里，皂衫人不乐意了，说："此路属我，何得差逮？""路"是古代行政区域的名称，比如辛弃疾词作中的"烽火扬州路"（《永遇乐·京口北固亭怀古》）。皂衫人觉得这个区域就是他管的，不会出错。从后面的情节看，他对自己工作的自信还是有道理的。因为找不到张诚，张讷在两天后复苏，他告诉家人，张诚并没有死。牛氏哪里肯信？张讷决定出门去找弟弟，他告辞父亲的时候，用的是"穿云入海"这个词，可见下了多大决心。他对父亲说："找不到弟弟我决不回来，你就权仍当我死了吧。"张讷边走边找，身边的银子花光了，成了"悬鹑百结"的乞丐。"悬鹑"是鹌鹑的一种，羽毛有斑，尾部光秃，像一件破衣服，被用来形容衣衫褴褛。他用了一年多时间，走了好几百公里的路。终于有一天，在金陵，他找到了弟弟张诚。准确地说，他被弟弟张诚发现了。

原来张诚那天被老虎衔着，跑出去很远，最后老虎把他扔在路上，被一位官员救起，认作儿子。张诚和张讷相逢，官员也过来询问，不料，问起籍贯什么的，越说越近，惊动了后堂的老夫人。原来，这位夫人就是张氏被掠走的妻子，官员是张氏妻嫁给北人黑固山后生下的儿子。虽然没有血缘关系，但从年龄和辈分上说，应该是他们的哥哥。其时，黑固山已经死了，官员也已解任，弟兄三人同着老夫人一起回到河南的家。他们到时，牛氏已经死了，一家人从此过上了幸福的生活。

这个故事中，一个恶毒的后妈，没啥好说的，最后的结局是她死了，为张氏的发妻让出了位置。一个窝囊的父亲，也没啥好说的。在整个故事中，他除了最后出现，成了"形影相吊"的"塊然一老鳏",其余就出现过两次:一次是在张讷自刎之后,他怕他死了,常常到病榻前喂他点吃的,后来被牛氏呵责,好像也就不敢了,不然张讷不至于三天就死了。张讷复苏后出行,对他说"您就当我死了",他也就把他带到牛氏看不见的地方流流眼泪,却不敢挽留他。只有张讷、张诚弟兄两个,是小说的主角,也是作者要弘扬的道德典范。细数作者的五次堕泪,第一次是张诚助兄砍柴,作者感慨地说:"这是王览再现啊!"王览字玄通,是著名孝子王祥(二十四孝中的"王祥卧冰"就是这位哦)的同父异母的弟弟。继母朱氏虐待王祥,王览经常规劝。朱氏要王祥做什么,他也一起做;朱氏恶意差遣王祥的妻子,他也让自己的妻子一起去。朱氏给王祥下毒,弟兄两个争着喝,朱氏只得把毒酒倒掉。从此以后,只要是朱氏拿来的食物,王览都要先尝。作者觉得张诚是王览的再现,所以为之感动。第二次是老虎把张诚叼走,他觉得天道如此不公;第三次是兄弟相遇,喜极而泣;第四次是为多出来的兄长;第五次是为阖家团圞。这五次流泪,有喜有悲,有愤有感,但真正能激起读者强烈感情共鸣的地方并不多。或许作者也知道这一点,所以在最后问:"不知后世,亦有善涕如某者乎?"不知读者诸君反应若何?明代张岱声称,无癖之人不可交。确实,人要是没点个性,光是道德高尚,其实是很难感动人的——除了他那含义丰富的一笑。

21

毛公：都是颜值惹的祸

《姊妹易嫁》是蒲松龄的名作，吕剧和柳琴戏等剧目都曾改编上演过，吕剧《姊妹易嫁》还拍了电影。不过，改编的剧目都把故事简单化了，就是说张家有姐妹二人，姐姐嫌贫爱富，不肯嫁给毛家的儿子，妹妹挺身而出代姐姐出嫁。其实此时毛家儿郎已得中状元，姐姐知道后追悔莫及。在这个故事中，不要嫌贫爱富是主题，妹妹代姐姐出嫁是看点，牧牛儿原来是状元郎是"包袱"——戏曲曲艺中的一种艺术手段，经过细密组织、铺垫、揭晓，取得艺术效果，尤其是喜剧效果。令人哭笑不得的是，这类故事（包括现在网络上的很多小视频）往往一面声嘶力竭地宣传不要嫌贫爱富，一面却无可掩饰地表现出对富人流着哈喇子的崇拜。这类故事的情节往往很简单：一个貌似很穷很穷的人，其实却是个大大的富翁。蕴含的道理也同样简单，就是告诉你：千万不要嫌贫爱富，因为你嫌贫的那个人，

《姊妹易嫁》

很可能就是大富。所以,不要错过已经富而看不出来、或者虽然还没富但以后可能富的人。归根到底还是"爱富",只是在"嫌贫"的时候提高了警惕而已。

相对戏剧的单线条处理,原著的故事则要好看得多,而好看的部分恰恰是在妹妹嫁过去之后。

张家和毛家的家庭地位是悬殊的,毛家"素微",就是一向贫寒，父亲以放牧为生。张家是"世族"，也就是家族有地位有名望。毛家父亲死了，连葬身之地都没有，只好去张家讨一块地来营葬。张公因此见到了毛家的儿子，发现他是个"潜力股"，就给他提供了读书的机会，并决定把大女儿嫁给他。张父之所以那么做，缘于一件奇怪的事情。张家在东山之南，新做了一块墓地，有人经过的时候，听见墓穴里有人大声呵斥："你们快快离开，不要占据贵人的地方。"张公夜里做梦也有人警告他说："你这块地方是毛公的墓地，不能老是占据的！"而且自此家里总是发生一些不好的事。有人劝张公说，你就换个地方吧。于是他就把墓地迁走了。一天，毛家父亲在那里放牛，忽然下起大雨来，仓促间他跑进墓穴中避雨，不料大雨倾盆，洪水奔涌，一下子灌满了墓穴，把他溺死了。当毛家的妻子请求要一席葬身之地的时候，张公走去一看，毛父躺的恰恰就是原来放棺材的地方，部分应验了之前的灵异之说（还有富贵尚未显现）。于是他就在那里安葬了毛父。

这样门第悬殊的两户人家，张家大女儿自然是不肯嫁过去的。她父亲心里那个购买潜力股的想头，也不知道和她讲过没有，总之她是死活不愿意。而这时，迎亲的轿子已经到了门口。这可不是开玩笑的事。《大清律例》规定："每年自四月初一日至七月三十日，时正农忙……其一应户婚、田土等细事，一概不准受理。"就是说，农忙时节，民事诉讼概不受理。但《大清律例》又补充说：在非放告期内，如发生抢亲、赖婚、强娶、田地界址、买卖未明等纠纷，"若不及早审理，必致有争夺之事"，影响社会秩序的，则不受非放告期的限制。这说明"赖婚"并非小事，容易引发争端，导致民事案件演变为刑事案件，所以朝廷还是挺重视的，规定即使在非放告期内，也是可以接受诉讼的。就是放到今天，接新娘的车队到了，新娘却不肯上车，那也是十分尴尬的事。于是，大家都来劝说，张家的小女儿也加入了劝说的队伍，姐姐反唇相讥：要嫁你嫁去，我不嫁！这句话灵光一现，让张家找到了解决问题的方法：让妹妹代替姐姐上了花轿。按照小说戏曲的惯例，男女主人公这就应该"从此过上了幸福的生活"了。不幸的是，这一点却早就被英国作家毛姆看穿了。毛姆说，普通人喜欢小说以男女主人公喜结良缘作为结局，但结婚并不是生活的终结，只是进入另一个生活阶段而已（《简·奥斯丁和〈傲慢与偏见〉》）。戏曲改编满足了"普通人"的要求，以"洞房花烛，金榜题名"完满收官。而小说中，蒲松龄却是把笔触伸向了结婚之后。

毛家儿郎和张家小妹成亲后，夫妻关系倒也和睦。问题就出在颜值上。

《聊斋志异》的绝大部分故事里都有女性主角，而绝大部分的女性主角都是高颜值的，而且不是一般的高，往往不是"芳容韶齿,殆类天仙"(《花姑子》);就是"仪容娴婉,实神仙也"(《鸦头》)。偏偏这个张家小妹有点问题。什么问题呢?作者说她"病赤鬝","赤鬝"就是头发稀疏,有秃疮。这可不是小问题,古人对头发本就看重,"身体发肤,受之父母,不敢毁伤,孝之始也"(《孝经·开宗明义章》),而女性的头发,还加上了审美意义,为它都造出一大串的美称了,什么"青丝"啊,"绿鬓"啊,"乌云"啊,"云鬟"啊。女子表情达意,头发是上好的选择。唐明皇和杨贵妃闹别扭,杨玉环"思将何物传情悃,可感动君"?想来想去,弄了一缕头发(清·洪昇《长生殿》第八出 献发)。《红楼梦》中多姑娘和贾琏私通,留下的情物也是"一绺青丝"。(第21回 贤袭人娇嗔箴宝玉 俏平儿软语救贾琏)贾宝玉看小红,首先看到了"一头黑鸦鸦的好头发",而且作者还特意在前面加了"倒是"两个字:"倒是一头黑鸦鸦的好头发",足见贾宝玉对头发的重视(第24回 醉金刚轻财仗义侠 痴女儿遗帕惹相思)。清代余怀描述他和朋友一起去见秦淮名妓葛嫩时,"值嫩梳头,长髮委地",头发一下为她加分不少(《板桥杂记·丽品》)。因此,张家小妹头发有问题,便惹得夫君心里有点不快。这本来也算正常,但后来,他知道她是在姐姐嫌弃他的时候顶替姐姐嫁过来的,认识到这是一位红颜知己、有德之女。这个时候,如果还对头发的问题耿耿于怀,就有点说不过去了。

蹊跷出在毛公(我们现在开始叫他"毛公"啦,因为他已不再是一个"牧牛儿")要去参加科举考试的时候。他道经王舍人店,在一家旅店歇宿。这里的两个"店"不是一个概念。前一个"店"是地名。至于地名怎么叫得这么奇怪,说法各各不同。影响比较大的传说是,有位叫王玺的读书人,官至中书舍人,告老还乡后就居住在这里,开了一家店。他乐善好施,当地老百姓都很爱戴他,他死后,为了纪念他,就把地名叫作王舍人店。后来也叫王舍人庄、王舍人镇,现在济南历城区还有王舍人街道。毛公在王舍人店的一家旅店住宿。店主人十分殷勤,好酒好食款待,而且分文不收。原来店主也做了一个梦(这个故事的主要情节都是由梦来推动的),梦中一个神仙对他说:"你店里会有一个解元公来,而且他以后还会帮助你摆脱困境。"解元,就是乡试的第一名。店主把这梦一说,毛公的自我感觉就好起来了。可笑的是,他也没想啥大事,就是想到了老婆的头发,觉得她头发那么稀疏,将来上不了台面,想着富贵后把她换了。这可就连阿Q都不如了。阿Q想入非非的时候所想到的,可比他多多了,东西有:元宝、洋钱、洋纱衫、秀才娘子的宁式床、钱家的(或赵家的)桌椅;女人有:赵司晨的妹子、邹七嫂的女儿、假洋鬼子的老婆、秀才的老婆,还有吴妈。而毛公就想到老婆的头发,眼界不开阔，心胸太狭窄。他也不如书生朱尔旦。朱尔旦被朋友忽悠，把十王殿左廊下木雕的判官背到了喝酒的地方，没想到夜里判官真的找上门来，同他一起饮酒，成了好朋友。判官有鬼斧神工，问朱尔旦有啥要求，朱尔旦嫌老婆长得不好，请判官替她换个头，判官就帮他换了（《陆判》）。这里的关键是，人家要换的仅仅是一个漂亮脸蛋，而不是换人。要知道在那个时代，一个女子一旦被遗弃，日子简直是没法过的。而且张家小妹在那样的情况下勇敢地代替姐姐下嫁毛家，再要动休弃她的念头，也太可恶了点吧。老天当然是有眼的，这位毛公，就为想换个老婆这点猥琐的小心思，弄了个名落孙山。他难为情得都不敢回店，走别的路直接回了家。

三年后，又一场大比开始了。毛公又去考试，店主人还是像当年一样盛情款待，问他为什么，店主人说，你上次没考上是因为动了坏脑筋，你好好做人，今年是一定能考上的。这些神仙都托梦告诉我了。且不说这神仙有点奇怪，为什么梦都托给店主人而不直接告诉毛公，就说毛公吧，这下真是又惭愧，又惊悚，半点坏心思都不敢有了。

因为心里不敢再存一点歹念，毛公这次果然高中。而有趣的是，张家小妹的头发居然也长出来了，"云鬟委绿，转更增媚"。古人喜欢用"绿"来形容头发的浓密乌黑，而且不分男女。比如李商隐的"年颜各少壮，发绿齿尚齐"

(《戏题枢言草阁三十二韵》),晏几道的"君貌不长红,我鬓无重绿"(《生查子》),查慎行的"牛背渡溪人,须眉绿如画"(《青溪口号》)。这里的"发绿""鬓绿""须眉绿",都是指男性。只有"绿鬟"才专指女性。比如白居易的"红绡带缓绿鬟低"(《闺妇》),苏轼的"朝来何事绿鬟倾"(《浣溪沙·春情》),陈维崧的"绿鬟千缕"(《解语花咏美人捧茶和王元美韵》)。还有"云鬟",当然也指女性。毛夫人"云鬟委绿",就是头发变得浓密乌黑了,颜值陡然上升,这场因颜值而惹的祸终于以喜剧而告终。

纵观古今,颜值惹事,可不是一件两件。汉代的王粲出身名门、才华横溢,可是因为颜值不高,刘表不肯重用他,气得他跑到当阳城楼(一说为江陵城楼,或说麦城城楼)上盘桓了一整天,弄出篇千古名作《登楼赋》来。《三国演义》里的张松,因为颜值不高,被曹操嫌弃(曹操可是高颜值并且对颜值要求更高的人),结果一气跑去刘备那里献了西川地图(第 60 回 张永年反难杨修 庞士元议取西蜀)。晋代的左思,虽然写出了导致洛阳纸贵的《三都赋》,却因为颜值低而自惭人嫌。魏晋的志人故事《世说新语》,总共 36 门,其中就有"容止"一门,专谈颜值。谚语说"人不可貌相,海水不可斗量",应该是总结了颜值惹祸的经验而发明出来的吧?可惜尽管如此,颜值仍是我们生活中极其重要的东西,难道不是吗?

这个故事还有个有趣的地方，就是故事中的男主是可以"对号入座"的。小说的第一句话是"掖县相国毛公"。掖县在今天山东省境内，相国是官名，是辅佐皇帝的最高官职。一个籍贯为山东掖县、位至相国的、姓毛的官员，《明史》中三下五除二就可以找出来，据《明史·列传第七十八·毛纪传》记载："毛纪，字维之，掖县人。成化末，举乡试第一，登进士，选庶吉士。"毛纪官至武英殿大学士，曾任首辅，也即所谓"相国"。史传中写他是个"有学识，居官廉静简重"的好官。至于早年的这一段经历，则应该是民间的杜撰。但就如《红楼梦》中贾宝玉说的："除了《四书》，杜撰的也太多呢。"（第3回 托内兄如海荐西宾 接外孙贾母惜孤女）编排一个前朝相国的故事，并且把他说得有点小坏，也蛮好玩的。尤其是关于颜值惹的祸，看来从古到今都是要接受教训的呢。

22

罗子浮：轻薄为"人"哂未休

罗子浮，也算是世家子弟，数次被翩翩呼为"轻薄儿"（《翩翩》）。轻薄是轻佻、浮薄的意思，班固写《汉书》时就用了这个词，可谓历史悠久。轻薄常和"无行""无知""无礼"连用，绝对贬义。轻薄儿则是指轻佻浮薄之人，当然也是贬义的。不过若是从情人嘴里说出来，则有了点娇嗔的意思，就像有人把情郎叫作"天杀的"一样，不完全是贬义了。

事实上，罗子浮是真够轻薄的。14岁，这个小官二代（他父母早亡，由叔叔罗大业抚养长大。罗大业是国子祭酒，相当于今天教育部的高级官员）就跟人下了窑子。下就下呗，别当真啊，可他偏偏认起真来，迷上了一个金陵来的妓女。迷就迷呗，可别太投入啊，可他偏偏全身心投入了。妓女回金陵，他竟然跟着去了。罗子浮是邠人，邠在明清是个州的名称，治所在今天的陕西省彬州市，和金陵隔着千里之遥呢。半年之后，他兜里的钱见了底，妓女们的脸色自然也不好看起来。但他还是不舍得离开，直到浑身长疮，溃烂流脓，玷污床席，被赶了出来。昔日的富家子，成了一个衣衫褴褛、浑身臭秽的乞丐。这是他第一次轻薄的下场。

得遇翩翩后，他治好了身上的疮，穿上了干净的衣服，吃上了可口的食物，他就"温饱思淫欲"起来，向翩翩求爱。这时，翩翩第一次叫他"轻薄儿"。理由是"甫能安身，便生妄想"，就是说他刚刚能过上安定的生活，就又想着男欢女爱了。罗子浮的回答是："聊以报德。"这里，没有热忱的谢意，也没有浓浓的情意，有的只是油嘴滑舌，的确轻薄。

翩翩第二次骂他轻薄，是在花城出现的时候。从花城和翩翩的对话可以看出，两人非常熟悉，关系亲昵，当属闺蜜一类。花城已经成家，有两个孩子，原来生了一个女孩，这回又生了一个女孩。就这么一个有夫之妇、有儿之母，且是情人的闺蜜，罗子浮看她"年廿有三四，绰有余妍"，就动起了坏脑筋，而且手法老练：剥果子时故意落到桌子底下，然后假装拾果子，到桌子底下去捏花城的脚。这一手，《水浒传》中的西门庆就玩过。王婆让他和潘金莲两个喝酒，西门庆假借敬酒，"把袖子在桌上一拂，把那双箸拂落地下。也是缘法凑巧，那双箸正落在妇人脚边。西门庆连忙蹲身下去拾，只见那妇人尖尖的一双小脚儿正翘在箸边。西门庆且不拾箸，便去那妇人绣花鞋儿上捏一把"（第23回 王婆贪贿说风情 郓哥不忿闹茶肆）。耿去病挑逗青凤，也是"隐蹑莲钩"，就是暗暗地踩她的脚（《青凤》）。为什么挑逗要从脚开始？一是因为脚在桌下，比较隐蔽，可以"隐蹑"，可以"阴捻"；更重要的是，女人的脚在中国古代是性意味极其强烈的，尤其是在缠足之风形成之后。据考证，缠足开始于北宋后期，兴起于南宋。元代虽然蒙古人坐了天下，缠足的风气并未改变。明清时期缠足更是进入了鼎盛期。《水浒传》成书于元末明初，故事的背景又是北宋，所以就给潘金莲的脚来了个特写："一双小脚儿正翘在箸边。"这双脚有两个特征：一是小，二是翘。这是长时间残酷虐待的后果和成果。女孩子未成年的时候，家人就用布条把女孩的脚紧紧缠住，缠的时候脚趾折叠，足弓弯曲，硬性把脚固定成小而尖而翘的样子。这个过程极其痛苦而漫长，女性愿意承受这样的痛苦，理由很简单，那就是男人喜欢。脚的大小，一度成为男性择偶的重要依据之一。《金瓶梅》写西门庆相亲，媒人特地"趁空儿轻轻用手掀起妇人裙子来，正露出一对刚三寸、恰半叉、尖尖趫趫金莲脚来，穿着双大红遍地金云头白绫高底鞋儿"。这双脚就是一小、二尖、三翘，让"西门庆看了，满心欢喜"（第七回 薛媒婆说娶孟三儿 杨姑娘气骂张四舅）。小说中有很多关于脚的描写,还专门有个情节,写潘金莲和来旺媳妇宋惠莲(原来也叫"金莲",因重了潘金莲而改名)计较谁的脚更小。也有人把缠足开始的时间推到汉代、春秋战国,甚至到夏禹、商代,但女性普遍缠足,应该是宋以后的事。由女性的脚,一直推衍到女性的鞋、袜,都有了性意味。狭邪之处还有所谓的"行鞋杯",就是把酒杯放到女人的绣花鞋里来喝。《聊斋志异》中也有类似的描写:毕怡庵和一群美丽的狐女宴饮,喝酒的时候,发现酒杯"把之腻软;审之,非杯,乃罗袜一钩,衬饰工绝"。从这个描写看,狐女是用袜子当酒杯给他喝酒。但后面又写:"二娘夺骂曰:'猾婢!何时盗人履子去,怪足冰冷也!'遂起,入室易舄。"(《狐梦》)履子、舄,则又是指鞋。所以,毕怡庵手中的酒杯究竟是鞋是袜,写得不明不白。不过狐精有变化之能,大概也不需要太明白。鞋袜能直接变成酒杯,和俗世用鞋袜套着酒杯也是不同,但趣味是一样的。小脚既为重要的性意象,自然就有了美称,女人的小脚也被称为"金莲"。写花城的脚,作者用的是"翘凤",恶趣味俨然,但时风如此,也怪不得他。罗子浮明目张胆勾引情人的闺蜜,实属轻薄。这一次的教训是,当他还在自以为得意的时候,突然觉得身体寒冷起来,低头一看,自己所穿的衣服,竟然都成了秋叶!这一吓非同小可,他连忙正襟危坐,好一会儿,衣服才渐渐变回了原来的样子。

轻薄儿的轻薄行径并未到此结束。第一次耍坏，报复如此明显，他竟然"窃幸二女之弗见"。他也不想想：能把荷叶变衣裳，又能把衣裳变秋叶，有这样神力，对你的小动作岂会觉察不到？如若不知，又怎会让你"顿觉袍裤无温"？恐怕这就是"色"令智昏吧。过了不一会儿，他居然故伎重演，借着递酒递菜的当儿，用手指去搔花城的掌心。这又是一个经典的挑逗动作。它也有比较隐蔽的特点，双方在手掌心的小动作，别人不宜觉察。据说摩梭族走婚时就有这样的习俗：男子在女方的掌心划拉一下，表示"我要"；女性也划拉一下，表示"愿意"。可见罗子浮的确是风月场上的老手。这次的报复，仍然是把他的衣裳变成了秋叶，过了一会儿才变回来。他这才不敢动歪脑筋了。就是这时，翩翩第二次骂他"轻薄儿"，并且说："便直得寒冻杀！"就是说活该冻死。

　　的确，翩翩就是在罗子浮即将冻饿死的时候收留他的。小说特别在意地描写了关于寒冷的场景。他和翩翩生活在山洞里，没多久，天就开始冷了，"秋老风寒，霜零木脱"。翩翩就收藏落叶，准备过冬。因为落叶就是他们的美味佳肴。翩翩拿着山叶说是饼，尝一下，就果然是饼的味道。把叶子剪成鸡、鱼的样子烧煮，吃起来就是鸡和鱼的味道。看罗子浮冷瑟瑟的样子，翩翩就到洞口去，把白云一朵朵摘下来，当棉絮为他做棉衣。这场景实在是太美丽了！想象一下，飘浮在蓝天上的那一朵朵白云，可不就像是棉花吗？那白、那软、那蓬松，怎不叫人想伸手去摘一朵，去摸一摸？现在，我们看到美丽的翩翩真的在摘取朵朵白云，那白云就像棉絮一样填进了罗子浮的衣裳。那是多么的浪漫和温馨啊。而且，这个白云做的衣裳穿着非常温暖，又轻又松软，就像刚刚翻新的丝绵。

让人不解的是，罗子浮这么一个轻薄儿，为什么却能有这么好的待遇呢？《聊斋志异》中，得遇这种好事的并非绝无仅有，但往往事出有因，是一种果报。比如安幼舆，他得到花姑子的照顾，起死回生，还为他生了一个儿子，原因是安幼舆"为人挥霍好义，喜放生。见猎者获禽，辄不惜重直，买释之"。有一次，他在华山道上买下一只猎人俘获的獐子，把它放了。花姑子即是这头獐子的女儿（《花姑子》）。罗子浮却是"无功受禄"。如果一定要说他有什么特别的地方，那还就是他的轻薄。

细看《聊斋志异》，写轻薄儿的还真不少。比如那个安幼舆，人家为了报恩，在他迷路时把他邀请到家，出妻见子地款待他，可是他看到花姑子"芳容韶齿，殆类天仙"就不安分起来，先是"赞其慧丽，称不容口"，"觑无人"时，就步步紧逼，"长跪哀之"求欢。花姑子夺门欲出，他竟然"暴起要遮，狎接胗脺"。就是猛然站起，拦住不让出去，强行接吻。这不是轻薄是什么？还有一个直接被故事中人唤作"轻薄郎"的,名叫徐继长。他自有妻室,又接纳了"姿容绝俗"的萧七。当萧七的姊姨辈来家聚会时,他又看上了座中的六姊。乘六姊喝醉,他竟然"近接其吻",还"以手探裤"。后一次聚会,"室中止余二人"时,更是"遽起相逼"。吃着碗里的看着锅里的,难怪六姊说他是"轻薄郎"(《萧七》)。

其实,作者一点也不反感轻薄。在他眼里,轻薄是风流的同义词,而男子风流,说作者推崇可能有点过,但至少他是欣赏的。当然,对于真正品格端方、坐怀不乱的人,作者也是认可的。比如自称"生平无二色"的宁采臣,严词拒绝夤夜前来投怀送抱的聂小倩,说:"卿防物议,我畏人言;略一失足,廉耻道丧。"作者对他是尊敬的,也给了他最好的结局:登进士和生儿子。但总体上说,作者显然更欣赏风流(其实很多时候就是轻薄)的行为。比如毕怡庵,"倜傥不群,豪纵自喜""每读《青凤传》,心辄向往,恨不一遇"。后来果然遇见了"态度娴婉,旷世无匹"的狐女,还在一大群美丽狐女的温柔乡里流连了一番(《狐梦》)。但爱美色不惧狐,是为风流;若遇美色不惧鬼,也是风流。"少年蕴藉,有气敢任"的戚生,明知宅有鬼,偏向鬼宅行。对鬼还挑挑拣拣,拒绝了"挛耳蓬头,臃肿无度"的老大婢,而当"神情婉妙"的女鬼章阿端出现时,他跳下床,赤裸着身体去捉。通过章阿端,他和死去的妻子重又团聚,作者喜滋滋地写他们三人连床,"暮以暨晓,唯恐欢尽",欣羡之情溢于言表(《章阿端》)。

在美色面前瑟缩,作者是瞧不起的。魏运旺见到狐精,一则是害怕,一则是惭愧,因为狐精"锦貂炫目",让他自惭形秽,结果被狐女说:"君非抱本头者,何作措大气?"魏运旺其实倒也是世家子弟,只是家道中落,供不起他读书了,在岳父的酒店里卖酒。所以狐女说你又不是读书人,何必有酸腐气呢(《双灯》)。"措大"这个词是专门用来说读书人的,意思是假文假醋,迂腐不知变通。在狐女(其实也是在作者)看来,如果美色当前而还要犹豫,那是迂腐不可爱的。焦生在"颜色双绝,一可十七八,一约十四五"的狐女面前,"正色拒之"。狐女说:"既然你是名士,我出一上联,你来对下联。能对,我就走。"她出的上联是:"戊戌同体,腹中只欠一点。"焦生想来想去想不出下联。狐女笑着说:"名士就这样啊?我来代你写下联吧。"她对的下联是:"己巳连踪,足下何不双挑?"说完,一笑而去。这就尴尬了:说你名士端方,腹中也不过尔尔,"只欠一点";给你风流机会,让你"双挑",你又还不干!(《狐联》)虽然作者没有公然抨击焦生的"生平不敢二色",但对他的"措大气"的嘲讽是显然的。作者的基本逻辑是,"生平不敢二色"可以,但也不用太胶柱鼓瑟。前面说"生平无二色"的宁采臣,后来还是接纳了聂小倩。"少诚笃"

的诸生王文,见了"秋波频顾,眉目含情,仪容娴婉,实神仙也"的鸦头,尽管"素方直",照样"惘然若失"(《鸦头》),这才是作者所欣赏的。

  所以,也就难怪罗子浮轻薄一生,作者还给他那么好的下场,竟然让他顺利地回到家中。其时,叔叔罗大业已光荣离休,总以为罗子浮已经死了,没想到他竟然"携佳孙美妇归"。毕竟,他虽然在女性面前轻薄,但还不至于"无行",包括他第一次轻薄时所表现出来的款款深情,这都是作者给他加分的地方。

23

念秧：古代"阿诈里"

上海话里有个词，叫"阿诈里"，意思是行骗的人。这里的"阿"和"里"都是语助词，没有意义，就像沪语说人愚笨、不懂行叫"阿缺西"，说事情弄尴尬了叫"僵格里"一样。蒲松龄（在《聊斋志异》里他自称"异史氏"）说："人情鬼蜮，所在皆然。"就是说，不论是在人的世界还是在鬼的世界，有些害人的东西是一样的。而在人的世界中，古代和现代更是有很多东西一脉相承，比如，他绘声绘色地给我们讲的这个念秧的故事。

念秧，也作"念殃"，意思是用甜言蜜语哄骗人钱财。可以做名词，比如在这个故事中，作者说："俗以其言辞浸润，名曰'念秧'"；也可作动词，比如说"你别在那里念秧"。从这个意思上说，用"祸殃"的"殃"好像更恰切，是言语絮叨出来的祸殃。今天花样百出的电信诈骗、保健品诈骗，都和这里的"念秧"大有相似之处。

《念秧》

　　这个作品中，总共讲了两个念秧的故事：一个是关于王子巽的，另一个是关于吴安仁的。

　　王子巽是个秀才，从济南出发北上去探访亲戚。因为彼时南来北往的通衢大道上常有念秧活动，所以他对此还是留了一个心眼的，而且他还有个比他警惕性更高的仆人，但最后还是落入了念秧的圈套。和今天的大部分诈骗案件相同，念秧也是团伙作案，各人扮演自己的角色，相互配合，分工合作。首先出场的是一个自称姓张的人，其身份是栖霞县的衙役。他一直试图接近王子巽，数次都被王的仆人斥退。在路上，他始终不离王子巽左右，王在前，他拼命赶上；王落后，他就等候在路旁，直到被仆人"厉色拒去，不使相从"。住店时，他又出现在王子巽身边，谦卑得像个奴仆似的，但王子巽的仆人还是"终夜戒备之"。天亮上路，他试图与王子巽同行，再一次被仆人呵斥而去。这一回合下来，很容易让人滋生轻敌情绪，觉得念秧（如果他是的话）伎俩不过如此，觉得只要自己警惕性够高，就完全可以拒敌于千里之外。

第二个出场的是一个四十来岁的男子，和前一个相比，坐骑由黑卫变成了白卫。古人不知道为什么把驴子叫作"卫"，有人说，是因为"卫"这个地方出驴子；也有人说，是因为晋朝的美男子卫玠喜欢骑驴，所以人们就称驴子为"卫"。驴子换了，身份也换了，由衙役变成了临淄令高蘖的中表兄。和衙役相比，算是斯文一脉了。由于身份变了，衣帽自然也整洁了。第一个骗子是主动搭讪，这一个却是让你自来搭讪。十多里路，他一直骑在驴上打盹，瞌睡得差点没从驴背上摔下来。这让王子巽忍不住好奇，问他："昨晚上你怎么了？怎么就困成这样？"有句话叫"你永远叫不醒装睡的人"，其实不全对，如果装睡就是为了引起你的注意，目的一旦达到，他是会醒的。现在这个自称姓许的装睡的骗子就醒了,而且醒得十分逼真,"猛然欠伸",用伸个懒腰之类的肢体语言表示:"俺可是被你吵醒的!"接着,他要回答王子巽的问题,即为什么这么瞌睡,绝妙的是,他居然说是因为念秧!他说自己昨夜"误同念秧者宿,惊惕不敢交睫,遂致白昼迷闷"。就是说自己不小心和骗子住一个旅店了,所以一夜不敢睡,导致今天瞌睡得不行。他还谆谆教导王子巽,说你年轻,不知江湖险恶,我们都要提高警惕云云。贼喊捉贼,伪装成受害者来麻痹你的神经。就像现在那些骗子,往往提供一个所谓"公安局"的电话,让你去求证,以打消你的顾虑一样。这不得不说真是够高明的。但是,他还是过不了王子巽的仆人这一关。高度警惕的仆人还是不相信他,故意让主人慢点走,和他拉开距离,直到彼此看不见。

于是,第三个选手闪亮登场了。这是一个少年,年龄在十六七岁,这次不骑驴子骑骡子了,而且是"健骡"(后面要派用场的),服饰也由许姓骗子的整洁进一步升格为"秀整",而且"貌甚都",就是颜值很高。试想,一个开着宝马的酷帅酷帅的小帅哥,你会想到他是骗子吗?这次,念秧的花样又变:既不主动搭讪,也不诱你搭讪,而是默默同行一整天,直到日落西山,小帅哥才喃喃自语:"到曲律店不远了。"曲律店是个地名,就和《姊妹易嫁》中的"王舍人店"一样,可能开始就一店于此,慢慢形成地名。

王子巽回应了一句。少年便在那里做出一副感叹不已的样子。一天积聚下来，王子巽早就好奇心爆棚了，忍不住询问，少年说自己姓金，是个名落孙山的读书人，又说自己的哥哥在京里做官，这是到他那儿去，排遣一下落第后的消沉心情。他一面埋怨北地的风沙太大，一面掏出块红手巾来擦脸——注意，是红巾啊，有没有想到蒋玉菡腰间那条"血点似的大红汗巾子"？少年说话是南方口音（后面也要派用场），娇滴滴像个女子。这外貌，这打扮，这口音，这做派，活脱脱一小鲜肉放到王子巽面前，怎不让王子巽"心好之"！要知道，明清之际对同性恋的看法，在很大程度上与古代希腊人的情况相似。"希腊人并没有把对同性的爱与对异性的爱视为对立的事物，视为两种互相排斥的选择，两种根本不同的行为类型。"（米歇尔·福柯《性史》）明清时期的人也是如此。许多具有正常性欲的人都由于社会风气的原因而卷入了今天看来属于"性欲倒错"的同性恋，从而成为双性恋者。《红楼梦》中的"万人迷"贾宝玉就是。《聊斋志异》中这样的故事更不少见，比如卖画为生的顾生，就和前来求画的少年（后来才知道是狐精）有同性性关系（《侠女》）。就在这个故事中，也两次出现了相当露骨的同性恋描写。所以，这里王子巽虽然只是"心好之"，后来在和金姓少年同榻时也未见有越轨行动，但内含的意味还是清楚的。因为有这种感觉，所以王子巽就主动去安慰他。少年却并不就此套近乎，仍是自言自语："刚刚我先出来的，家人怎么还不赶上来？连仆人都不来，天快晚了，怎么办啊？"一边说，一边往后张望，越走越慢，和王子巽主仆拉开了距离。

看看这三个人：第一个是被王子巽的仆人赶走的，第二个是王子巽主仆故意慢走离开的，第三个是他主动离开的。越前面，王子巽主仆的疑心越重，到第三个，人家并不来搭讪，你还疑心什么呢？这三人，犹如下棋时的三粒棋子，虽然先后运动，却都已悄悄伏下，形成了对王子巽的包围圈。这个绝杀圈在曲律店的旅店中开始合拢。

王子巽到了旅店，看见屋里靠墙一张床上，已有客人的行李放在上面。他刚要讯问主人，就有一人进来拿着行李就走，嘴上说："您只管安置，我到别处去。"这个人不是别人，就是路上遇到的许姓客人。王子巽之前见过他，或许就生出几分"他乡遇故知"的感觉，把第一个骗子留了下来。正坐着讲话，又有一个人拿着行李进来，看到有人，掉头就走，说："已经有人了呀。"这不是别人，就是途中的美少年。这次没等王子巽开口，姓许的急忙起身拦住了他，于是第二个骗子安然入座。

美少年拿出钱来，请大家喝酒。言谈之间，少年说自己和家人走散了，也没有仆人，都不知道怎么喂牲口。吃了喝了人家的，王子巽自然也得回报，就让自己的仆人替他去喂骡子。一来二去，王子巽不知不觉地入其彀中。

夜间，骗子强行把王子巽拉入赌局，又假装捉赌，加进来一个姓佟的。姓佟的得知王子巽的族中前辈是隶籍八旗的翰林院官员，转怒为喜，认了同籍，一起下场赌博。最后，王子巽输给姓佟的很多钱。王子巽愤起相争，因为他一直拒绝参与赌博，是姓许的硬替他代赌的。这时，美少年把他拉到一边，说："他们都是坏人，居心叵测，你不能和他们争。我们都是读书人，一定互相帮助的。我今天赢了不少，我把我赢的给你就扯平了。我们交换一下，掩人耳目：让姓许的去还姓佟的，我来还姓许的，你把钱给我就行，我明天还给你。"而明天，当然是没有明天的，美少年带着他的钱一溜烟走了，骑的就是那头"健骡"。

这群骗子的高明之处，首先是目光远大。他们早就把王子巽确定为诈骗对象，但却不急着下手，神定气闲地放了长长的线。方案做了一套又一套，一计不成又生一计，不达目的决不罢休。第二是细针密线，每一步都埋下了伏笔。比如，美少年之所以请客，目的是借"解囊出资"，让王子巽看到他"堆颇重"，是有钱的主。后面赌博时，许姓客人才能对王子巽说："这小子有钱，又年轻，赌技恐怕不咋的，让我来赢他一些，明天请你客。"比如身份，让美少年扮落第举子，喝酒时还让他说出考题，背出他的应试作文，后面才能用"我辈乃文字交，无不相顾"的话语打动王子巽。即使赌博，也不是一上来就赌，而是让美少年先抱怨，说昨夜住店有人"掷骰叫呼"让他睡不好觉。让人叹为观止的是下面的细节：美少年是南方口音，把"骰"说成"兜"，姓许的客人听不明白，问什么是"兜"，少年也说不明白，只能用手做出骰子的样子。许姓客人笑了，从袋子里拿出一枚骰子，说："是不是这个？"少年说是的，于是就玩起骰子来。先是赌酒，渐次赌钱。看看这过程，简直能惊掉下巴。为引出一场赌博，竟要从言语不通、实物相证做起，如此惨淡经营，可谓煞费苦心。如果王子巽好赌，那么一切都搞定了，可是王子巽对赌博毫无兴趣。骗子们显然有准备，立即启动预案：由姓许的代赌，故意给睡意蒙眬的他报信：你赢钱啦！强行把他拉入赌局。然后再上演捉赌、再赌的把戏，为后面王子巽的付钱做足了戏码。骗局毕竟见不得光，万一王子巽坚执不肯付钱，事情比较麻烦。于是，由美少年出面，提供他一个万全的方案——

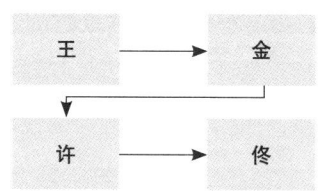

这个方案的关键，是把王欠佟的钱变成了给金即可。金姓少年具备三个条件：第一他是读书人，出于同气相求，他愿意帮助王子巽；第二他有钱，可以帮到王子巽；三是

他赢了钱,帮助王子巽只是输赢相抵,并不造成损失。这三个条件足以让王子巽相信:金姓少年会用自己赢的钱抵还他输的钱,然后把他的钱原封不动地还给他。而许是代王子巽赌博的,由他把王输给佟的钱代付给佟也理所应当。如此完美的方案,王子巽真是不接受也难。要不是因为骗子周到过分,生怕王子巽的仆人又出来阻拦,用男色引诱了他,引起了王子巽的疑心,觉得一个有身份的人不可能去勾搭仆人,猛然醒悟"今被念秧者骗矣"!要不然,他是连死了都不知道是怎么死的呢。

　　仿佛是因为王子巽输得太惨,蒲松龄紧跟着写了吴安仁的报仇故事。这个故事中,吴安仁也被念秧看上(而且是同一伙),但由于他有神通广大的狐友,结果让念秧赔了夫人又折兵。和前一个故事相比,念秧的套路除了诱赌、小鲜肉诱惑外,又加了女色,即民间叫作"仙人跳"的:先送一美女进屋,然后以捉奸为名敲诈钱财。结果,吴安仁因为有狐友的帮助,不仅金钱没损失,还赚了一美女,而且买美女的五十两银子,还让俩小鬼头要回了四十两。难怪作者也欢呼:"不亦快哉!"

　　鬼蜮伎俩,从来有之。有狐友帮忙,却不大靠得住。所以,还是要提高警惕,洁身自好才是。在金钱、美色面前毫不动摇,也许是防止被念秧——也就是"阿诈里"所骗的最有效的办法之一。

24 崔猛：狐鬼世界中的侠客

都知道《聊斋志异》是狐鬼的世界，其实，偶然也有与狐鬼无涉的，比如《崔猛》。小说开头的5个字："崔猛，字勿猛"，不仅介绍了主人公的姓名，更是概括了整个故事的核心内容。崔猛的特点就是猛，嫉恶如仇，而且出手极重。小时候在私塾读书，只要有小朋友敢欺负他，立刻拳头说话。正是由于这个原因，老师给他起名叫"猛"，又赐他字为"勿猛"，也就是别用力过猛的意思。可惜随着年龄的增长，崔猛之"猛"愈发厉害，而老师"勿猛"的告诫似乎不太起作用。乡里人都知道他的特点，凡有不平之事都来找他，导致"求诉禀白者盈阶满室"，简直成了专门受理报案的派出所了。然而，崔猛并非行政长官，除了以暴制暴，他没有别的方法可以主持正义，而以暴制暴本身也是违法的，就像《水浒传》中那些"路见不平一声吼，该出手时就出手"的好汉一样，"出手"之后要承担后

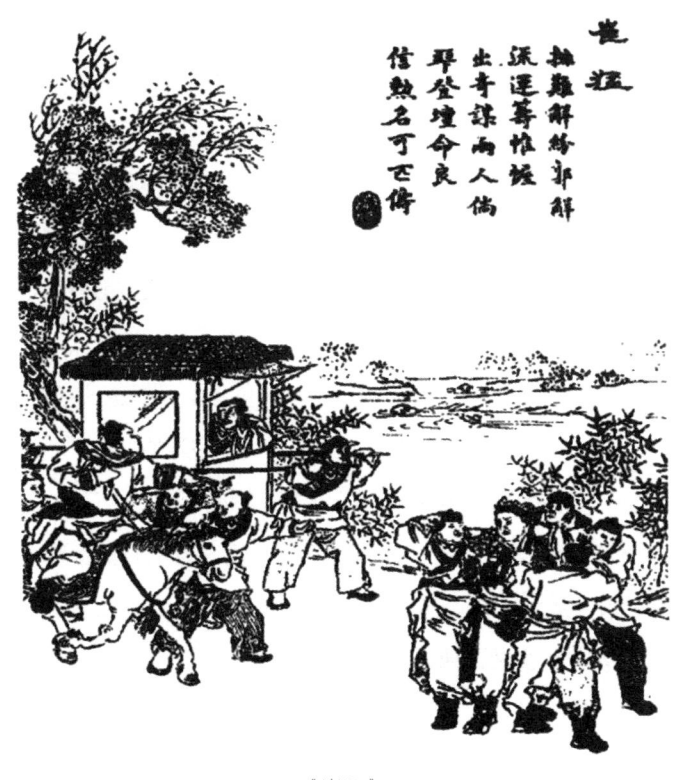

《崔猛》

果的。这就让崔猛自身的危险系数直线上升,所以崔猛的母亲万千劝阻,甚至以绝食相威胁,还学着岳母刺字的样子,在他手臂上刺了个十字纹,涂上朱砂,希望他永志不忘。但崔猛也只是略有顾忌而已。

和其他的聊斋故事不同,这个故事基本是写实的,唯一有点神秘色彩的,就是崔猛的母亲遇见了一个道士,道士说:"郎君多凶横之气,恐难保其令终。积善之家,不宜有此。"所谓"积善之家",就是崔猛的母亲"喜饭僧道",经常布施云游的和尚、道士。鉴于此,道士指出了他潜在的危险。崔猛倒也坦率,说:"我自己也知道啊,但一见不平,就情不自禁。我努力改正,是不是能免于灾祸?"道士笑着说:"先别问可免不可免,请先自问能改不能改。"并且说,如果你能改,我就有办法让你免死。崔猛以为他要做厌禳之事——"厌"和"禳"都是通过某种仪式消除祸患的意思,"厌"是镇压,"禳"是祈祷,大意就是打得过的打,打不过的求。崔猛向来不信这些,所以笑笑不说话。道士说:"我也知道你不信。不过我说的,不是巫觋(男巫)做的那种事,你照我说的做,能应验当然很好,不应验也没妨碍的。"崔猛就向他请教,他说:"门外有个年轻人,你好好和他交往,即使犯了死罪,他也能让你活下来。"他把崔猛领到外面,指给他看,是个叫僧哥的十二岁男孩。男孩姓赵,家在南昌,因为年成不好,父亲带着他来到建昌。崔猛就安排僧哥的父亲设馆教书,给他很高的薪资待遇。僧哥年幼,就登堂拜母,和崔猛结拜为兄弟。一年后,赵家搬走,没了音讯。后来这个僧哥当了大官,在崔猛杀人要偿命的时候救了他。道士"十年早知道",符合聊斋故事神神叨叨的风格。除此之外,崔猛的故事几乎都是写实的,就是一个古代侠客的故事,和狐鬼神仙没半毛钱关系。

故事写了崔猛的两件行侠之事。一件是邻居有个恶妇，虐待婆婆，眼看母亲要饿死，儿子偷偷弄点吃的给她，恶妇知道后大声诟骂，四邻八舍都听得见。崔猛怒火中烧，翻墙过去，割去了恶妇的鼻子、耳朵、嘴唇和舌头——这就是崔猛的"猛"了：不是呵斥，不是痛打，甚至也不是一刀毙命，而是虐杀。他母亲出面调停，赔一婢女代替原来的恶妇，私了了这件事。大概这家人被恶妇折磨得也够呛，有一个或许不那么"恶"的"妇"来顶替，也就偃旗息鼓了。第二件事，是一个"豪横一乡"的富二代，看上了乡人李申的妻子，就给李申做了个套，让家人引诱他赌博，借高利贷给他，半年下来，李申欠下了高额赌债，于是恶少以抵债为由抢走了他妻子。李申到他门前哭诉，恶少就把他捆在树上毒打，逼他写"无悔状"。崔猛听说此事，万般忍耐，终于还是忍耐不住，夜里潜入富豪家，杀死了富二代，仍然是虐杀：富二代死在床上，剖腹流肠。奇怪的是，李申的妻子也裸尸床下，不知崔猛为何连她也不放过，莫非是嫌她已被玷污？命案一出，官府认定是李申作案，判了他死刑。就在这时，崔猛的母亲死了，崔猛挺身而出，说人是我杀的，之所以开始没站出来，是因为母亲健在，现在大事已了，我怎么能让人替我顶罪？官府放了李申，判处崔猛死刑。这时，僧哥已任恤刑官，就是中央派往各地审查刑罚是否得当、有没有冤假错案的官员，他以崔猛有自首情节为理由,改死刑为充军云南。不到一年,就遇到特赦回家了——应验了道士说的话。

有意思的是,故事并没有到此结束,后半段,作者突然把叙述视角转向了崔猛曾经帮助过的对象李申。先是,李申知道崔猛替自己杀了仇人,非常感激,一心要为崔猛顶罪,坚持和官府说人是自己杀的。官府不信,释放了他。崔猛充军,他一路跟随伺候。回来也一直跟在崔猛身边,分文不取地帮他打理家业,同时也向崔猛学些武艺。崔猛有一身好功夫,用根长竹竿一点,就能上房,放在今天,能拿个撑竿跳的冠军也未可知。当地有个姓王的监生,作恶多端,妻子仇氏经常规劝他,他竟然把她缢死了。仇氏的兄弟告到官府,王监生行了贿赂,反说仇氏兄弟诬告。仇氏兄弟冤愤莫伸,到崔猛那里求诉。崔猛名声在外,此类求诉非常多,李申都替他一一回绝,这次也不例外。有一天,李申在外对人说:"我和崔猛是朋友,跟着他走了那么多路,也够意思了。可他连工钱也不给我,把我当仆人似的,我怎么甘心!"有人告诉崔猛,崔猛很惊讶,但也只能随他去。李申又突然跑到官府去告崔猛,说三年没给他工钱。崔猛一下成了拖欠农民工工资的主,心里非常纳闷,亲自跑去和李申对质,说当初是你自己坚持不要报酬的,李申脸红脖子粗地和他争执。官府却没有站在农民工的立场上,反而觉得李申很过分,把他赶出去了。几天后的一个深夜,李申潜入王家,把他父子家人都杀了。这场杀戮颇有点"血溅鸳鸯楼"的风格,虽然没有像《水浒传》中的武二郎一样,杀完人还蘸着血在粉墙上写下"杀人者,打虎武松也"8个大字(第30回 张都监血溅鸳鸯楼 武行者夜走蜈蚣岭),但也贴了张纸在墙上,写明是自己杀的人,然后逃走了。王家怀疑崔猛是主谋,官府不予采信。崔猛这才明白,原来之前李申的所作所为都是在为自己洗地,生怕杀人连累到自己。

故事写到这里有三大变化:第一是主人公变了,从崔猛变成了李申。第二是李申的性格变了,当年妻子被抢,他也只能"哭诸其门",完全是个弱者,现在变成了手刃恶霸的强者。不得不说,从小说创作的角度,这两个转变都有点问题,至少,是转变的理由不够充分。第三是行侠的风格变了,从崔猛凶猛莽撞的虐杀,变成了思虑周全的谋杀,也就是"勿猛"了。后面的叙述更在主要内容上有了很大的变化,由个人恩怨,变成了整个村庄与黑恶势力的战斗。

王监生被杀后,他的侄子王得仁,把叔叔门下的无赖召集在一起,干脆占山为王做了强盗。一天夜里,盗寇倾巢而出,以报仇为名,冲到了崔猛家。崔猛正好不在,李申直到盗贼破门而入才知道,仓促间只得翻墙而出,伏在暗处。贼人搜不到崔猛和李申,就把崔猛的妻子和财物掳走了。接下去,李申的表现就惊人了,简直兼有了诸葛亮之智和赵子龙之勇。崔猛后来把李申救人的计策叫作"设火之谋",我们也可以把它叫作"火绳计":他把一根绳子剪成长长短短的几十段,把短的交给身边唯一的仆人,让他越过盗贼的营地到东山上去,四散挂在树枝上点燃,吸引盗贼的注意,他自己则假扮成盗贼的模样,混进盗贼的营寨,趁乱救出了崔猛的妻子。返回时,进入隘口,他把长绳点燃,也四散挂在树枝上。后来他解释说:挂在东山树上的绳子要短,免得长时间燃烧,盗贼赶过去,发现那里其实空无一人。挂在隘口树上的要长,隘口狭窄,有一夫当关万夫莫开之险,盗贼追来,看到火必然惊恐,不敢深入。也就是说,他仅凭一个仆人和一根绳子,居然救出了崔妻而且全身而退,这智勇是崔猛万不及一的。

后面的故事更是一场战役。崔猛回来之后怒火中烧,要只身前往和贼寇拼个死活,李申劝阻了他,并开始了他周密的战略部署。他先把抓到的两个奸细带出来,割去耳朵后把他们放了。古代虽说有"两国交兵不斩来使"之说,但杀伤来使也是常事,割耳朵之事更不罕见。《水浒传》中,前去剿杀阮氏兄弟的观察何涛,就被阮小七"请下你两个耳朵来做表证"(第18回 林冲水寨大并火 晁盖梁山小夺泊)。当代作家余华的小说《文城》,也写了盗匪割人耳朵的情节。让他们捂着血淋淋的耳朵回去,就是发一个"有种你来"的信号。这一计,可以叫作"反客为主"计,把崔猛的想到敌营去,改为反要敌人来,形成主场作战的优势。既然要人来,自然要做好准备。李申做了三件事:第一是杀了藏匿奸细的人,杜绝内患。第二是备足军火,派人四出去借弓矢、火铳,甚至还借来两门大炮。第三是布局。大炮放置在隘口,砍伐树木堆置在谷东口的悬崖上。晚上,盗贼果然大队人马到来。等他们全部进入山谷,就把树木推下去,阻塞归路,然后大炮齐发,加上两岸的弓矢火铳,谷中人马进退无路,自相践踏,不死则降。李申带领村中人马趁势捣毁了敌人的老巢,从此"威声大震,远近避乱者从之如市,得土团三百余人。各处强寇无敢犯,一方赖之以安"。

说实话,蒲松龄写战事远不如写鬼写妖那么好看。这个故事中,特别出彩的地方就是崔猛在上坟路上目睹和闻说李申遭遇后的情形。当时,他"气涌如山,鞭马前向,意将用武",被母亲喝止。回家之后,他眼睛直瞪瞪的,"不语亦不食"。一连两个晚上,和衣而卧,辗转不眠。突然开门出去,一会儿又回屋躺下,一次又一次,直到有一次,出去的时间比较长,回来关上门一下子睡着了。这里虽然没有直接的心理描写,却形象地展示出崔猛内心激烈的矛盾冲突:他辗转难眠,放不下心头的这件不平事,几次出门想要动手,想到高堂老母,便又折回,如此反复,煎熬难耐;最后的突然睡熟,更是把崔猛手刃恶人后如释重负的感觉表现得极为生动,崔猛嫉恶如仇的形象栩栩如生。这段描写，颇有点罗贯中"不写之写"的神韵。罗氏《三国演义》中写战争最华彩的一仗，应该是"温酒斩华雄"。当关羽说"酒且斟下，某去便来"并"出帐提刀，飞身上马"的时候，作者并没有跟着出去，而是留在帐内，听"关外鼓声大振，喊声大举，如天摧地塌，岳撼山崩"，随后就是"鸾铃响处，马到中军，云长提华雄之头，掷于地上。其酒尚温"（第 5 回 发矫诏诸镇应曹公 破关兵三英战吕布）。如果跟出去写关羽如何斩华雄，反倒不好看了。这里蒲松龄也是，不去写崔猛是怎么想的，只是借崔妻的眼睛，看崔猛的坐、躺、出、进、睡，反而更精彩动人。

而写到战事，就没有这样的神来之笔了。李申的这几招，影影绰绰，都有些面熟。比如火绳计，他自己说是"一时犯险之下策也"，让人不禁想起诸葛亮的空城计；再比如割耳朵这事，不独阮小七做过，《丑狐》里也写过，丑狐把作坛的术士"割去一耳"，让"众大惧奔散"。把敌人困在山谷中，则盘蛇谷的影子清晰可见（《三国演义》第 90 回 驱巨兽六破蛮兵 烧藤甲七擒孟获）。至于作者为何在此风格大变，写成这样一个英雄传奇小说，还真有点令人费解。不过在这个故事中，我们看到由于李自成的部队打过来，李申杀人的事便无人追查；我们还看到，"土寇啸聚"，村民必须自我武装起来，组成所谓的"土团"，才能保得平安，则明末的局势混乱、社会动荡可见一斑。

狐鬼奇闻

25

林四娘：多面佳人

聊斋中有两个叫"四娘"的女子，一个姓胡，在第七卷。胡四娘是银台之女。明清两代有通进司，职能和宋代的银台司相当，所以也称"银台"，或合称"银台通进司"。银台掌管天下奏状案牍，官不算小。胡银台慧眼识人，把自己的第四个女儿，也就是胡四娘嫁给了手下的"司笔札"——也即文秘程孝思。程孝思父母早亡，穷困潦倒，胡四娘的兄长及姐姐都无情地嘲弄这对夫妇，连下人也不把他们放在眼里。后来程孝思终于金榜题名，做了大官，但这对夫妻仍低调行事，以德报怨。在这个故事中，胡四娘是个"端重寡言"的圣女，丈夫未发达时，人辱之，绝不反击，"事事类痴"；丈夫发达了，人谀之，仍"凝重如故""靡所短长"。不过，这个胡四娘虽然被写得品行高尚，却有些可敬而不可亲，倒不如两个丫头的斗嘴来得生动：胡四娘有个丫头叫桂儿，看自己的主人老是被欺负，实在气不过，就恨恨地说："你们怎么知道我家郎君将来不会当大官呢？"二姐嗤之以鼻："他要是能做大官，把我的眼珠挖去！"桂儿急了，顾不得尊卑礼节，回嘴说："到那时，恐怕你又舍不得眼珠了！"二姐的丫头春香也站出来帮腔，说："二娘如果食言，用我的眼珠来代替。"桂儿一看，好嘛，"梅香拜把子——都是奴才"，我怕二娘，还怕你不成？于是和春香击掌为誓，说："非让你俩眼珠瞎了不可！"二姐见桂儿猖狂，一个大耳刮子搧过去，桂儿大声嚎哭起来。这个场景，被蒲松龄描写得要语言有语言，要动作有动作，丫头们各为其主，急赤白脸，哭喊叫嚣，好不热闹。程孝思做官后，众人对胡四娘的态度也是描写得极生动的：

> 姊妹惴惴，惟恐四娘衔恨不至。无何，翩然竟来。申贺者，捉坐者，寒暄者，喧杂满屋。耳有听，听四娘；目有视，视四娘；口有道，道四娘也；而四娘凝重如故。众见其靡所短长，稍就安帖，于是争把盏酌四娘。

一群势利小人的慌张、逢迎跃然纸上，让人又好气又好笑。先是小人之心，唯恐四娘怀恨在心，拒绝出席，和四娘的不计前嫌翩然而至形成鲜明对比；后面又是逢迎唯恐不至,作者用词语的排比,把这个场面写得有声有色。这群人的嘈杂喧闹、争相谄媚如在目前,和四娘的庄重宁静再一次形成对照。不过,在这一派热热闹闹的景象中,也就是这个"凝重如故"胡四娘最无生气,和她的丈夫程孝思一样,都是《水浒传》中的焦挺一类——"没面目"也。

和这位"四娘"相比,第二卷中的林四娘虽然是鬼魅,却生动得多了。她有靓丽的外貌,所谓"艳绝"(不像胡四娘,我们到底不知道她长啥样,只有一张没有表情的空洞的脸);有特殊的穿着:"长袖宫装"。《聊斋志异》中对女性服装的描写不是很多,在不多的描写中,"宫装"出现过数次。另一个故事中,曹丕的夫人甄后出场时,也是"从者皆宫妆"(《甄后》)。"宫装"是不同于民间女子服饰的宫廷装束,决定着人物的身份。林四娘还"谈词风雅",既能鉴赏,会"评隲诗词""剖析宫商";又善创作,工诗,善唱。尤其是唱歌的时候,哀曼之音,情真意切,不仅自己边唱边流下了眼泪,感动得她情人"亦为酸恻",连家人都"无不流涕"。男女欢爱之时,她既热情大方又保有少女的"羞怯",令人心驰神迷。

有意思的是,《红楼梦》中也有一位林四娘。那是第78回,贾政让贾兰、贾环和贾宝玉在众幕友面前作《姽婳词》,吟咏林四娘的事迹。姽婳,指女子娴静美好。典出战

《林四娘》

国时期楚国人宋玉的《神女赋》:"既婐婉于幽静兮,又婆娑乎人间。"按照贾政的叙述,当日曾有一位王爵,封曰恒王,出镇青州。这恒王最喜女色,且公余好武;因选了许多美女,日习武事,领众美女学习战斗攻伐之事。内中的林四娘"姿色既佳,且武艺更精",恒王超拔她"统辖诸姬"，并称她为"姽婳将军"。后来"黄巾""赤眉"等复又起事，恒王轻骑进剿，"为众贼所戮"。青州城内的文武官员听说恒王战死，就有献城之意。林四娘带领众女将连夜出城，直杀至贼营，虽然斩杀了几个贼首，终因不能抵敌，全体壮烈牺牲。

这两个林四娘，除了同为"艳绝"之美人外，还有几点非常相似：一是活动区域，两人都在青州，在今天山东省潍坊市辖下；二是其身份，聊斋中的林四娘为"衡府宫人"，与贾政所说的恒王府中人基本相同，所以林四娘出场要着"宫装"；三是命运，均为遇难早夭。林四娘写给陈宝钥的诗中说"汉家箫鼓静烽烟"，则她的死也与战乱有关。所不同的是，《聊斋志异》中的林四娘已为鬼魂，她因爱慕福建官员陈宝钥的"高义"而主动投怀送抱，过了一段缠绵日子。林四娘告诉陈宝钥说，自己"遇难而死，十七年矣"，显然和贾政故事中生活在汉代的林四娘在时间上对不上，要不然，我们真愿意把她们看作是一体：生前在战场上浴血奋战，死后在情场上缠绵悱恻。

更有意思的是，清初张潮编辑的短篇小说集《虞初新志》中也有林四娘的故事。这个林四娘的故事背景也在青州，男主人公仍然是福建官员陈宝钥，林四娘也已经是鬼魂。所不同的是，林四娘初出现时是一个"青面獠牙""头大如轮，口张如箕，双侔开合有光"的狰狞恶鬼。

后经变化，才成为"国色丽人，云鬟靓妆，袅袅婷婷而至"的美女。

这三个林四娘可以说都是色艺双绝。所不同的是，《聊斋志异》和《虞初新志》中的林四娘都失去了贾政所描述的武艺高强的一面，色艺双绝的"艺"，已不是武艺，而代之为诗词歌赋的才能，或能"剖析宫商"，或者"性耽吟咏"。可怜贾宝玉《姽婳词》中极其得意的几句："眼前不见尘沙起，将军俏影红灯里""叱咤时闻口舌香，霜矛雪剑娇难举""丁香结子芙蓉绦，不系明珠系宝刀"，在这两个林四娘身上都没了着落。没有了武艺，也就没有了后面杀敌以酬知己的壮举，林四娘的形象也因此而大变。毫无疑问，只有战死疆场的林四娘才是贾政勉强能够接受的。说勉强，是因为按照贾政"端方正直"的为人，贾宝玉用陆游《村居》中的句子"花气袭人知昼暖"做了丫头的名字，他还嫌"专在这些浓词艳诗上做工夫"（第23回 西厢记妙词通戏语 牡丹亭艳曲警芳心），事涉风花雪月，他一般不会表现出兴趣。这次想到让他们写《姽婳词》，原因各有种种，此不赘述，但"风流隽逸，忠义慷慨"八个字的主调是他定好的。

《虞初新志》中的林四娘故事为林云铭所撰，他笔下的林四娘有一点与"姽婳将军"林四娘一脉相承，那就是"烈"。"姽婳将军"林四娘的"烈"表现在"誓盟生死报前王"。在男人们都有献城之意的时候,她却带兵出城,与敌人决一死战。这颇有点像明末清初"秦淮八艳"之一的柳如是。柳如是虽是勾栏中人,却与复社、几社以及东林党人交往,时常着男装,和那些读书人纵谈时势、和诗唱歌。后来,她嫁给了名士钱谦益。秦淮名妓嫁风流文人,在当时也算时尚。除了柳如是嫁了钱谦益,还有李香君嫁了侯方域,董小宛嫁了冒辟疆,等等。明朝覆亡,柳如是劝钱谦益殉节,这个男人在关键时刻贪生怕死,不肯自尽,倒是柳如是,奋身跃入荷花池中。这些女性,虽然出身卑微,却有一腔刚烈的热血,相形之下,更显出男性的猥琐。

《虞初新志》中的林四娘则表现为"节烈"。林四娘自述,崇祯年间(这回是穿越到明代了),其父为江宁府库官,因拖欠公款而被捕下狱。林四娘与表兄悉力营救,虽然有半年时间"同起卧",却并无私情。不想其父亲出狱后,心头疑云总挥之不去,于是她便投缳自杀来表明自己的清白。生前刚烈如此,死后依然故我。她和陈宝钥"日与欢饮赋诗,亲狎备至,惟不及乱而已"。有一士人悦其姿容,偶起淫念,林四娘怒曰:"此獠何得无礼!"喝令鬼卒打得他"欻然扑地,号痛求哀,两臂杖痕周匝"。

林云铭笔下的林四娘还有一个显著的特点,就是她能给予陈宝钥切实的帮助:"凡署中文牒,多出其手。遇久年疑狱,则为廉访始末",使陈宝钥能"一讯皆服"。其

林四娘:多面佳人

他"观风试士，衡文甲乙悉当"。有一次，陈宝钥借了京商二千缗，一时无力偿还，商人逼债，陈宝钥应允偿还一半，商人仍不肯答应。这时，林四娘挺身而出，指责他说："陈公岂负债者，顾一时力不及耳。若必取盈，陷其图利败检，与汝安乎？"并不惜暴露自己的鬼魅身份，威胁他说："我鬼也，不从吾言，力能祸汝。"那商人不信，林四娘即指出其"近日在某处行一负心之事，说出恐就死耳"，吓得商人抱头鼠窜。事后，陈宝钥私下询问那商人究竟做了什么事，林四娘却"终不泄"。可见鬼也有鬼德，比起有些人来还高出许多。

这个林四娘始终保持着这样一种非常理性的精神状态，所谓的"隐人之恶"是如此，其他时候——比如她与陈宝钥"惟不及乱"的关系——也是如此。还有那个冒犯了她的士人，虽然受到严厉的惩罚，但座中人一求情，她马上让婢女东姑"持药饮之"，使他"了无痛苦"，而自己"仍与欢饮如故"，简直是侠女一枚。

《聊斋志异》中的林四娘则没有这些特点。虽然她也对陈宝钥说："一世坚贞，业为君轻薄殆尽也"；而实际上，她夤夜出现的目的就在于"托为燕婉"，只是蒲松龄愿意把她写得"意殊羞怯"、让人不至于心生轻薄之感罢了。我们也不见她对陈公有什么直接的帮助，而只是一个"意趣风流，使人忘倦"的佳侣、一个幽怨而缠绵的情人罢了。

相比之下，从内容上说，《聊斋志异》中的林四娘故事最为平平，就是一美丽女鬼和陈宝玥缠绵了三年，到女鬼投胎也就结束了。聊斋的写作在《虞初新志》之后，林四娘故事中有那么多相同之处，应该不是巧合。那么，蒲松龄为什么要改写成这样一个没有跌宕起伏情节的故事呢？为什么要让原来故事中守身如玉的林四娘"流丹浃席"呢？或许，蒲松龄的着意本不在情节，而在于幻想一种超越生死界限的爱悦之情？那么，反过来看，贾政和林云铭所叙述的林四娘故事，情节虽然轰轰烈烈，但推敲其内蕴，一个效命自己的男主，另一个只谈"精神恋爱"，是不是倒有点冬烘之气呢？

三个故事都以青州为背景，看来青州应该是林四娘故事的发源地。这个故事的基本因子应该包括以下几项：

（1）女主：一个优秀的女子（美貌，有武艺或其他才艺）

（2）情节：女主死去（战死、自杀或其他）

（3）男主：一个相知的男子（恒王、衡王、陈宝钥或其他）

那么，假如我们请贾宝玉来扮演一下这个故事中的男主，同时请他在三个林四娘中作一下选择，他会选谁呢？是他父亲口中的那位刚烈的林四娘，还是林云铭笔下的贤内助式的林四娘，抑或是蒲松龄笔下的多情的林四娘？

我想，答案应该是非常明显的。

26

聂小倩：弃恶从善的鬼

相信熟读聊斋的人，应该对死都不太害怕，因为在聊斋里，死后所到的地方，和我们的世界并无多大区别。更加重要的是，这个鬼蜮世界和阳间并非完全隔绝，时常可以交通，甚至可以在阳间舒舒服服地再活一次。

我们故事的主人公就是在这样的情况下出场的。

这是一个小小院落，院子里坐着两个妇人，一个是四十多岁的中年妇女，一个是龙钟老妇，穿着半新不旧的绸衣，头上插着些簪钗。这个细节很有意思：特地指出衣物不是新的。这看似不经意的一笔，往往自有深意。《红楼梦》里，林黛玉进贾府去见王夫人，看见"正房炕上横设一张炕桌，桌上垒着书籍茶具，靠东壁面西设着半旧的青缎背引枕。王夫人却坐在西边下首，亦是半旧的青缎靠背坐褥。见黛玉来了，便往东让。黛玉心中料定这是贾政之位。因见挨炕一溜三张椅子上，也搭着半旧的弹墨椅袱"。

不长的一段描述,竟然连用三个"半旧",强调的意思很明显了。这就是要告诉我们:荣府是真正诗礼簪缨的贵族,不是暴发户,炫富这种事情是根本不必做也不屑做的。而这里,老妇人"衣䵺绯","䵺"是变色、褪色的意思,符合老妪家常穿着的特点,有很强的真实感,却也暗示着老妖之"老"。妇人说:"这么久了,小倩怎么还不来?"老妇说:"差不多该来了吧?"妇人又说:"不会对姥姥有什么怨言吧?"老妇人说:"那倒没听说。不过好像总是不开心的样子。"妇人说:"小妮子就不该给她看好脸色。"正说着,一个十七八岁的少女出现了,老妇人笑着说:"背后不好说人的,我们俩刚说到你,你就悄没声响地来了,还好没说你坏话。"又说,"这小妮子漂亮得像画中人一样,要是我是男人,魂都要被你勾走了。"女孩说:"姥姥不夸我,还有谁夸我呢。"这个场景,从衣着、谈吐到人物关系,不要说宁采臣认为是邻居的家眷,读者应该也是这么认为的。这里所有的东西,都和我们的世界一模一样。然而,他们却是鬼,不仅是鬼,好像还有妖。

鬼和妖是有所不同的。鬼是人死了之后变成的,妖则是动物或植物变成的精怪。《说文解字》中"妖"本作"祅",属"示"字旁,和"神"同类,组成一对既有对立性又有同一性的范畴。很多现代读者读《西游记》,看到里面的妖精和天神有千丝万缕的关系——通天河怪是观音莲

《聂小倩》

花池里的金鱼，比丘国妖精国丈是寿星的白鹿，黄眉大王是弥勒佛跟前司磬的黄眉童子，赛太岁是观音胯下的金毛犼，狮陀山老怪和二怪是文殊的青狮、普贤的白象，黄袍怪是奎木狼星下界——心里已是不爽；再看到这些妖精还动不动就成了神，比如黑风怪被观音收为洛伽山守山大神，圣婴大王红孩儿被收为观音身边的善财童子,气更是不打一处来,大呼"兵匪一家",说没背景的一棒打死,有背景的就能成仙,黑啊黑!殊不知"妖"和"神"本来就是一对范畴,神的堕落即为妖,妖的升华即为神。孙悟空请观音来收拾熊罴怪的时候,观音摇身一变,成了熊罴怪,孙悟空高兴地说:"妙啊!妙啊!还是妖精菩萨,还是菩萨妖精?"菩萨笑道:"悟空,菩萨、妖精,总是一念;若论本来,皆属无有。"行者心下顿悟。(第17回 孙行者大闹黑风山 观世音收复熊罴怪)一念之差,就是妖和神的天壤之别。孙悟空原本也是妖,三打白骨精时,为了让唐僧相信眼前的女子是妖怪,他现身说法:"老孙在水帘洞里做妖魔时,若想人肉吃,便是这等:或变金银,或变庄台,或变醉人,或变女色。有那等痴心的,爱上我,我就迷他到洞里,尽意随心,或蒸或煮受用;吃不了,还要晒干了防天阴哩!"(第27回 尸魔三戏唐三藏 圣僧恨逐美猴王)小说要表现的,正是他由妖而神的过程。为了凸显妖和神只是一念之差,作者还特意写了一只假扮成孙悟空的六耳猕猴。他并不像其他妖魔那样要吃唐僧肉,而是要"熟读了牒文,我自己上西方拜佛求经,送上东土"。这看似和唐僧取经无甚区别,但他却有一贪念在内,想"我独成功,教那南赡部洲人立我为祖,万代传名也"。他和孙悟空的区别,就心头这一点念想,所以不要说唐僧,连观音都辨不出真假。

只有如来心下透彻，他对听经的弟子说："汝等俱是一心，且看二心竟斗而来也。"从这个角度，我们不妨说：孙悟空就是六耳猕猴，六耳猕猴就是孙悟空。当妖怪还是做神仙，就在于"二心"中的选择，也就是《西游记》所强调的"心生种种魔生，心灭种种魔灭"。无论用什么修持的方法，归根到底是要灭心魔，成大道。

"祅"的解释是"地反物"。古人认为，天反时为灾，地反物为妖。就是说，天时不正常是灾，物体不正常是妖。具体可以把衣服歌谣草木之怪叫作"祅"，禽兽虫蝗之怪叫作"蠥"。也可以两者合称"妖"。总之，鬼是人变成的，妖虽然可以变为人形，却和人没什么关系。聂小倩说自己"十八夭殂"，那么她是鬼无疑。她说死后"被妖物威胁"，用色相去勾引人，谁和她亲热，她就用锥子刺人足心，使其昏迷，"摄血以供妖饮"，后面还有"金华妖物"追踪而来，说明庭院中闲聊的这两个妇人似为妖物。故事中还两次提到了夜叉。一次是聂小倩告诉宁采臣，寺庙中只剩他一人可杀了，明晚他们要派夜叉来。还有一次是在宁采臣家，有一物"如夜叉状"，逡巡在门口，燕赤霞所赠的剑囊忽然"嘎拉"一声，猛然胀大，"恍惚有鬼物，突出半身，揪夜叉入"。夜叉是梵语 yaksa 的译音，是佛经中一种形象凶恶的鬼。但燕生也称其为"妖"，说"若非石橱，妖当立毙"。又说自己的剑闻上去有了"妖气"。也称其为"魅""魑魅"。"魅"一般意义是指东西年久成精，但也可以泛指鬼怪。"魑魅"也是如此。这样的话，胁迫聂小倩的，到底是妖是鬼，有些交代不清。大约作者对此并无认真区分的打算。反正在聊斋世界里，人也好，鬼也好，妖也好，都有些交往无边界的意思。聂小倩的故事很能说明这一点。

聂小倩这个美丽的女鬼，几乎毫无阻拦地进入了宁采臣的家庭。说"几乎"，是因为此事毕竟瞒了一个人，就是宁采臣病弱的妻子，怕她恐惧。至于宁采臣，他也有"骇"的时候，不过他"骇"的是妖物要来害他，而不是害怕聂小倩这个鬼。当他安葬好聂小倩的骸骨，转身回家时，聂小倩忽然在身后出现，要他"缓待同行"。换了常人，忽然出现一女鬼，还喊着"好哥哥呀，慢点走，我跟你一起回家去"，岂不要吓得屁滚尿流？而宁采臣竟然"遂与俱至斋中"，然后大大方方地去告诉了母亲。母亲也只是"愕然"而已，也就是有点吃惊，并不太害怕，她还能冷静地嘱咐宁采臣，不要把这事告诉他患病的妻子，怕病弱的人经不起惊吓。当然，老母亲也不能说一点都不害怕，到了晚上她还是心存疑惧的，她不敢让聂小倩留宿。这样，聂小倩就成了"钟点工"，朝来暮去。但也仅此而已。其他都挺正常的，而且过了一段日子，宁母也就"留与同卧起"了。

人间世界对鬼大门敞开。那么鬼进入人间世界后，又会怎么样呢？首先，聂小倩的表现是极好的，每天一早到岗,伺候老母亲洗漱,然后操持家务,样样让宁母满意。她开始并不饮食,估计这段时候,也就是她晚间要回"荒坟"去的时候,饮食寝处和人毕竟有些不同。但半年之后,就能渐渐喝些稀的。猜想也差不多是这个时候,她已经住在宁采臣家了。一个鬼,活到这份上,和人还有啥区别呢?但故事还远没有到此结束。

虽然宁采臣号称"生平无二色",在荒寺中也确实拒绝过聂小倩的投怀送抱,但当聂小倩要跟他回家的时候,他其实是动了心的。因为"细谛"之下,发现聂小倩"肌映流霞,足翘细笋"。这看得可真是"细"的,从脸上皮肤娇嫩一直看到一双小脚。应该是和那晚所见不大一样,这次是"白昼端相,娇艳尤绝"。要不是老母亲因为怕自己的独生子娶了鬼妾,不能够传宗接代,当面拒绝了聂小倩"愿执箕帚"的请求,他是已经接受了的。看来宁采臣"生平无二色"的宣言并不靠谱,他的"二色"里面不包括绝色,绝色面前,"二"一下也是可以的。

由于老母亲的反对,他们兄妹相处了一段时间。宁采臣就是这点好,偷鸡摸狗的事是不做的。哪怕聂小倩在他书斋默坐不走,他也没半点非分之想。即使心里可怜她,想的也是"留宿别榻"——另外搭一张床让她休息,而且最终也因为考虑到母亲的感受而没有做。不过,喜写枕席之乐的作者并不会就这么放弃。他让宁采臣的妻子去世了

(为了这个美好的结局，前面就留下了"宁妻久病"的伏笔)，聂小倩堂而皇之和宁采臣结了婚。还向她婆婆保证，会为她生三个能光宗耀祖的孙子。除了害怕金华的鬼魅再来找她的麻烦之外，她和一般人完全没有区别。如果死了之后还能这样活一场，那不死有什么区别呢？反而倒是比活人更多了一点神通。在陌生的宁采臣家，她入房穿户，好像在这儿住过很久一样。还能预知宁采臣将有三个儿子。宁采臣的母亲渐渐忘记了她是鬼，别人也分不清她是人是鬼，亲戚也不疑心她是鬼，反而认为她是仙女。这实在是太美好的一次阴阳大跨界。

这个美好的鬼变人故事，融入了作者对幸福爱情的期待，所以他对女主聂小倩的塑造是极其用心的。聂小倩美丽，柔弱，但心中有主见。尽管被妖物胁迫着做了坏事(东厢兰溪生和他的仆人的相继死亡，应该就是她的"杰作")，但她心里一直是不情不愿的，这也就是开头老妇说的"意似蹙蹙"。她知道凭一己之力，无法逃脱妖物的魔爪，于是在遇到宁采臣后，她果断采取了自救行动，先去把事实真相告诉宁采臣，然后请他帮自己转移骸骨。在这一点上，她竟和杜十娘有几分相像。聂小倩觉得自己被妖物逼着去勾引他人，是"历役贱务"，杜十娘对自己的卖笑生涯应该也作如是想。所以她想自救。但她很理性地知道，自己是无法完成对自己的救赎的，必须有人帮助。于是她开始积蓄钱财和挑选人才。对杜十娘而言，再多的钱财也无法自救，因此必须挑选人才。她挑选人才的标准是"忠厚志诚"，也就是人品好，就和聂小倩看上宁采臣是因为他有"刚肠""诚圣贤"一样。而积蓄钱财是为了保证在合适人选缺乏经济实力的情况下，自救计划能正常实施。后来她真的遇到了这种情况，只是李甲并非她所想的那么"忠厚志诚"，竟然为了一笔不抵十娘百宝箱万一的银子抛弃了她，导致自救计划全盘失败。而聂小倩的自救是成功的。她依靠宁采臣的力量一步步从一个被胁迫的鬼走向了自由的人。而且聂小倩也像杜十娘一样，在实施计划的过程中为自己留了后手。杜十娘明明有万金之富，却偏偏要李甲为三百金去借贷，要用这个过程来考验他是否诚心。聂小倩也是，明明计划好了要跟宁采臣回家，却只说请宁采臣为自己迁坟，这是唯恐和盘托出被拒绝的意思。弱女子为了避免所嫁非人，或者为了搭救顺利，用些小心思，既可悲也可怜。好在聂小倩最后的结果皆大欢喜，一个弃恶从善的鬼重新走入了人间世界，谱成了一曲美丽的童话。

27

馎饦媪：恐怖的馄饨

平日里，要是有人下了馄饨请你吃，应该不会大惊小怪吧？但聊斋里的这锅馄饨，着实有点吓人。当然，它不叫馄饨，叫馎饦。

关于馎饦，北魏贾思勰的《齐民要术·饼法》中有记载。馎饦为什么会归类在"饼法"中呢？这是因为在古代，所有的面制品都称为"饼"，而不像今天，"饼"特指那种形状扁而圆的或煎、或烙、或烤熟的面制品。古代的"饼"可以放在锅里煮，叫作汤饼，类似今天的面条。韩愈曾在一首诗中形容荼蘼花的颜色，说是"露湿何郎试汤饼"。这里的何郎，说的是三国时的名士何晏。何晏是东汉大将军何进之孙（一说是何进的弟弟何苗之孙），曹操任司空的时候，娶了他的母亲尹氏，一并收养了何晏。何晏应该是得母亲的遗传（尹氏一定容貌出众，不然不会到曹操手里),长得很漂亮。不仅长得漂亮,他也爱漂亮,而且很自恋。据说是"粉白不去手,行步顾影"。一个男人,即便长得好了点,这个腔调总有点让人起鸡皮疙瘩。因为这个,他被称为"傅粉何郎"。唐代诗人刘禹锡在《题丁家公主旧宅》一诗中,就有"何郎犹在无恩泽,不似当初傅粉时"的诗句。唐代诗人宋璟在《梅花赋》中也有"俨如傅粉,是谓何郎"的句子。可能他的自恋太让人不舒服了吧,有人把风吹到了皇帝老子耳朵里,说你别看他白,他这就是涂粉涂的,不信,你把他脸上的粉抹掉试试?这一来,连皇帝也来了兴趣,在一个大夏天,把何晏叫来,让他吃一碗热汤饼,也就是今天的热面条。这大热天,一碗热汤面下去,何晏大汗淋漓。彼时也没纸巾啥的,他就用衣袖来擦拭,那天他穿的是朱红色的衣服,不仅没有因为擦拭弄得花一道白一道的,反而"色转皎然",就是越擦越显出皮肤的白嫩来。这个典故记录在《世说新语》里,韩愈用它来夸奖荼蘼花的颜色,说它就像吃下热汤面后大汗淋漓的何晏的皮肤一样,晶莹洁白。人们常把花和姑娘相比,比如李白的"一枝红艳露凝香",白居易的"芙蓉如面柳如眉",韩愈却用一男人来比花,似乎口味有点重。好在何晏学问不错,对老庄有研究,主张以道家为主,去调和儒道,在两汉经学一统天下的背景下,形成一种崇尚老庄的新思潮,人称"玄学"。要不然,这样的"娘炮"是不大讨人喜欢的。和金、蒙古、满人相比，中原文化一直是崇文的。国人很早就相信，脑袋比身躯更重要。有关晏子的故事，很能说明这一点。晏子是个身材矮小的男人，为此他常被人轻视甚至轻辱。但是他总有办法反败为胜，靠的都是脑袋。当时的三个勇士公孙接、田开疆和古冶子，也曾看不起他。晏子让景公送俩桃子给他们，让他们论功食桃。这三个四肢发达头脑简单的人无论如何无法处理二桃三士的问题，先后自刎而死。晏子略施小技就灭了三个力能缚虎的壮士，这就是脑袋的力量。随着汉代的独尊儒术，随着科举考试对儒家经典的绝对重视，脑袋的重要性越来越显现出来，是否有膂力倒较少被人关心了。放眼中国古典戏剧，小姐钟情的男一号，大多是手无缚鸡之力的白面书生，最好还有点不通人情世故的书呆子气，就是红娘说的"傻角"，这样才讨人喜欢。聊斋中这样的角色也不少，甚至有一篇《书痴》，专写读书人之稚拙的。如此捋下来，一个大男人吃热汤面和花容联系起来，好像也能讲得通了。

饼放在水里煮，叫汤饼；如果放在笼子里蒸，就叫蒸饼。因为是一扇笼一扇笼蒸的，也叫笼饼。可是这个名称到了宋代有麻烦了。宋仁宗的名字叫赵祯，"祯"和"蒸"发音比较近（现代汉语普通话才把前后鼻音分得清清楚楚），仁宗朝的人避讳，就把"蒸"说成"炊"，蒸饼也就成了炊饼。卖炊饼名气最大的，自然是武大郎。《水浒传》

中，武松关照哥哥说："假如你每日卖十扇笼炊饼，你从明日为始，只做五扇笼出去卖"；听了兄弟的话，"武大只做三两扇炊饼安在担儿上"（第24回 王婆计啜西门庆 淫妇药鸩武大郎）。这里的"扇"，也就是笼扇，是蒸饼用的，他的炊饼，也就是笼（蒸）饼，类似今天的馒头。现在一些旅游点卖武大郎炊饼，往往按照现在对"饼"的定义，做成烘烤的饼，其实是错的。

刚开始有汤饼的时候，还不是条状的，而是块状的，类似今天的面片，也有叫作"棋子面"的。上面所说的馎饦也可以是类似这样的面片。《齐民要术》中说："馎饦，挼如大指许，二寸一断，著水盆中浸，宜以手向盆旁挼使极薄，皆急火逐沸熟煮。"这就把馎饦的制作过程写得十分清楚，要分两步走：先把面和好，弄成拇指粗、两寸长的面段，浸在水里，让面吸足水分；然后就在水盆里把面段挼成极薄的面片，直接投入沸水中。据说做出来"非直光白可爱，亦自滑美殊常"，就是外观和口感都一级棒的意思。后来慢慢有了条状的，也称"索饼"。

如果说，这种馎饦类似面片的话，还有一种馎饦则就类似今天的馄饨了。聊斋中有一篇《杜小雷》，说杜小雷的母亲是个盲人。杜小雷对母亲很孝顺，家境虽然不富裕，但母亲这边从不缺好吃的东西。有天他要出门，就买了肉交给妻子，让她做馎饦。他妻子是个忤逆不孝的人，切肉时故意把屎壳郎掺杂在其中。屎壳郎也就是蜣螂，是一种昆虫。大多数蜣螂以动物粪便为食，所以民间叫它"屎壳郎"。母亲觉得馎饦恶臭，吃不下去，就悄悄藏起来等儿子回来。杜小雷回家，问母亲说："馎饦好吃吗？"母亲摇摇头，把藏起的馎饦拿出来给儿子看。杜小雷发现了其中的屎壳郎，非常生气。后面的故事就比较"聊斋"了：他想把妻子暴打一顿，又怕惊扰到母亲，睡在床上反复思想，妻子问他话，他也不答应。妻子自己先慌了，在床下彷徨。过了很久，只听到喘息的声音。杜小雷训斥说："还不睡觉，你是等我来揍你吗？"妻子毫无反应。他起身用蜡烛一照，只见地上有一头猪，再仔细看，发现两只脚还是人的，这才明白妻子已变成猪了。事涉荒诞，在聊斋不足为奇。我们回到馎饦。这里的馎饦有肉馅，显然不是面片而类似今天的馄饨了。

《馎饦媪》的故事发生在一个晚上。秀才韩生在别墅住了半年多，年底了才回家。一天夜里，妻子正睡着，恍惚听见有人走动的声音。一看，不知谁把炉中火点燃了，炉火熊熊烧得正旺。炉火映照下，看见一老太婆，有八九十岁的样子，皮肤全是皱褶，驼着背，头上只有稀稀拉拉的几根头发。老太婆问她："吃不吃馎饦？"韩妻吓得要死，不敢回答。老太婆用铁箸拨火，把火弄得旺旺的，放上锅子，往锅里倒了水。不一会儿，就听到水开了。老太婆撩起衣襟，打开绑在腰上的袋子，拿出数十只馎饦，投到沸水中，扑通扑通的声音都听得清清楚楚。之后，听到她自言自语说了一句："去找双筷子来。"就走出门去了。韩妻一看她走开了，连忙起来，端起锅子把它倒在席子下面，然后用被子蒙上头躺下。没多久，老太婆又来了，逼问把锅弄到哪里去了。韩妻吓得要命，大声喊叫起来。家人都醒了，老太婆就不见了。翻开席子一看，哪里有馎饦？只有几十只土鳖虫堆垒在一起。

这个故事中，"馎饦"是从老太婆的腰包里拿出来的，不是面片现做的样子；还有"数十枚"的量词，一般也不会用在面片上；最后投入水中"历历有声"，应该是有一定重量的东西。根据这些描写，再结合《杜小雷》的故事，老太婆在这里做的，应该不是面片，而是馄饨。馄饨有馅，是一只只的，放进开水时才会"历历有声"。故事中煮馎饦的过程，和现在完全一样：先烧开水，然后下馄饨。但炊具却有些不同。老太婆用的是"釜"。釜和今天的锅，区别主要在于形状，锅基本都是敞口的，但釜是收口的。把口收小，目的是为了可以在上面放甑（一种底部有孔的炊具），用来蒸东西。老太婆是把馎饦直接放进釜中的，应该说这时釜的功能和锅没有什么区别。第二是"箸"。老太婆离开，说是要"待寻箸来"。可是她前面已经"以铁箸拨火"了。可见她要找的，应该不是拨火的铁箸，而是食馎饦的箸。

箸的出现很早。《荀子·解蔽》里就写道："从山下望木者，十仞之木若箸。"可见在先秦已有箸的存在。至于把"箸"叫作筷子，据说是起于吴地的船家。船家讳言"箸（住）"，就像讳言"翻"一样，所以就反过来，把"箸（住）"叫作"快"，就是不住（箸）、快行的意思。后来又在"快"上加了竹字头，成了今天的"筷"。不过筷子并不都是竹子做的，馎饦媪的故事就提到了"铁箸"。以铁为箸，并不是用来攫取食物，而是用来拨火，因其同为长而细的条状物，所以也叫作"箸"。古代的箸比今天的筷子要长，是直接到锅里去攫取食物的。越到后来，用以做"箸"的材料就越丰富，除了竹头的、木头的，还有象牙的、玉石的。古人喜欢用"玉箸"来形容眼泪或鼻涕，如唐代诗人高适的"玉箸应啼别离后"，说的是思妇的眼泪；元代陶宗仪《南村辍耕录》中则明说是鼻涕："王忽坐逝，而鼻垂双涕尺余，人皆骇叹……又对云：'此玉箸也。'"这种高僧或道士坐化时流出的液体，有时也作"玉柱"。《聊斋志异》写愤而出家的道士小罗祖，坐化时就是"玉柱下垂"。有这个比喻，应该是玉筷在当时并不罕见的缘故。至于大富贵人家，筷子的花样就更多了。《红楼梦》中刘姥姥"拿起箸来，沉甸甸的不伏手。原是凤姐和鸳鸯商议定了，单拿一双老年四楞象牙镶金的筷子与刘姥姥"。因为刘姥姥抱怨

"这叉巴子比俺那里铁锨还沉,那里犟的过他",又换了一双"乌木镶银"的(第40回 史太君两宴大观园 金鸳鸯三宣牙牌令)。这里的"箸"都同时用了两种材料,象牙或乌木为主,镶嵌金子或银子。象牙镶金,颜色一浅一深;乌木镶银,颜色一深一淡,色彩和谐,搭配得当,这贾府也真是会享受而且是有品位的。

《馎饦媪》的恐怖级数大约可算二级,因为老太婆并没有对韩妻构成太大的威胁,没有出现聊斋中经常出现的"视之,已死"的场面。有意思的是,这个老太婆为什么要跑到韩妻这里来下馎饦,还邀请她吃呢?还有,韩妻睡觉的地方为什么能看得见厨灶呢?故事开头那句和整个事件没有半毛钱关系的话:"韩生居别墅半载,腊尽始返",写在那里是啥意思呢?我们也不能起蒲老夫子于地下而问之。或许,和《聊斋志异》中的很多故事一样,真是作者在大柳树下请人喝大碗茶听来的?他也并不想说明什么,就是"志异"而已。而我们呢,也就是记住了这个奇怪的故事并窥见了一些当时的食俗而已。有趣的是,现在日本还能见到"馎饦"字样,指的就是《齐民要术》中提到的那种较宽的面片。另外,用大酱汤(味噌)煮的乌冬面,也叫"馎饦"或"餛飩"。

28

窦氏：复仇女神的倾城之恋

关汉卿笔下有个著名的复仇女神，叫窦娥，她在受冤屈而死的时候，发下三桩誓愿：第一，血倒流；第二，六月飞雪；第三，让当地亢旱三年。尽管之前，她曾经骂天骂地，说："地也，你不分好歹何为地？天也，你错勘贤愚枉做天！"但苍天毕竟大度，不似那些给个差评就要暴跳如雷的商家，最终主持正义，让她的三桩誓愿一一实现，并由其已经做了官的父亲为她讨还清白，报仇雪恨。有趣的是，《聊斋志异》中也有个复仇女神，也姓了窦，不知是机缘凑巧，还是作者有意为之。

窦氏姑娘是农家的女儿，"年十五六，端妙无比"。这个美丽的女孩对偶然进入自己家避雨的南三复显然心存好感。因为南三复出身好，是世家子弟，在这一带颇有名气，近村人都敬重他，甚至有点怕他。如果能和他缔结良缘，是一件"父母必以为荣"的好事。如果说，开始小姑娘

"时止户外，稍稍露其半体"，还是出于好奇，想看看这方圆数里闻名的南三复究竟长啥样的话，有了这点想头之后，她就开始"不甚避忌，辄奔走其前"了。不仅如此，她还用"低鬟微笑"来回报南三复挑逗的眼神。终于，等到了南三复表白的日子。这个农家姑娘表现得冷静而自尊，说："我虽然出身贫穷，也要规规矩矩地婚娶，不能让你仗势欺人！"南三复则表示一定会娶她为妻。她还是不肯轻信，让他指天发誓。可见，窦氏姑娘一直非常清楚自己要的是什么。她要的可不是什么"不图天长地久，只求一时拥有"的浪漫，而是实打实的婚姻。

可惜，窦姑娘太看重了誓言的约束力。当南三复允诺"倘获怜眷，定不他娶"，并指天发誓的时候，她动摇了。人类对语言总是存有一种敬畏，古今中外，概莫能外。尤其是古代。语言被认为是有神奇力量的。比如"祝"，就是用语言表达某种祈愿。可以是口头的，比如春秋时期，吴国国君有四个同母所生的儿子：渴、余祭、夷昧和季子。季子最小，但最有才，哥哥们都喜欢他，希望让他当国君。但他是小儿子，轮不到啊。于是他的哥哥们都特别不怕死，每次吃饭一定要祈愿，说老天如果保佑吴国，就让我赶快死了吧。这就叫"食必祝"。可惜，老大渴死后，得老二余祭即位；老二余祭死后，是老三夷昧即位；等到夷昧死了，总算轮到季子了，可是他不愿当国君，逃走了（《公羊传·襄公二十九年》)。"祝"也可以是书面的,把祈愿的话写下来,就成了"祝文"。还有"咒",也就是"呪",本来也是祷告、祈愿的意思,但道士、方士、巫觋等在施法术时念的口诀也叫"咒"。这种"咒"念了以后,会按照念的人的想法出现某种效果,于是"咒"就有了一层不太好的意思,就是"诅咒",用语言说出自己所希望发生的事情,并相信"咒"可以促使这个愿望成真。究其根本,有神奇力量的当然不是语言,而是神鬼,但语言是和神鬼沟通的桥梁,连带便也有了光环。聊斋里有个骂鸭的故事,也在彰显着语言的力量。说是有个人偷了邻居的鸭,把它烧着吃了。结果浑身长出了鸭绒毛,奇痒难抑,碰上去还痛,怎么医都医不好。后来有个神人对他说:这是因为你偷吃了人家的鸭,遭报应了,一定得让被偷的人痛骂你一顿,你才会好。那人没办法,只好找到邻居,请他骂自己。偏偏邻居是个大度有雅量的人,说谁有那个闲工夫骂人呀。偷鸭人没办法,只好实话实说。邻居把他骂了一通,病果然好了。"祝""咒""骂"都由"口"组成,都是彰显话语的力量的。所以,当南三复对天发誓的时候,窦氏就信了。作者虽然没有写南三复讲了什么,我们可以想见,大约总是违背誓言不得好死之类吧。窦氏与其说是相信了南三复,不如说她相信了话语的力量。她相信说出的话是会实现的。既然南三复发了誓,他就不会背叛自己,否则那个誓言中所说的下场是会出现的。小说的最后，这个下场也的确是出现了，但窦氏付出的代价却太大了。

窦氏过于看重誓言的约束力，更看错了南三复的为人。南三复其实从来就没有要娶她为妻的意思，只是为了哄骗她到手，信口胡说而已。这样看来，他倒是并不相信言语的力量。当同样美貌同时还"财丰"（不似窦氏只是农家）的婚娶对象出现后，南三复立马订下婚约，并"绝迹不往"窦家了。而此时，窦氏已经生下了她和南三复的孩子。她心存幻想，在父母跟前说"南要我矣"。南三复矢口否认，她还让邻居去暗通款曲。南三复还是置若罔闻，她又亲自抱着孩子上门央求，指望"彼即不念我，宁不念儿耶"？但南三复就是连儿都不念的混蛋，最后，窦氏母子僵死在南家门前。

到此为止，窦姑娘一直是个可悲可怜的角色。她的那一份高攀之心致使她完全看不见门第之间的巨大鸿沟，看不透南三复心底"农家岂堪匹偶"的小九九。当然，更可恨的是那个欺骗了她的南三复。于是窦氏女的复仇行动开始了。她先是托梦警告和南三复订婚的那户人家："必勿许负心郎；若许，我必杀之！"这个警告颇有点奇怪，说不要嫁给他，还说得过去，"过来人"说点教训，也是以防他人重蹈覆辙的善意。后面就奇怪了，"若许，我必杀之！"杀谁呢？"之"是个代词，杀南三复，杀新娘子都可以。

答案竟然是后者！那家人贪图南三复的财富，不顾警告把女儿嫁了过去。窦氏果然把新人吊死在后院桃树上。有杀人的能力不去杀"负心郎"却杀了无辜的新娘——贪财不能算"辜"吧？辜者，罪也。何况婚姻乃父母之命，人家女孩子可能连咋回事都不知道呢。

这个行为固然使南三复再一次成了被告（窦女僵死在南三复门前时，其父告过一次官，但因为证据不足，更由于南三复的贿赂而作罢），也让他花了不少钱去摆平官司，导致"自此稍替"，也就是家道有些衰败，不似从前那么富了。就为给南三复制造这点小麻烦，就杀害了一个并无罪错的人，以此来报复南三复，未免也太舍近求远了吧？

当南三复第二次娶妻时，窦氏的报复行动又开始了。她把刚刚亡故的姚孝廉女的尸首弄到了南三复的床上。东窗事发，姚孝廉自然要告官。官府看南三复一而再、再而三地成为被告，也觉得他不是好人，不想再帮他，于是以挖坟盗尸的罪名，判了他死刑。

窦氏的复仇有几点很有意思：首先，她总是等到南三复娶妻的时候再行动。俗话说：君子报仇，十年不晚，这是因为时机不到，或者能力不够。对窦氏而言，完全不存在这方面的问题，那么她的择时而动，只能说是对南三复的婚姻耿耿于怀。我们不禁好奇地想：假如南三复终身不娶，窦氏是否就不报复了呢？她将把南三复的不娶看作是念着自己的表现因而可以原谅他之前做的一切？还是觉得女主人虚位以待对她来说是一种希望？其次，每次报复窦氏都要充当新娘，和南三复缠绵一下。比如第一次的"枕席之间，时复有涕洟"；第二次虽无枕席之欢，但也在南三复和她谐笑时做出"俯颈引带"的习惯动作。这是以偿夙愿吗？还是旧情难忘？还有，窦氏虽然有大神通，可以冒充新娘，可以杀人于无形，可以凭空搬运尸首，等等，但却从不直接对南三复下手，而是通过新娘的死亡、尸体的出现来陷害南三复，最后达到置他于死地的目的。为什么不直接下手？"何许子之不惮烦也"？

要解开这些疑团，还得把小说当小说来看。

窦氏是个农家女孩，情窦初开，对自己的未来难免有些想入非非。当"近村人固皆威重"的南三复出现时，她当然兴奋且好奇，想看看这大咖长啥样。当南三复"常一过窦，时携肴酒，相与留连"的时候，她未必就不想到这是在意自己，尤其是南三复火辣辣的眼神，她应该是完全读懂了，所以用"低鬟微笑"来答复，表示心肯的意思。最后是她主动"出应客"，把窗户纸彻底捅破。她是审慎的，也是天真的，以为只要南三复"指矢天日"，这段关系就可以在未来由地下转为地上，成为一桩让父母感到荣光的联姻。正因为如此，她在南三复"绝迹不往"的情况下，还自信而自傲地告诉父母："南要我矣。"一直到死，她始终不敢或者说不肯相信南三复是个负心郎。就因为这个，南三复只要不娶妻，她就不行动。即便娶妻，她也希望不成功，似乎这样就能为自己留一席之地。怀着一腔痴情，她一次次出现在南三复面前，在他面前哭泣，在他面前做出前状，可惜南三复对她（哪怕是酷似她的"新娘"）心里只有厌恶而已。她的不忍心直接报复，我们有充分的理由认为是因为心底（下意识中）的那一份情愫。蒲松龄为我们塑造的，就是这样一个痴心的纯情少女。

无独有偶，唐传奇中也有一个类似的故事。才子李益和艺伎霍小玉相恋，发誓"粉骨碎身，誓不相舍"。后来李益却迫于家庭压力，另娶了卢氏。霍小玉忧愤而死，开始对李益实施报复。有意思的是，她像窦氏一样，就是不愿相信对方会负心。李益断绝音讯后，她让人四处探访，尽管"虚词诡说，日日不同"，她还是不觉悟，还去"博求师巫，便询卜筮"，拖拖拉拉一年多，一直痴想不已。时去"赂遗亲知，使通消息"，落得人财两空。其实霍小玉并非不知道事实真相，李益的表弟崔允明一直在向霍小玉据实通报情况，她就是无法接受这个事实。在这一条上，她和窦氏是非常相像的。另一相似之处，就是她的复仇行为。临死前她就曾对李益说："我死之后，必为厉鬼，使君妻妾，终日不安！"同样把复仇的怒火喷在李益的妻妾而不是李益本人头上。当然，她的捣乱，也报复了李益，让他们夫妻无法和睦度日，但毕竟也是隔靴搔痒。

《红楼梦》中也有类似情节。王熙凤发现贾琏偷情，先打了两个望风的小丫头，听到鲍二家的说"他死了，你倒是把平儿扶了正，只怕还好些""回身把平儿先打了两下"，然后"一脚踢开门进去，也不容分说，抓着鲍二家的撕打一顿"。好嘛，这一顿闹，不说两个小丫头，王熙凤把无关的平儿、有关的鲍二家的都打了，她就是不去打始作俑者贾琏，甚至跑到贾母处告状，她说的也不是贾琏他劈腿，而是"琏二爷要杀我"（第44回 变生不测凤姐泼醋 喜出望外平儿理妆）。这也正是这些小说的精彩之处。这样的情节，才是当时的社会伦理和普遍性的社会心理的写照。在宗法制社会中，女性对男性的依附性决定她们很难把自己以及同类放在和男性同等的地位上，但她们却很容易把自己和同类做出高下区分。窦氏面对南三复那些新娘时，霍小玉面对李益那些新娘时，王熙凤面对平儿和鲍二家的时，她们立马就觉得自己是站在道德高地上的，有权对她们实施惩罚，而且在潜意识里认为，只要打败这些对手，就可以重回情人的怀抱。在封建社会，这一切虽然可悲，但还可以理解，遗憾的是，直到现代社会，我们还在不断看到妻子和小三厮打的场景，这就不仅可悲，而且可怜，甚至可恨了。

29

鲁公女：白色生死恋

　　爱情这个词，古人应该是不懂的。汉代许慎的《说文解字》中，"爱"只是行走的意思。到《康熙字典》，才有了亲、恩、惠、怜、宠、好乐、吝惜、慕、隐等一连串的意思。当"爱"和"情"一起组成名词的时候，它应该是特定的社会环境、人际关系、文化思潮和伦理观念的产物，有特定的内涵，并不是两个渴慕发生（或已经发生）性关系的男女之间的感情都可以叫作"爱情"的。不过，异性之间那种特殊的情感，倒是古已有之的。《聊斋志异》中写这种情感的不少，有的还非常动人，比如《鲁公女》。

　　书生张于旦和鲁公女有一面之交——严格地说，是有"一面"，但没有"交"：张于旦只是在郊外见到了鲁公女，看到她"风姿娟秀，着锦貂裘，跨小骊驹，翩然若画"，他一下就爱上她了。鲁公女的打扮确实与众不同，很抓眼球。她穿的是"锦貂裘"。苏轼的《江城子·密州出猎》，写自

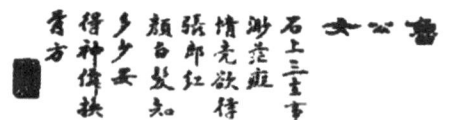

《鲁公女》

己是"锦帽貂裘"。"锦"是有彩色花纹的丝织品,《诗经》里就有"衣锦"的记载。貂是一种小型的哺乳动物,是非常珍贵的皮毛兽,古人用它来表示等级。如左思《咏史》诗说西汉金日䃅和张汤两家的子孙凭借祖先的功业,"七叶珥汉貂","七叶"就是七代的意思;"珥汉貂"就是都插了貂尾。汉代侍中、中常侍等大官都在帽子上插貂尾以表明其身份。据说有的朝代封官太滥，貂尾不够用，只好用狗尾巴来替代。这就是成语所谓的"狗尾续貂"（《晋书·赵伦传》）。"裘"是动物皮毛做的衣服，所谓集腋成裘，就是收集狐狸腋下那块最柔软的皮做高档大衣。貂裘就是用貂皮做成的大衣，雍容华贵，直到现代还有人穿呢。鲁公女穿的"锦貂裘"，和十里洋场阔太太穿的裘皮大衣还有些区别：首先，彼时貂裘的性别特征不太明显，女的（鲁公女）可穿，男的（苏轼）也可穿。姚安看到有人"貂冠卧床上"，还就认定是个男人（《姚安》）。女的穿了男士也可以穿的服饰，往往能凸显飒爽英姿。《红楼梦》中的史湘云"只爱打扮成个小子的样儿"，效果呢，是"原比他打扮女儿更俏丽了些"（第49回 琉璃世界白雪红梅 脂粉香娃割腥啖膻）。有一次，她把贾宝玉的"袍子穿上，靴子也穿上，带子也系上"，贾母说："扮作小子样儿，更好看了。"（第31回 撕扇子作千金一笑 因麒麟伏白首双星）还有，北方少数民族用动物皮毛御寒的比较多。貂主要分布的地区在俄罗斯境内的乌拉尔山、西伯利亚、蒙古和我国的东北地区。穿貂裘有一种游牧民族的风情。史湘云"穿着贾母与他的一件貂鼠脑袋面子大毛黑灰鼠里子里外发烧大褂子，头上戴着一顶挖云鹅黄片金里大红猩猩毡昭君套，又围着大貂鼠风领"，林黛玉就笑她说："你们瞧瞧，孙行者来了。他一般的也着雪褂子，故意装出个小蛮达子来。"这里两次提到的"貂鼠",是貂的另一种叫法。史湘云的穿着皮草用多了,林黛玉就说她"装出个小蚤达子来","蚤达子"也作"骚达子""骚达奴",是对蒙古族和其他北方游牧民族的人的蔑称。作者用"着锦貂裘"四个字,表现出鲁公女带点男性化和少数民族风情的服饰特点。配套的,还有一匹小骊驹,就是深黑色的小马。作者说她"翩然若画"一点不错,美丽姑娘、风情服饰加骑马,如此不同凡响。难怪张于旦过目不能忘了。

令人没想到的是,作者描写这幅画面,还不仅仅是为了让张于旦过目难忘。鲁公女这身行头(包括坐骑)是有功能性的,那就是她喜欢打猎,而结果呢,因为她"以射獐杀鹿为快,罪孽深重",年轻轻的就死了,这才有了开启她和张于旦生死恋的契机。聊斋中写女性服饰的并不多,写得如此有特色的更不多,看来作者是有了整体构思才落笔的,所以写得色彩鲜明,个性突出,同时又暗下伏笔,使之成为撬动整个情节发展的杠杆。

巧合的是(不巧合不行啊),鲁公女的灵柩就停放在张于旦寄寓的那个寺庙。于是,张于旦天天在她灵前焚香祭奠,希望能和她见面。这可就真爱得有点深了。寓所有一具装有死人的棺材,这就够叫人害怕的了,还主动提出要和鬼约会,有几个人敢?即便在《聊斋志异》中,这样做的人也不多。大多是鬼找上门来,一般来说是漂亮的女鬼,而书生还会有点怕兮兮的,真没几个人主动约鬼的。可张于旦约了,还天天约,一直约到鲁公女的鬼魂终于在他的感召下出现了。这一段人鬼情,一下绸缪了五年,张于旦到哪都带着她。第五年的时候,情况发生了变化:鲁公女本来因为罪孽深重,导致死无归所,和张于旦好上后,张于旦天天帮她在柩前"代诵《金刚经》",忏悔生前的杀戮行为,她得以往生了。聊斋所写的人鬼情故事中,这是常见的一个梗:往往人鬼情好日笃的时候,鬼要往生了。"往生"是个佛教用语。按照佛教的理论,人活在俗世,受着生、老、病、死的苦,都是因为业力的缘故,而往生就是摆脱过往的业力束缚,获得新生。往生的最终目标是令往生者成就佛果,永离诸苦,但在抵达终极目标之前,先得出离俗世,也就是死亡。因此,民间就把"往生"当成死亡的委婉语。在鬼蜮世界,"往生"就是转为下一世的人生——如果还不具备往生极乐世界的条件的话,也就是投胎。这对鬼来讲是好事,但对人鬼情正炽烈的情侣来说,却未必是。所以也有鬼不愿往生的。比如戚生的妻子,她死后因为另一个鬼的帮助和阳间的丈夫"款若平生之欢",她就"本愿长死,不乐生",不惜花重金买替身,让别的鬼代替自己去投胎(《章阿端》)。不过鲁公女没有这么做,她告诉张于旦,自己将托生在河北卢户部家,约他"过此十五年,八月十六日,烦一往会"。第一段人鬼情到此结束。

这时，张于旦已经三十多岁，十五年之后，应该年近五旬。《三国演义》中刘备说过，人年五十，不称夭寿（第85回 刘先主遗诏托孤儿 诸葛亮安居平五路）。50岁上去世，就不算短命。所以张于旦很悲观地说，再过十五年，我行将就木了。鲁公女对此好像也没有什么办法，只能说，那我就做丫头伺候你吧。这当然是作者不愿意的，作为一个爱情故事，这也忒平淡了点。好在聊斋的世界里，没有什么是不可能的。问题是要让这种"可能"有趣，还有理。作者很聪明地顺着张于旦的诵经往下写。失去鬼偶，张于旦很是失落，想想鲁公女毕竟是往生了，经咒还是挺管用的，于是就"持诵益虔"。终于感动菩萨，让他返老还童，面貌"宛如十五六时"，为后面和鲁公女再续前缘奠定了基础，也埋下了再起波折的伏笔。这个故事中，已经是第二次用这种不动声色、暗埋伏线的办法了。

随着时间的流逝，张于旦的妻子老病过世了（瞧瞧：他可是有妻室的哦，但在这之前，在他和鲁公女的爱恋闹得轰轰烈烈的时候，他的妻子就像完全不存在的虚空。现代爱情绝不可能像聊斋故事那样，把已经成家的事实弄得像发生在异度空间的事件），他坚守15年之约，拒不再娶。终于到了约定的时候，张于旦如约来到河北。鲁公女其时在卢户部家又长成了15岁的美貌少女，她也坚决不肯嫁人，等待着张于旦的到来。父母扳着指头一算，等什么啊，不已经是个老头了嘛（说不定比自己年龄还大呢），这也太不匹配了！为了断绝她的念想，吩咐看门人不让张于旦进门。希望过掉期限，让女儿死心。不料女儿心未死人先病，弄得奄奄一息。父亲一方面焦虑，一方面也好奇，决定去看看张于旦究竟是个怎么样的人。一看，却发现是一少年，而且"甚倜傥"，于是就把他带回家中。

张于旦容貌的改变，让他获得了进卢家的资格，却也因为容貌的改变，使卢女以为不是自己要等的人，郁郁寡欢，相思而死。唉，这也是不公平的事：张于旦一次还没死，鲁公女倒死了两次了。还是鬼的神通比较广大，当晚她就找到张于旦，确认那个来家的少年就是自己的心上人，于是让他快到土地祠招魂。招魂之后，女子复活，和张于旦正式结为婚姻。这一场爱恋，从人和人开始，经历人和鬼的缱绻，最终以人和人的结姻而圆满结束。穿越时空，穿越阴阳，称之为古代版生死恋绝不为过。

这段感情之所以动人，首先是张于旦的一往情深。他只见了鲁公女一面，就深深爱上了她，不仅哀恸她的暴亡，还日日祈愿，要与她的鬼魂相见，从而跨越阴阳，成就一段姻缘。鲁公女往生后，他坚持不娶，借神力返老还童，不惜从山东跑去河北，跨越时空，再续前缘。鲁公女也同样是情种一枚。做鬼的时候，她"感君之情，不能自已，遂不避私奔之嫌",和张于旦共结良缘。往生之时,还订下15年之约。尽管张于旦提醒她说:"我现在30多岁,再过15年,都行将就木了,还来见你干什么?"她并不知道事后会有神仙(其实当然是作者啦)让他变回年轻人,却愿意为奴为婢来回报这一段恋情。无论父母怎么催促,她都坚持要等张于旦上门。听到张于旦到来的消息,她从病榻跃起,但一看是个少年郎,以为不是张生,心里认定是父亲在哄骗她,流着眼泪回到病床上,任凭父亲怎么说都没用。哀哀切切哭了几天后,再次命丧黄泉。然而,正如张于旦之前所说:"生有拘束,死无禁忌",当晚卢女就去见张于旦问究竟,得知真是自己的心上人,就让他为自己招魂,然后死而复生。这真当得上汤显祖那句"情不知所起,一往而深,生者可以死,死可以生"了。汤显祖在《牡丹亭》里曾经写过一对生生死死的伴侣,并且说:"生而不可与死,死而不可复生者,皆非情之至。"而今这两位,该无愧于"情之至"了。

如果说,这个故事中的主人公是经历了生与死的考验,《聊斋志异》中的另一个故事,则让主人公经历了美与丑的考验。

杭州名妓瑞云,"色艺无双",与余杭贺生相恋,但贺生"家仅中资","竭微贽"一睹芳泽尚可,要谋"一宵之聚",却没有这个经济实力,所以尽管瑞云和他两相情好,却难成眷属。某天，有一秀才付了钱来会瑞云，临走时，用手指在她额上点了一下，嘴里说"可惜，可惜！"不料这一点竟留下一个黑印，洗也洗不掉，而且越来越大，很快把瑞云弄得面目全非。靠她赚钱的愿望落空了，鸨母把她打发到厨下干杂活。贺生听到这个消息，马上去看她。此时瑞云已成了一个面貌丑陋的粗活丫头。贺生找到鸨母，出钱把瑞云娶了回去。瑞云拉着他的衣服哭泣，说我这个样子怎么能做你的妻子呢？我就做你的小妾或者丫鬟吧，把正妻的位置留着以后给合适的人。但贺生说："人生最重要的就是知己，你当初那么走红的时候能看得起我，我怎么会在你落魄的时候忘了你的情！"和瑞云结合后，贺生不再娶妻。听说这件事的人都嘲笑他，但他却一往情深。最后，贺生在外面遇见了那个点坏瑞云面貌的秀才，贺生带他回家，帮瑞云洗除污点，重新变得光彩照人。

和上一个故事一样，在主人公所经历的波折中，有神明的力量在帮助他们。但关键却是他们之间忠贞不渝的感情。贺生是"真才人为能多情，不以妍媸易念"，才出现那个秀才助他一臂之力。先把瑞云弄丑，让贺生从买不起变成买得起，而这个时候，如果贺生像"多少人"一样，只"爱你青春欢畅的时辰"，或只"爱慕你的美丽"，那么这段美好的婚姻就化为乌有了。

在这些故事中，我们看到了张于旦的不惧生死，卢女的不论年龄,贺生的不问妍媸,瑞云的不虑贫富……如果生死、年龄、容貌、财富等等都不是问题的话,那剩下的还有什么呢?那真的就是爱情了。从这一点上说,古人好像也有爱情的。只不过因为时代不同,内涵毕竟是有差异的。

30

爱奴：人生当得几回死？

爱奴是个鬼。她生前在指挥使蒋南川家当婢女。指挥使是明代设置的武官，清代除了一些边远地区，基本不再设。从爱奴口中我们得知，"主人自异域来"，应该就是在少数民族地区任职。爱奴死后继续当蒋夫人（也死了）的婢女。一个姓徐的书生，岁终撤馆，就是年末学期结束要回家，遇见了蒋夫人的兄长施公（当然也是鬼），施公热情地邀请他到他家再做几天家教，说是反正过年还早，开出的工资是"黄金一两"。理由充分，工资待遇高，徐生就答应了。徐生并不知道他们是鬼，领他去的时候，他看到的是"沤钉兽环，宛然世家"。"沤钉"是"浮沤钉"的简称，据说还是鲁班发明的，在门扇上装饰一排排突起的钉子，远看像水面上圆形的水泡，所以叫"浮沤（水上泡沫）钉"；"兽环"就是门扇上那个兽形的（狮子、貔貅之类）、嘴里衔着门环的东西。想象一下，有这样大门的，总

《爱奴》

不能是贫寒人家吧？请个家教也很正常。教的是蒋南川的儿子，一个十三四岁的孩子。这时，爱奴就被派来伺候他。先是"执壶"，就是拿着酒壶负责给徐生斟酒；后是"安置床寝"，也就是叠被铺床，打发他睡觉；早上"捧巾侍盥"，也即伺候他洗脸刷牙；然后服侍他一日三餐，总之，徐生的生活起居由爱奴全包了。很快两人就成了情侣。徐生待久了，想出门活动活动，蒋家借口不能耽误孩子学习，不放他出去。徐生倒有点读书人的骨气，忿忿然说："怎么啦，拿了你们点钱，还坐牢了不成？"把工资一扔就要走人。蒋夫人赶紧让爱奴把工钱还给他，开门放他出去。走出来徐生才发现，原来自己所在的地方是一处古墓！

《聊斋志异》里鬼多，鬼既多了，人也就不是特别害怕。只要漂亮，常常"心知非人，意亦甚得"（《伍秋月》）。书生杨于畏，明明知道连琐是鬼，但"心向慕之"（《连琐》）。陈宝玥也是，遇见丽人，"公意其鬼，而心好之"（《林四娘》）。书生遇到狐精，也常常是"心知其狐，而爱好之"（《汾州狐》）。徐生也是如此。他知道自己在古墓里给鬼当家教，也并不特别惊心，倒觉得鬼也待自己不错，于是就用拿到的工资（竟然不是冥币）把坟修了修，种上绿植。过完年，徐生又出来教书（那时叫"设馆"），途经此处，又见到了施公。施公热情地邀请徐生到他家坐坐，说我妹正好也回娘家来了。徐生现在清楚地知道他们是鬼，但仍念旧情，跟着他去了。这次，他亲见了"四十许丽人"的蒋夫人（之前按照大家庭的规矩，徐生只闻其声，未见其人）。蒋夫人把爱奴送给了他。徐生设馆期间，爱奴一直"与共栖止"。到了岁末，徐生教书期满，要回家了。尽管两情绸缪，爱奴却不能跟他回去。徐生渴念爱奴，情急之下，打开爱奴的坟墓，把她的尸体带回了家。这下爱奴终于到了徐生家中。

后面的故事就非常有意思了。在小说中，鬼魂爱奴是一个有实体的、和常人无异的一个"人"；而现在棺材里还躺着一个"颜色如生"的爱奴，也是实体，这两个爱奴如何处理呢？唐传奇《离魂记》里对这种情况有过精彩的描写。《离魂记》说的是倩娘和书生王宙相爱，王宙是倩娘的姨表兄，聪明颖悟又一表人才，父亲张镒曾说过要把女儿许配给他。说者无心，听者有意。两个年轻人就把这事当真了。没想到张镒完全没放在心上，把倩娘许了别人。王宙愤而辞归，倩娘追到船上，于是私奔，生了两个孩子。五年之后，因为倩娘非常想家，他们一起坐船回去。到家后，王宙让倩娘等在船里，自己先去见岳父张镒，向他谢罪。张镒说："我女儿一直病在闺中，根本没出去过，你鬼扯啥呀！"于是派人到船上去看，果然看到倩娘在那里；而闺中的倩娘这时也笑嘻嘻地起来，换衣服、梳妆。小说的处理方式是：船上倩娘走进来，闺中倩娘迎出去，两个倩娘"翕然而合为一体"，还补充了一个精彩的细节："其衣裳皆重。"相对而言，爱奴的故事在这个情节的描写上就粗疏一些，写的是"启棺人，尸即自起"，没把两个实体如何合一写出来，更无类似"衣裳皆重"这样的精彩细节。但它有一个特别的情节，就是爱奴后来居然又死了！爱奴原来和徐生说过，她是不能吃东西的，但有一次，徐生喝醉了，把杯里的残酒硬灌进爱奴嘴里，结果她"立刻倒地，口中血水流溢"，而且这一次尸体很快腐烂，只能厚葬了之。

《聊斋志异》中，死后为鬼再回到人间的故事不在少数。比如泰安聂鹏云，和妻子的感情很好，妻子病死后，他日夜思念，变成鬼的妻就来找他，两人照样欢爱，一年多"一切无异于常"。后来聂鹏云听从家人的劝说，重新娶妻，鬼气不过，跑来大吵大闹，聂云鹏没办法，按照别人教的办法，用桃木削成小桩子，钉在坟墓四周，鬼才不来了。要不是聂鹏云要另外娶妻，这人鬼情还不知道能持续多久呢（《鬼妻》）。还有聂小倩，是个早夭的鬼，后来不仅做了宁采臣的妻子，还为他生了孩子（《聂小倩》）。一般情况下，鬼不会再"死"。席方平变成鬼后被放在火床上烙，甚至被大锯子从头到脚锯成两爿，都不会"死"（《席方平》）。但有时也还会再"死"。比如，同样在席方平的故事中，那些贪赃枉法的城隍、郡司，都被二郎神"暂罚冥死"，就是在阴间再死一回，然后剥去人皮，换上兽革，罚作畜生。除了"冥死"，还有"人死为鬼，鬼死为聻"的说法（《章阿端》）。还有一次，临时到阴间去当阎罗的李伯言，看到一个淫媾了82个良家妇女的江南某，被处以"炮烙"的极刑，三次以后，"匝地如烟而散，不复能成形矣"。

爱奴：人生当得几回死？

形体化为乌有,大概也是地府里的"死"。在这里,女鬼爱奴,也又"死"了。

在《聊斋志异》里,人死以后大致有这样几种情况:

一种是就在阴曹地府过活,不进入阳间。这些在冥府的鬼基本是临时户口,到一定时候都要"往生",也就是重新投胎。等待的时间则长短不一,有的很短。比如陈欢乐的女儿,被一道士杀害,冤情昭雪之后,官员问她去哪里,她说:"官署就是我家,我就要去了。"官员再问,就没了声音。回到内宅,则夫人生了一个女儿,就是陈女投胎(《长治女子》)。有的则比较长,比如上面说的聂云鹏的妻子,至少有一年时间她没有投胎。投胎的去处多数是为人,人家好坏不等,也有投成马、猪、羊什么的。有个故事详细地讲了人是如何变牲畜的。说是有人能记得自己的前身。他说前生自己是中年而死的,在阴曹地府看冥王办公。大殿东面的角落里放着几个架子,上面搭着猪皮、羊皮、狗皮、马皮等。工作人员叫名字,有的罚做马,有的罚做猪。报到名字的人全身赤裸,鬼从架子上拿皮给他披上去。轮到他的时候,听见冥王说:"这个人适合做羊。"鬼就取一张白羊皮来按在他身上。有一官员提醒:"这个人曾经救人一命。"冥王拿出记录本查看,然后下令说:"饶了他吧。坏事虽然没少干,救人一命可以将功抵过了。"于是鬼又来剥他身上的羊皮,可羊皮已经长在身上了,剥不下来,两个鬼使劲按住他,拼命撕扯,痛苦不堪。羊皮一片片断裂,撕不干净,撕了以后,近肩处还粘着手掌大一块。投胎以后,他背上就有一撮羊毛,剪掉又会生出来(《某公》)。有的人在投生后还有先前一段人生的意识在,比如席方平,他要在阴间上诉,不愿去阳间,所以被迫投生后"愤啼不乳,三日遂殇",再赴冥府。还有"湖南某,能记前生三世"(《三生》)。鲁公女也是,投生之后清楚地记得她做鬼时和情人的约定(《鲁公女》),大多数人应该记不得前生,按照民间的说法,往生之前都要喝下孟婆汤,这盏孟婆牌软饮料的功能,就是喝下去就把所有的记忆瞬间格式化了。往生也要有条件,就跟刑满释放似的。本人的善行或别人的帮助都有减刑作用。比如席方平的父亲,本来是在阴间受折磨的,因为儿子的"诚孝",阎王就让他父亲"往生富贵家"。

第二种情况就是人死后变成鬼出现在阳间,或祸害人,或与人友好相处。比如女鬼聂小倩,假装和人亲热,趁机用锥刺人的脚底心,人就会昏迷,然后她抽取人血;或者用罗刹鬼骨变为黄金,"截取人心肝"。爱奴是后者,她和徐生来了个情真意切,而且她还是个人畜无害的鬼,不像连琐这样的鬼,不可随便和她上床,因为"如有幽欢,促人寿数"。即使到了可以交接的时候,也要心上人付出沉重代价,使他患"念余日大病""腹胀欲死"。甚至还有夫妻双双都是鬼而好端端活在阳世的（《阿端》）。

第三种情况是死而复生，鬼重新变为人——不是投胎哦。这种情况需要借尸还魂，或者是别人的尸，或者就是自己的尸。爱奴用的是自己的尸。借尸还魂需要尸身不坏，所以作者虚构爱奴偷了夫人的黄金，夫人宽宏大量，不仅不怪罪她，在她死后还"以宝饰入殓"，她腰间"裹黄金数铤"，"身所以不朽者，得金宝之余气耳"。情节虽然是虚构的，但却是生活真实的反映。民间一直相信，珠宝金玉能使尸身不坏。考古挖掘出来的金缕玉衣，就是这种观念的表现。爱奴第二次"死"去，坏就坏在"终日而尸已变"，尸体腐烂了，灵魂也就无处寄存了。但作者似乎忘了，爱奴还可以为鬼啊，借尸还魂之前，她不也就和徐生相处得好好的吗？从作者描写徐生"哀悔无及"来看，似是没有鬼魂还可以再出现的意思，如果可以，那么爱奴应该和之前没什么两样，徐生不用那么伤心的。难不成做鬼只可以做一次？或者，虽然她借自己的尸身还了魂，但实际是并不是真正的人，还是属于鬼，那么"鬼死为聻"，她就又到了另一重空间了。

这么看来，爱奴这个鬼好像忒脆弱了点。同样是鬼，连琐就不需要什么黄金珠宝来护体，照样"颜色如生"。她也不是不能碰人间饮食，杨于畏"渐进汤酏"，她就"半夜而苏"了。最最要紧的是,她已经死了二十多年了!连琐死时17岁,如果加上这二十多年的话,应该已四十出头,按照《聊斋志异》中的年龄观,恐怕是没戏了。武孝廉石某,在暴病将死又"资粮断绝"的情况下,遇见一"被服灿丽,神采犹都"的女子,先是救了他的命,后又出资让他"入都营干",换来了"冠盖赫奕"的生活,但就因为女子四十多岁了,觉得"终非良偶"而负心抛弃了她(《武孝廉》)。而连琐却仍在妙龄,这阴间还能"冻龄",不知道阳世的女孩羡不羡慕呢?另一女鬼更厉害,她冻龄一冻就冻了三十年!而且也不要什么黄金护体,开棺时,棺木已败腐,但她颜色如生。为人的过程稍微麻烦些,需要"日频唤妾名",然后,她"三日竟苏,七日能步""十步之外,须人而行",后来就和一般人没什么区别了(《伍秋月》)。

总之你会发现,在《聊斋志异》的世界里,生死的界限并不像现实世界那么分明,那么绝缘,穿梭于生死之间,人类的情感和活动有了更丰富的表现层面。

爱奴:人生当得几回死?

31 章阿端：情和域的三重门

《聊斋志异》中的感情世界，是不能用现代观点去衡量的。那里的男子几乎都有不止一个性对象，而且享受得心安理得。对漂亮女子，追求得越大胆（比如鬼也好、狐也好一概不怕）、越野蛮（比如《章阿端》中的戚生，看到"神情婉妙"的女鬼居然"裸而捉之"，"渐拥诸怀"后就"强解裙襦"），就越是得到作者的赞赏。上面说的戚生，作者就说他是"少年蕴藉，有气敢任"。而与此同时，男主又必须表现出情圣的一面。戚生在和女鬼章阿端缠绵之后，马上请她帮忙寻找自己已死的妻子。喜欢为作者讳的人也许此时就鼓掌了：你看，戚生可是个忠于爱情的主，他之所以和章阿端绸缪，就是为了让她帮忙找自己的亡妻。找到之后，他就把章阿端放诸一边了……可是，这样解释，戚生的行为就会高尚一点吗？恐怕不能吧。就好比一个女人，为了找到丈夫，先去和别人上床，就是不论她出卖肉

《章阿端》

体的行为，至少对对方也是不尊重的吧？

我们还是回到蒲松龄情感价值观的坐标上吧：在他看来，任何男性，对任何美人的追逐都是正常的——只要这个美人不是已为人妻或将为人妻的良家妇女。在这个过程中，就如上面所说，越大胆、越野蛮，越值得称道。但有一条：即便是鬼是狐，也必须真诚相待，不允许始乱终弃。穆生"背德负心"，想抛弃对他有恩的狐女，不仅受到狐女的报复，也被作者批评"丧身辱行"，说"夫人非心之所好，即万钟何动焉"？意思是说，你要是不爱她，就给你再多钱也不能和她共枕席呀（《丑狐》）。反过来说，就是如果"心之所好"，那就应该不管三七二十一勇敢冲锋。像这样的"狂生"，如耿去病（《青凤》），如戚生，作者都是赞赏之情溢于言表的。和耿去病不同的是，戚生向追求到手的女鬼提出了要见亡妻的要求。一方面，他和亡妻深情款款；另一方面，章阿端也并未淡出，甚至还雨露均沾。幸好戚生的妻子和章阿端没起冲突，否则，戚生将是无比尴尬的。聂云鹏就是这样。他一面和鬼妻缠绵，一面又娶了人妻。鬼妻跑过来殴打人妻，他只能"惕然赤蹲，并无敢左右袒"。想象一下这幅画面：两个女人（鬼）神仙打架，男人赤条条蹲在地下（估计他还得抱着脑袋），哪边也不敢袒护，何其狼狈！不过，戚生这里天下太平。章阿端生病，戚生为她寻医问药；章阿端"去世"，戚生"大恸"，甚至以"生人礼葬于祖墓之侧"，就是不当她是鬼，而把她当人，让她享受小妾级待遇。这一系列举动，满足了作者对男性正面形象的所有想象：大胆狂放而又深情缠绵。

这就是说，在戚生所代表的男性世界里，爱情（姑且这么称呼）是保质不保量的：他必须对另一半真心以待，但不保证"另一半"就是一个人，甚至都可能不是一种性别。比如顾生，一面钟情于对门的美女，一面却和"姿容甚美，意颇儇佻"的少年私通（《侠女》）。这一点，在贾宝玉身上其实也有所体现的。他对袭人、晴雯还有其他女孩子的感情和行为，他对秦钟、蒋玉菡的感情和行为，和"皮肤滥淫之蠢物"的唯一区别，就是他是认真的，是尊重对方、为对方着想的。当然，曹公毕竟有胜出一筹的地方，那就是他写了贾宝玉和林黛玉的感情，这是另一个话题，暂且不表。这样，男性的情感世界中就出现了两重门：品质是一回事，数量又是一回事。

相对而言，女性世界的情感标准就只有一个维度：必须钟情于男主，哪怕男主有再多别的想法。比如，戚生和章阿端"绸缪益欢"之后，提出让章阿端为他寻找自己死去的妻子。这分明是要把感情分一杯羹给别人的意思啊，这位端娘不仅不妒，反而非常感动，说自己死了二十年了，也没人想到自己，你如此多情，我一定尽力。然后，她居然把戚生的妻子找来了。当戚生和妻子重逢时，她识相知趣地主动退出，说："两人可话契阔，另夜请相见也。"之后五天，戚生都和妻子在一起，好像没章阿端啥事。但章阿端除了两人"话契阔"之外，别的时间似乎也在场。第五天的时候，戚生的妻子要去山东投生了。看到戚生"哀不自胜"，章阿端建议戚生行贿监押者，延后10天出发。

而作为对章阿端的感谢，是戚生"留与连床"，也就是三人同寝，两个女人共享一个丈夫，或者说，一个男人享受两个女人。这种在现代人看来肮脏无耻的行为，蒲松龄却是津津乐道。而且，津津乐道的好像还不止蒲松龄一个。同时代的李渔，当友人"纳双姬"的时候，他贺词一首，说"二乔毕竟数谁先，鸳鸯枕畔须枚卜"（《李渔全集》（二）《笠翁一家言诗词集》），十十足足的肉麻当有趣。

　　章阿端如此，戚生的妻子也如此。一方面，我们感动着她"本愿长死，不乐生"的态度，为了和戚生长相厮守，她宁可不投生为人，连冥府责罚的时候，也因为"偷生之罪大，偷死之罪小"而轻判了她。是啊，从来只听说有偷生怕死的，哪里有"偷死怕生"的？但戚妻就这么做了。作者用这个出人意表的描写充分展示了戚妻的深情。而另一方面，我们却丝毫看不到戚生让章阿端"留与连床"时她的嫉妒和尴尬，反而看到在端娘生病时，她为她寻医；在端娘变为餍后，她为她做道场。只有在做道场时"妻每谓其聒耳"的描写中，或许可以稍稍感觉戚妻对端娘的不耐烦。毕竟，她是戚生明媒正娶的妻子，她只有对男主尽忠尽职的义务。两次拯救端娘，似乎她都是看在戚生的份上。治病，是戚生"欲为聘巫医"；做法事，也是戚生"即将如教"；戚妻都是在"鬼何可以人疗""度鬼非君所可与力也"的情况下才出手的。这种男性泛爱和女性忠贞并存的情况，是封建宗法制社会的基本状况。《红楼梦》中，这样的痕迹也清晰可见。唯一不同的是，曹雪芹让贾宝玉有了"纵然是举案齐眉，到底意难平"的想头，这里面所包含的深沉意义，就不是蒲老先生可比的了。

毕竟，时代不同，人们的观念也不同，所以，这"情"的三重门我们暂且略过，再来看看这个故事中"域"的三重门。

故事是从人间开始的。有个大户人家，有所大宅子，因为闹鬼、死人，愿意低价出售，戚生就把它买了下来。两个多月后，戚生家就死了一个婢女。再后来，他妻子晚上去了趟东园的楼亭，回来就生病死了。家人都觉得这太可怕了，七嘴八舌地劝戚生搬走。你一言我一语把戚生惹毛了，一怒之下，他干脆卷铺盖来到荒亭中，就在那儿睡下。由此他得见了第二重空间，也就是鬼的世界。

在第二重空间，他先见到了一个"挛耳蓬头，臃肿无度"的丑鬼。"挛"是蜷曲不能舒展的意思，"挛耳"这种长相并不常见到，但不知为什么，古人形容丑女都会用这个词。宋玉的《登徒子好色赋》中，形容丑女也是用的"蓬头挛耳"。丑鬼并没有伤害戚生，相反还有点自惭形秽的意思。接着，他就见到了美丽的章阿端。通过章阿端，他又和死去的妻子重新相会。对戚生来说，他仍然是生活在阳间，章阿端和他妻子是从阴间穿越到阳间。这两个空间最大的特点，就是一样贿赂公行。戚生的第一次行贿是"钱纸十提"。缪永定的舅舅曾经说过，阴间十万，就是阳间的金箔纸币一百提（《酒狂》），所以戚生是在阴间花了一万，换来了其妻的晚十天出发。第二次行贿数额巨大，是"冥资百万"，戚生焚烧大概也花了不少时间，换来的是李代桃僵——让别人顶替其妻去投胎。在这阴阳交错的空间生活了年余，忽然又出现了第三重空间：聻。

按照戚生妻的说法："人死为鬼，鬼死为聻。鬼之畏聻，尤人之畏鬼也。"这就在阴间之外又出现了第三重空间。有意思的是，这个空间实行的居然还是人间伦理。章阿端的丈夫"怒其改节泉下"，要"衔恨索命去"。最后，他也成功地索取了章阿端的"命"。和鬼相比，聻首先是形态上的变化。鬼是有形的，容貌和人间无异。聻才和我们现在所看到的死人一样，是要朽败的。端娘"死"的时候，是"委蜕犹存"而"启之，白骨俨然"。也就是说，皮囊还在，但碰一下，马上变成了一堆白骨，挺像今天出土风化的古尸。三年后，戚生的妻子也"死"了，"面庞形质，渐就澌灭"，有形化为了无形。鬼和聻的第二个不同，是鬼可以穿越到人间来，甚至可以过得和活人没啥区别。比如戚生的妻子，虽然是鬼，但和戚生"款若平生之欢"，开始只在夜里来，后来有人（鬼）冒名顶替，干脆白天也在家里了。家里人开始还有点害怕，慢慢也习惯了。戚生不在家，需要的时候照样禀报女主人,只不过隔着窗户不进屋去而已。但鼗却和人隔绝了所有消息。似乎鬼和鼗之间还有点沟通的可能。章阿端"死"后,曾两次托梦给戚妻,但鼗和人之间就不能了,不论是章阿端还是戚妻,在变成鼗以后就没有和戚生有任何联系,尽管戚生常常跑到那个当初进入第二空间的亭子去睡觉,但终于什么都没有发生。

尽管这三重空间都是作者蒲松龄的幻想,但他在构筑这些幻想世界的时候都是极其认真的,经常会增加一些细节,以求叙事逻辑的严密。比如关于戚妻的行踪,通过章阿端之口是这样叙述的:戚妻本来是要往富贵人家投生的,但因为前世丢失了一个耳环而拷打婢女,导致婢女自杀,这个案子还没审完,所以滞留在药王廊下。因为尚未投生,所以可以和戚生见面。之后行贿争取到延迟十天出发,再斥巨资让人(鬼)冒名顶替,最后东窗事发,不得不去投生。为了让这个故事的逻辑更加严密,中间还让戚生提了一个问题,就是章阿端为什么能闲散在外,不用去投胎呢?答案是"枉死鬼不自投见,阎摩天子不及知也"。章阿端因为误嫁"刚愎不仁"的荡子,被"横加折辱,忿悒夭逝",是个枉死鬼,如果不是自己到阎王殿去报到,阎王是不知道、因而也不管的。在描写为章阿端看病的过程中,作者也是细针密线:戚生本来是想找巫医来看病的,其妻说:"鬼何可以人疗?"然后找的是已死在阴间的王氏。端娘要做道场,戚生又自告奋勇,也是其妻阻止,说"度鬼非君所可与力也。"她请来僧侣,金铙法鼓闹哄哄地做道场,戚生是充耳不闻的。在这场法事结束后,端娘告诉戚妻,她的冤孽已解,将生作城隍之女。城隍是道教中守护城池的神祇。到明清时期,城隍已渐渐从守护神演变成"阴官",专门负责这一地区的大小阴间事务,与人间政府所派遣的"阳官"相对应。各地的城隍由什么人出任没个准,当地如果出了啥为国捐躯的忠烈之士,或是正直聪明的历史人物,都有可能被封为城隍。城隍是阴间的官,所以端娘应该是回到了阴间,由甐再度变回了鬼。

尽管作者为我们细细描写,三重世界都真真切切、各不相同,但无论如何,作者毕竟生活在人间世,所以鬼也好,甐也好,永远都只是人间的幻境而已,那些生死不渝的感情,那些贿赂公行的肮脏,不论在哪个空间都一样存在,一样闪耀着人的光芒,也一样折射出人间的不堪。

32

甄后：聊斋中的三国后传

《聊斋志异》的谈狐说鬼，大多是就地取材，这个大家都已经习惯了。但也有几次，它开起了历史的玩笑。比如《甄后》，就可算是一篇三国后传，主角其实是没怎么露面的曹操。

曹操因为"挟天子令诸侯"，篡了汉位——其实他老人家倒是到死也没称帝的，不知道为什么，老百姓就是不肯放过他，小说也好，戏曲也好，大多是能损他就损他。连《聊斋志异》也来插一脚，编了《甄后》，还有《曹操冢》这样的故事。

晋代文人陆机在他的《吊魏武帝文序》中说自己在元康八年（298），以著作郎的身份掌管国家文献资料，发现了魏武帝曹操的《遗令》，也就是遗嘱。其中说道："余香可分与诸夫人，不命祭。诸舍中无所为，可学作组履卖也。"第一句话是说，多余的香可以分给他大大小小老婆

《甄后》

们,并且不需要她们用于祭祀。香料在古代是比较重要的物资,尤其是一些名贵香料,比如龙涎香、沉水香,还有《红楼梦》中贾宝玉祭祀金钏儿时想要的檀(香)、芸(香)、降(香)(第43回 闲取乐偶攒金庆寿 不了情暂撮土为香)。这些香料因为贵重,常被作为礼物来馈赠。宋代诗人杨万里就收到过朋友千里迢迢从南海送来的沉香。《金瓶梅》中，李瓶儿为了委身西门庆，给了他三四十斤沉香（第16回 西门庆择吉佳期 应伯爵追欢喜庆）；西门庆给蔡京送去的礼物中，有金镶奇南香带一围（第55回 西门庆两番庆寿旦 苗员外一诺送歌童）。这里的"奇南香"也就是沉香。因为沉香是热带或亚热带的植物，多产于南洋，所以被称为"奇楠（南）香"，也称"伽楠（南）香"。用来做束带的，应该是沉香木。明代王世贞在《觚不觚录》中说，由于皇帝晚年不上朝，导致群臣的服饰不再严格遵守规定，四品官员都用"金镶玳瑁鹤顶银母明角伽南沉速带"，这里说的都是用来做束带的各种材质：玳瑁是一种爬行动物的甲壳，滑润有光泽；鹤顶是鹤顶鸟的头盖骨，常用来制作饰品；银母即云母，是一种闪光的矿物；明角是白色兽角制成的薄片；沉速是沉香和速香的混合，速香即黄熟香，也可单独使用。《红楼梦》中，麝月就曾把两块速香（一作"素香"）放进火盆里（第51回 薛小妹新编怀古诗 胡庸医乱用虎狼药）。伽南和这些东西放在一起，都有"僭越"的嫌疑，可见是受欢迎的好东西。曹操储存的香料，更应该品质不差，把它分给诸夫人，或许就是给她们一点有价值的东西、让她们安身立命的意思吧。下一句说，如果她们闲得无聊，可以学学做绣鞋卖。这里的"组履"，有人以为是"丝带"和"鞋子"，其实不然。"组"在这里是指彩色丝绸。古人把色彩绚丽的丝帐叫做"组帏""组帐",华丽的丝绸服饰叫"组绣",也可以直接称华丽为"组丽"。古代女子的绣鞋,讲究的是精工细作。鞋的面料、绣的花样,什么根、什么底,都有无限花样。做鞋是女子的日常女红。有人统计,《金瓶梅》前前后后写到鞋和做鞋的地方不下六七十处。曹操让夫人们学做绣鞋,倒也是挺有生活经验的。但堂堂一代奸雄,临死竟想着这等细事,难免遗为笑柄。不过转念想想,英雄也是人,倒也透出几分可悲来。后人宽容一点的,就说:"英雄亦到分香处,能共常人较几多?"(唐·罗隐《邺城》)悲观一点的则说:"预争皇后怜诸妇,终作分香卖履人。"(吕志伊《读史感赋》)再争名夺利,下场终归于此。《甄后》这个故事则把曹操"分香卖履"的一个对象弄进了故事中,成了刘仲堪的妻子。

刘仲堪当然也不是寻常人,他是著名的"建安七子"之一的刘桢转世。不过这转世转得有点问题,他从一个狂傲才子,转成了书呆子,一点人情世故都不懂。不过在聊斋世界里,狂固可爱,钝亦无妨,只要不是性"奸猾"就可以了。一日,刘仲堪在夜读时,先是鼻孔翕动,"忽闻异香满室";再是两耳耸动,听得"佩声甚繁";最后双目闪动,见到了"簪珥光采"的美人。蒲老先生层层铺垫,把个甄氏的出场写得气象万千。这阵势,不由得刘仲堪不"惊伏地下"。而此时,美人嘲了他一句:"子何前倨而后恭也。"这让本来就惊到说不出话的他更加摸不着头脑。看来刘仲堪确实愚钝。"前倨而后恭"语出《史记·苏秦列传》,是说苏秦未发达时,受到兄弟、嫂子、妻妾的轻视嘲笑,而他"相六国"后,这些人逢迎唯恐不及,所以苏秦说他们是"前倨而后恭"。刘仲堪哪怕记不起自己为刘桢时"平视"甄氏的所作所为,至少应该知道苏秦的典故而做出反应,就如当年曹丕说他"卿何以不谨于文宪",他马上回答"臣诚庸短,亦由陛下纲目不疏"(我出事固然有我的不是,不过你不觉得你的律法也太严了点吗?)一样,而不至于"茫茫不知所对"。

美人的典故未曾用错。刘桢当年,与曹丕的关系非常密切,经常一起饮酒唱和。有一次,曹丕喝高了,让夫人甄氏出来拜见大家。在古代,内眷是不见外人的。《红楼梦》中,料理秦可卿丧事的时候,"几位近亲堂客,邢夫人、王夫人、凤姐并合族中的内眷陪坐。有人报说:'大爷进来了。'吓得众婆娘唿的一声,往后藏之不迭"(第13回 秦可卿死封龙禁尉 王熙凤协理宁国府)。这"大爷"不是别人,就是宁国府的当家人、贾敬的儿子贾珍。这贾珍不是外人,女眷尚且要如此躲避,其他可想而知。一辈子没见过朋友妻的大有人在。书生裴七郎,端阳节和朋友一起在西泠桥头看美女,没想他的丑妻出现,大大出了回洋相,却并无一人知晓这是他老婆(李渔《十二楼·拂云楼》)。男性朋友到了"出妻见子"的地步,那就是刎颈之交了。而甄氏,不仅是人妻,而且是曹丕的夫人,所以,甄氏出来的时候,众人都"匍伏于地,不敢仰视"。这一方面是礼节,一方面也和甄氏的特别漂亮有关。甄氏并非曹丕的结发妻子,她是袁绍次子袁熙的妻子,建安九年(204),曹操率军攻下邺城,传说甄氏当时蓬头垢面,但稍一擦拭,便觉光彩照人,姿貌绝伦。曹丕就纳她做了夫人。这样的美人出现,众人自然是不敢看的。可刘桢竟然直直地看着她。也不知他是自恃性格狂傲,故意做出不拘礼法的行为(魏晋时期这也是一种时髦),还是真的看呆了,从后文甄氏"聊以报情痴"的说法来看,理解为他被甄氏的美色惊呆了也未尝不可。这一看,他犯下了"大不敬"(轻侮帝王以及内眷)之罪,属十恶不赦之列,他为此差点丢了性命。后来总算由死刑改成了苦役。有一天,曹操过来视察,看见他坐在那打磨石头,就问他:"石头怎么样?"刘桢回答说:"石出荆山悬崖之巅,外有五色之章,内含卞氏之珍。磨之不加莹,雕之不增文,禀气坚贞,受之自然。"就是说这石头出自荆山悬崖的顶上(荆山是出美玉的地方),外面有五彩的花纹,内里是和氏璧那样的宝玉,打磨并不能使它更晶莹,雕琢也不更增加它的文采。它那种坚贞的气质不依靠人力,是天然造就的。刘桢以石喻己,表示不改清高孤傲。曹操听了哈哈大笑,就把他放了（《世说新语·言语》）。聊斋故事里甄氏说"危坐磨砖者非子耶"？指的就是这件事。接下来，甄氏就开始痛骂曹操父子，说曹操是"贼父"，曹丕是"贼父之庸子"。还说"庸子"因为"贼父"的关系，"久滞幽冥"，不得投生。相对而言，她（其实也是作者）比较认可曹氏父子中的曹植，说他做了天庭的典籍，就是图书管理员（这个位置太适合才高八斗的曹植啦），不时能见到他。

和甄氏相聚，服用了她用热水冲服的水晶膏，刘仲堪"心神澄彻""文思大进"。但相思病也随之而来，渐渐弄得形销骨立、生命垂危，幸亏家中有一老妪能往来天上人间，帮他鱼雁传书，但甄氏似乎只能和他一夜情，不能做夫妻，于是答应"送一佳妇"给他。读者诸君切莫以为刘仲堪会以"弱水三千，我只取一瓢饮"的态度拒绝，事实是："刘喜，伺之。"一"喜"、一"伺"，把刘仲堪的高兴和急切写得如在目前。他对甄氏的想念，也清楚明白地显示出不过是色欲而已。聊斋中每每有类似情节：男子会相思成病，但疗病只需美女，并且不一定是特指的那位。

甄氏送来的佳妇的确"容色绝世"，而且，她辈分还挺高，是"铜雀故妓"。汉末建安十五年冬天，曹操修建了高十丈、有100多间华屋的铜雀台，故址在今天河北省临漳县西南故邺城的西北。因为台上装饰了铜孔雀，所以称作"铜雀台"。曹操在铜雀台蓄养了很多歌舞妓。曹操在《遗令》中还嘱咐这些人"汝等时时登铜雀台,望吾西陵墓田。"若不是歌舞妓不算个人而算个物的话,这美人是曹操的歌舞妓,岂不是要长曹丕一辈?她告诉刘仲堪,她和甄氏都"隶仙籍",也就是做了神仙。这是聊斋中除了人间、冥府之外的又一重境界:仙界。他们都"偶以罪过谪人间"。甄氏和刘仲堪的一夜情,大约也算是一次贬谪。现在,甄氏的刑期已满,仍然做她的神仙去了;而这个美女的刑期未满,所以就来做刘仲堪的老婆。而且甄氏请示了上级领导,让这位美女拿到了"绿卡",可以在人间无限期停留,与刘仲堪白首到老。

当初刘仲堪和甄氏在一起,还只是由甄氏骂骂曹操。这一次,曹操正式登场了。只不过,他再也不是叱咤风云的英雄,而是一条被瞽媪(瞎子老太婆)牵着要饭的黄狗。这下场确实够惨。然而,曹操的本性居然并没有因为变成了狗而有所改变。他一见到刘妻(也就是他的铜雀妓)就狂暴起来,咬断绳索扑过去咬她。刘妻连忙逃跑,黄狗紧咬不放,生生撕下了她的一块衣襟。刘仲堪急忙用手杖击打黄狗。那黄狗怒气不减,恨恨地嚼咬撕下的衣襟,顷刻间咬得碎麻似的,嚼烂吞下去了。这副暴怒的样子,很容易让人联想到《世说新语》中性急的王蓝田。王蓝田是以性子急躁而出名的。一天吃饭,他用筷子夹鸡蛋,鸡蛋滴溜溜转,他夹不到,就狂怒起来,一把抓起鸡蛋扔在地上,看鸡蛋还在地上滚动,就忿忿地用脚去踩。圆溜溜的鸡蛋在他的屐齿下滚动,踩也踩不到,他更怒了,抓起鸡蛋把它放嘴里嚼碎,再恨恨地吐出来(《世说新语·忿狷》)。黄狗暴怒的样子,和王蓝田如出一辙,只是想到那就是叱咤风云的曹操,看到他因为一个歌舞妓未遵守分香卖履的遗嘱而如此气急败坏,又如此有心无力、狼狈不堪,实在是可笑可悲。作者在对一条恶狗的描写中,把他对曹操的评价和情感表现得清清楚楚。无怪他在《曹操冢》的故事后评价说:"千余年而朽骨不保,变诈亦复何益?呜呼,瞒之智,正瞒之愚耳!"这里他想表现的应该是"瞒之狂,正瞒之悲耳"!

出于贬抑的情感,故事不仅把曹操变成了一条恶狗,而且故意让甄氏"始于袁,终于曹,而后注意于公干",三易其节(其中的最后一次变节完全是生造出来的),借此来发泄对曹操父子的不满:让你老婆劈腿绿了你!这就和邻里吵架,怒而咒人断子绝孙一样。文末作者还特意评价了一下狗咬故妓的情节,说你看到以前的女人已经嫁了人,就应该明白当初吩咐分香卖履是多么愚蠢,而你竟然还在嫉妒!并模仿《阿房宫赋》喊出了一句:"呜呼!奸雄不暇自哀,而后人哀之已。"而实际上,杜牧总结历史教训的意义,和这个故事相比,完全是不可同日而语的。

沉浸在这样的情绪中,故事的结局当然不可能是美妙的。当刘仲堪的母亲得知儿媳的来历后，大惊失色，偷偷叫来了术士，想作法祛除。铜雀妓知道后，决绝而去，并且略施小技，让术士七窍流血而死，用一条生命的消失来宣告：我走是因为忠而见疑，缘分已尽，而不是怕你什么方术！的确，术士只能捉鬼，岂有"捉仙"之理？阿瞒洋相既出，父子俱"绿"，刘公干大仇已报，故事也该结束了。

33

葛巾：洛阳牡丹自尔胜

牡丹堪称国花，"自李唐来，世人甚爱牡丹"。写《爱莲说》的宋代文人周敦颐认为，牡丹是"花之富贵者也"，因为它的富贵气，所以"牡丹之爱，宜乎众矣"！但刘禹锡可不这么认为。他的《赏牡丹》诗，特地把牡丹和其他名花做了对比，说"庭前芍药妖无格，池上芙蓉净少情。唯有牡丹真国色，花开时节动京城"。他认为芍药美艳但缺少气格，荷花出淤泥而不染，洁净是洁净了，但少点情调。唯有牡丹，花容美艳而又格调高雅，端庄洁净而又风情万种，所以是真正的国色。两位大咖相隔百年有余，没有互掐的可能，而且他们道出的基本事实其实是一致的：牡丹是深受、甚至最受大部分国人喜欢的花卉。《聊斋志异》中写花卉的不多，但写到牡丹的至少有两篇。《葛巾》就是其中之一。

事情是由一个牡丹的发烧友引起的。他叫常大用，洛阳人。不过那时洛阳牡丹似乎并不像后来那么名气大。盛

《葛巾》

产牡丹的是曹州。曹州是山东的古地名,属菏泽的曹县。清朝的时候升为曹州府。常大用有事到曹州,听说曹州牡丹在齐鲁大地首屈一指,就租了一所乡绅的园子住下来。那时只有二月,离牡丹花期尚远(牡丹的花期在五月)。常大用天天在园中徘徊,看着那些牡丹,祈祷它快点开花。

他还做了100首怀牡丹诗。日子一天天过去,牡丹含苞待放了,但常大用带的钱也快用完了。他就把厚衣服典卖了,继续在园中流连忘返。他的发烧程度终于感动了园中的牡丹花精,于是一位"宫装艳绝"的女子进入了他的生活。

有趣的是,花妖世界好像也不太自由。这个女郎和常大用的恋爱经过(如果这也可以叫"恋爱"的话)竟和《西厢记》中的情节大相类似。首先是园中相遇,就像张生在普救寺佛殿上遇见崔莺莺一模一样:一个惊艳,一个留情。张生"道是南海水月观音现",常大用是"眩迷之中,转念一想,此必仙人"。莺莺是"临去秋波那一转",葛巾则是"微笑"。第二幕是让《红楼梦》里林妹妹觉得"可惧"的"私相传递":崔莺莺是让那个小红娘传简,葛巾是让老媪送药。她还让老媪开了个不大不小的玩笑,说是葛巾娘子亲手调制的"鸩汤"。鸩是一种飞禽,郭璞在《山海经注》中说:"鸩大如雕,紫绿色,长颈赤喙,食蝮蛇头;雄名运日,雌曰阴谐也。"传说鸩以捕食毒蛇为生,所以羽毛有剧毒。用鸩的羽毛浸酒,人喝了就会死掉。在今天看来,类似鸩的鸟类确实存在,比如蛇雕,就以捕食毒蛇为生,但这种鸟的羽毛是否含有剧毒,似乎没看到相关实验。引申开去,古人把毒死人的行为都称为"鸩",比如《国语·鲁语上》记载:"温之会,晋人执卫成公,归之于周,使医鸩之,不死。"《水浒传》中,蔡京等人在御赐的酒中下了慢性毒药,害死了宋江。花荣说"梦见宋公明哥哥和李逵前来,扯住小弟,诉说朝廷赐饮药酒鸩死"。液体的毒药也都可以叫作"鸩",比如成语"饮鸩止渴"。老媪送来的这盏"鸩汤",让常大用吃了一惊,但他算是经得起考验,本着"石榴裙下死,做鬼也风流"的信念,想着"既为娘子手调,与其相思而病,不如仰药而死",把"鸩汤"一饮而尽。不过,他饮下药非但没有死去,反而霍然病已。聊斋里面写美女兼懂医术的不在少数。这位葛巾娘子是一个;邵九娘也是一个,她会撮药,会针灸(《邵九娘》);娇娜更厉害,好像是能做外科手术的(《娇娜》)。看来彼时中医药的普及已经到了一定程度。第三幕就是跳墙。张生因为读到莺莺的短信息里有"隔墙花影动,疑是玉人来",翻了一回墙,但没有成功。第二次崔莺莺就送上门,"今宵端的云雨来"了。常大用貌似条件好一些,上下墙都有梯子,不过他比张生更多一次空跑。第一次是屋里有别人,他不敢进;第二次是进了屋却不能成其好事,因为葛巾被玉版硬拉着去下棋了。第三次才总算成其云雨。但事情还不算完。有情人还没有"终成眷属"。这点和崔张的爱情也完全一样。崔张私情暴露,老夫人大光其火,逼迫张君瑞进京赶考,"挣揣一个状元回来"。葛巾也说"近日微有浮言,势不可长"。花精世界,居然也有"浮言",也难怪狐狸精胡君不允许青凤和耿去病恋爱了(《青凤》)。最后,西厢故事是以张君瑞高中而抵达了传统大团圆结局的终点:金榜题名,洞房花烛。葛巾的故事则更多一层跌宕。先是葛巾和常大用一起逃离曹州到了洛阳,在那里结婚生子,"兄弟皆得美妇,而家又日富"。可惜常大用好日子过腻了,非要跑到曹州去刨根问底,导致葛巾、玉版以及他们的两个儿子一并泯灭。

我们先不说这个好奇害死猫的结局是什么意思。先想想精魅世界为何也有如许多的压力呢?不写人间女子,而转写狐精鬼魅,本来就含有她们比人间少女少一点约束,多一点自由的意思。你看,她们经常在读书人用功的时候出其不意地出现,主动投怀送抱,毫不迟疑地同修燕好(最多是作羞怯状)。可奇怪的是,她们好像也怕流言蜚语,也要在"人"前遮遮掩掩。比如葛巾,她明明可以驱使老妪,可又惧怕老妪知道她的私情。第一次老妪"以身幛女"也就算了,就当是猝然相逢,来不及反应。第二次园中相见,老妪忽至,她让常大用躲到山石后面,正不知为啥。和常大用约会,她既要躲开老妪,还要屏蔽玉版,弄得常大用连床底下都钻了。欢会之后,还特地嘱咐常大用:"此事宜要慎秘,恐是非之口,捏造黑白。"后来也真因为"近日微有浮言",只能一走了之来逃避。

从故事的结局来看,所谓"是非之口""浮言"云云,大约就是怕知晓底细的园主人听到动静,揭出她的原型。但前面如此造作,弄得一波三折,恐怕只有一解,那就是

葛巾:洛阳牡丹自尔胜

作者故意要表现欢爱的不易，尽管是在精魅的国度。这也是《聊斋志异》的特点之一，他写的鬼魅世界永远是人间世界的写照。青凤、葛巾，还有其他很多精魅，在追求爱情的路上总是和世间女子一样，会遇到各种各样的阻碍。《聊斋志异》中还有一篇写牡丹故事的《香玉》，把这种阻碍写得更为离奇好玩。

香玉也是牡丹花精，她的爱情由于人的两次无意破坏，经历了从花妖变为花鬼，又从花鬼变回花妖，最终和情人一起死去的波澜起伏。香玉本是劳山下清宫里的一株白牡丹，和寄居那里读书的黄生成了一对恋人。有一天，来自即墨的蓝氏喜欢上了这株白牡丹，"掘移径去"，把她和黄生硬生生拆开了。白牡丹在蓝家"日就萎悴"，最后死了（不知道为啥她离了下清宫就没有魔力了）。下清宫还有一株耐冬，成精后幻化为女子绛雪，在香玉死后，绛雪和黄生"无所不至，惟不及乱"，成为他的"良友"。黄生对香玉一往情深，感动了花神，让香玉重新回到下清宫。但那时候，她已经变成了花鬼，能看到形体但触摸不到，黄生握她的手，"如手自握""偎傍之间，仿佛以身就影"。这让黄生悒悒不乐，香玉也俯仰自恨，她就对黄生说："你用白蔹屑，稍加一点硫黄，每天为我浇一杯水，明年今日，我就可报您的恩情了。"白蔹是一种植物，古代用它入药，有收敛疮口的作用。硫黄是一种矿物，有杀菌作用。香玉给的这个"偏方"不知有何依据，但黄生是认真的。他在原来种植白牡丹的地方，看到又有枝叶萌生，就天天加以培植，还做了雕花木栏围护着它。一年之后，牡丹花开，香玉从花蕊中出来，终于和黄生"款洽一如从前"。也就是她由无形的花鬼，又变成了有形的花妖。幸福生活持续了十余年，之后，黄生病了，他告诉道士："如果看见牡丹下有红色的花芽生出来、有五个叶瓣的，那就是我。"他死后，果然在白牡丹边上长出了一株这样的植物。又过了三年，道士也死了，他的弟子觉得这株植物也不开花，没有观赏价值，就把它砍掉。它一死，白牡丹也憔悴死了；过不多久，耐冬也死了。一个爱情加友情的浪漫故事画上了句号，就是不知道他们死后还要经历什么样的轮回？

像《香玉》这样逆向转化——人因为和花精相爱最后也变成了花的，在聊斋中并不太多。狐精鬼魅和人结合，在聊斋中大致有三种结局：一种是平安始终，比如黄英，虽然是菊妖，但和马子才结婚后"黄英终老，亦无他异"（《黄英》）。胡君更是率领大小狐精"举家来。由此如家人父子，无复猜忌矣"（《青凤》）。另一种结局则是半道终止。终止的原因又分为两种，一种是被外力所迫，比如《绿衣女》中，绿衣女被一只大蜘蛛拷住了，当于璟救下她时，她幻化为人的功力似乎消失殆尽，只能"徐登砚池，自以身投墨汁，出伏几上，走作'谢'字"，之后"频展双翅，已乃穿窗而去。

自此遂绝"。另一种则是当事人的问题。《阿英》中，鹦鹉精变化出的阿英离去了两次。第一次是因为被识破是妖物，腼然曰："今既见疑，请从此诀。"转眼化为鹦鹉，翩然逝矣。第二次是甘珏在"情缘已尽"的情况下，强行与之发生关系，使阿英差点丧命，好像功力也随之失去了。复苏后，她飞绕中室，叫道："嫂嫂，别矣！吾怨珏也！"振翼遂去，不复来。第三种是狐精鬼魅最后把人害死了。比如《董生》中的董遐思，还有他的朋友王九思（差一点被害死）。奇怪的是，这种按理来说最容易出现的结局，在《聊斋志异》中是出现得最少的。看来作者对他笔下的精魅还是很有感情的，不太愿意把它们和人类对立起来。

葛巾和常大用是半道终止的。理由和阿英第一次离开的原因比较接近。听到常大用念《赠曹国夫人》诗，葛巾知道自己的出身暴露了，于是用"今见猜疑，何可复聚"的理由，终止了这场爱恋。不知道为什么，这些精魅都不喜欢让人知道它的原形，可以由她自己来告诉你，比如婴宁，在确认"姑及郎，皆过爱无有异心"的时候，坦言"妾本狐产，母临去，以妾托鬼母"（《婴宁》）。或者男主人自然而然悟到，比如马子才，他亲眼看到陶弟喝醉了酒，走出屋子，一跤跌在菊畦里，就变成了一朵菊花，第二天又变回了人，"乃悟姊弟菊精也"，倒也没啥事（《黄英》），但就是不能刻意去打听。葛巾在生了孩子以后，已经开始渐渐吐露真情,说自己姓魏,"母封曹国夫人"。没想到这反而引起了常生的疑心,觉得曹这个地方并没有魏姓世家,再说大户人家没了女儿,怎么可能一问不问?光想想也就罢了,他还采取行动,找个借口又去了曹地,到处寻访,最后在当初住的地方看到了墙壁上的《赠曹国夫人诗》,问了旧馆主人,才知道所谓"曹国夫人"就是一朵"高与檐等"的品种为葛巾紫的牡丹。知道也罢了,回家他还要当着葛巾的面念那首《赠曹国夫人诗》,这就有点过分了。所以,蒲松龄也批评他不通达,说如果一心相爱,你管她是人是妖,"何必力穷其原哉"?不过,不让人知道自己的原形,除了厌憎人类的猜疑之外,似乎还有些异类自卑的感觉在里面。至于葛巾的愤然作色,应该还有一个重要作用,那就是她和玉版必须得扔下两个孩子,他们将成为洛阳牡丹的佳种,形成今天洛阳牡丹之盛的大局面:"牡丹二株,一夜径尺,当年而花,一紫一白,朵大如盘,较寻常之葛巾、玉版瓣尤繁碎。数年,茂荫成丛;移分他所,更变异种,莫能识其名。自此牡丹之盛,洛下无双焉。"

葛巾:洛阳牡丹自尔胜

34
绿衣女:"蜂"腰纤细掌中轻

郭沫若为蒲松龄纪念馆撰写对联,说蒲松龄"写鬼写妖高人一等,刺贪刺虐入木三分",的确,中国并不缺少志怪故事,散见于诸子散文中的不说,就一本《搜神记》,也可以说是蔚为大观了。但能把鬼怪写得如此生动,除了《西游记》中有几个"人物"稍能匹配,其余真无人能超越。尤其是作者所写的鬼怪变化的女子,即便是《西游记》,也是万不及一的。

聊斋里的狐精鬼魅非但有人的外形特征,还有人的社会属性,比如《青凤》中的胡君,明明是只狐狸(胡君者,狐君也),却俨然一副封建家长的派头。青凤是他的侄女,也是狐狸精,却被他管得死死的。还骂她"贱婢辱我门户",你倒是有"门户"啊!不仅如此,那些妖魅有时还有鲜明的个性,并非千"妖"一面。比如,由鬼母养大的狐女婴宁是活泼可爱的,青凤是文静多情的,女鬼聂小倩是善良柔弱的……更有趣的是，作者有时还为她们匹配上了动物原型的某种特点。在这一点上，《西游记》也是出色的。唐僧的徒弟中，那个憨头憨脑、有把蛮力的家伙，就应该是只蠢猪，而不可能是猴子；同样，我们也无法想象，那个古灵精怪、调皮捣蛋的家伙，不是只猴子而是头笨猪。不过，孙悟空和猪八戒的原型特征本来就长在他们身上，孙悟空是毛脸，雷公嘴；猪八戒是长嘴，大耳朵。就外形而言，是人和兽的混合体，只是具有了人的思想和言行而已。而聊斋中那些精怪完全是以人的形象出现的，他们到底是什么精怪，谜底往往要到最后才揭晓，而一旦谜底揭开，其匹配之精巧，常常令人莞尔。

绿衣女就是这样的一个女妖——当我们以"妖"称之的时候，心底竟会有几分别扭，因为蒲松龄先生实在是把她写得太美好了。和聊斋中的很多故事一样，绿衣女出现在读书人夜读的时候。从那么多次参加科举考试的情况来看，蒲松龄应该是个勤勉的读书人，时常读书到深夜。在这个又乏又困又无聊的时刻，最渴想的就是来点故事。可是，来什么故事呢？良家妇女绝对是不行的，一来她们不大会来；二来，即便来了也是件麻烦事。比如《画皮》中，王生的妻子听说他半路捡了个从大户人家逃出来的小妾（尽管事实上并不是），就"劝遣之"。为什么呢？因为家人一旦发现，报官的报官，敲诈的敲诈，肯定没你好果子吃。

《绿衣女》

吴生在旅店半夜接纳了店主人的儿媳妇,被店主人打上门来,差点讹去一大笔钱(《念秧》)。而且,勾搭良家妇女还很丢人。冯相如和邻女红玉私通,被相如的父亲叱骂:"女子不守闺戒,既自玷,而又以玷人。倘事一发,当不仅遗寒舍羞。"(《红玉》)那怎么办呢?既要美的、可以有故事的，又要人畜无害的，那么是谁呢？最合适的"人选"就是狐精鬼魅啦。只要漂亮，是不是人好像真的问题不是很大。比如，《绿衣女》故事中的书生于璟，他倒比唐僧聪明些，知道"深山何处得女子"，出现的定然"非人"，但照样"心好之，遂与寝处"。这种故事读多了，觉得简直就像是对读书人的鼓励：好好读书吧，一定要坚持哦，坚持到深夜，也许，你要的故事就来了……

于璟就是这样一个坚持夜读的书生。他寄居在醴泉寺。醴泉寺在山东省邹平县境内，据说唐中宗时，寺僧仁万重建寺院，其时东山有一泉涌出，唐中宗赐名"醴泉"，寺庙也由此得名。2006年重建的醴泉寺景区，迎门为文昌阁，阁上有殿，塑有文昌帝君神像。文昌是星座的名称，共有六星。其中的第四星被认为是主文运的，俗称文星或文曲星。文昌帝君也称梓潼帝君，是道教的神，掌人间功名禄位。所以有"天下寺院皆崇佛，唯有醴泉独尊儒"的说法。传说范仲淹曾在此苦读三年，所以里面又有范公祠。于璟在醴泉寺读书，这个地点很合适，既吻合他追求功名的想头，也比在家中更方便发生故事。果然，当他深夜犹在"披诵"的时候，好戏开场了。先是幕后一声叫板："于相公勤读哉！"彼时主角尚未登场，是先声夺人的意思。接着，一个美女就闪亮登场了，说的仍是那句台词："勤读哉"。可怜的于璟，从此以后，怕是再也不能夜里"勤读"了,因为绿衣女"由此无夕不至"。女子的外貌自然是"婉妙无比",不过,这种话说多了都是泪,一个个都"无比",究竟谁比谁更美丽啊?但描述绿衣女的另一句话就与众不同了,说是"绿衣长裙"。聊斋里写到女子服装的并不多,偶然也有,比如《林四娘》里,写林四娘的装扮是"长袖宫装",因为她生前是衡王府里的宫人,所以做鬼也穿着宫装。

绿衣女的第二个特点是"腰细殆不盈掬"。古代人似不甚讲究"三围",但对腰身似乎是有要求的,审美标准是以细为美。有谚云:"楚王好细腰,宫中多饿死。"好玩的是,这位被点名批评的楚灵王,关注的却不是女子的腰,而是男人的腰。这件事在《战国策》和《墨子》里都有记载。《战国策·楚策一》有一段文字,记录了楚威王和他的大臣子华的对话(原文是"莫敖子华","莫敖"是楚国的官名,不是子华的复姓)。楚威王熊商,公元前339年至328年在位。大臣子华向他介绍了过去五位楚国名臣的光辉事迹,他感到很羡慕,感慨说:"现如今到哪里能找得到这样的杰出人物呢?"于是子华就对他讲了楚王好细腰的故事。说楚国的先君灵王(楚灵王熊虔,公元前540年至529年在位)喜欢腰身小的人,楚国的那些士子就开始节食,饿到虚弱得不行,从座席上站起来要扶着墙,下个车也得拉住车前的木档才行。明明食指大动,坚决忍着不吃，即便就要饿死，也在所不辞。子华说这个故事的意思是，上有所喜，下必有所效。国君如果真心爱才，有才华的人一定会出现的。这个故事和郭隗对燕昭王讲的故事非常相似。郭隗讲的是关于千里马的故事，说从前有个君主，以千金求千里马，找了三年没找到。后来有人自动请缨，三个月就找到了一匹千里马，不过是死的，买它的脑袋花了五百金。国君很生气，说我要的是活马，花那么多钱买死马干什么！那人说："您都肯花五百金买死马，何况活马呢？现在满天下都知道您是能买马的人，您等着，马就要来了。"果然，不到第二年，竟然来了三匹千里马。郭隗讲这个故事的意思是，您要真心求人才，就从我开始。像我这样的人尚且受重用，比我强的人还不轻千里而来？郭隗也好，子华也好，都延续了中国古代读书人向地位比自己高而智商比自己低的国君说话的一贯风格，尽量用启发式，讲形象化的故事或事例。楚威王貌似是听进去了，他是楚国继楚悼王以后，使楚国国势发展得最好的君王。但楚灵王就有点悲催了，他那个奇怪的癖好，经由子华之口而流传至今。当然，子华也没冤枉他，《墨子·兼爱》中同样提到了这个典故，还多了一些生动的细节：楚国的大臣每天都只吃一顿饭，像美国小说《飘》中的郝思嘉去参加宴会一样，猛吸一口气，扎紧腰带。到了第二年，朝廷上全是面有菜色的人。不太明白楚灵王为嘛有这爱好，这可不像男性喜欢女性腰细那么好解释。腰身纤细是女性的性特征之一，而在各种文化中，几乎每一种自然性别符号，都有被人为强调的历史。比如，男人比女人身材高大，这个性征会通过戴高顶帽来强调；男子比女人肩膀宽阔，这个性征会通过肩衬来强调。女性比男人腰身纤细，会以束腹或穿紧身衣的方法来强调。因为性征越明显，越是容易得到异性的喜欢。自打"楚王好细腰"以后，纤细的腰身就被称为"楚腰"，并很快从男性变成了女性。杜牧《遣怀》诗中所说的"楚腰纤细掌中轻"，就显然是指女性了。白居易的宠妾小蛮也是以杨柳细腰而闻名。聊斋中的《细柳》，写到女子因为腰细，"嫖袅可爱"，被称为"细柳"。《葛巾》中的女子也是"纤腰盈掬"。好玩的是，同为写鬼怪的《搜神记》，也写了一个细腰的故事，说是有个叫何文的人，买了一所闹鬼的宅子，他拿一把大刀，在黄昏时分躲到北堂的中梁上。三更快要过去的时候，一个穿黄衣服的人出来叫道："细腰！"有人答应了。他说："怎么有陌生人的味道？"细腰回答说"没有啊"。过一会儿，一个穿青衣服的也同样叫细腰，问同样的话。还有一个穿白衣服的，也一样。天快亮的时候，何文从梁上爬下来，也学他们的样叫："细腰！"细腰答应了，他就问："穿黄衣服的是谁？"细腰说："是金子，在堂西的墙壁下。""穿青衣服的是谁？"细腰说："是钱，在堂前井边五步的地方。""穿白衣服的是谁?"细腰说:"是银子,在墙东北角的柱子下面。"最后他问:"你是谁?"细腰说:"我是杵啊。就在灶头下面。"天亮后,何文按照细腰说的一一发掘,挖到了金银五百斤,钱千万贯。然后在灶下找到杵,把它烧了。从此他就成了一个富人,而且住宅也挺安静的,没闹过鬼。这个故事是讲除妖的,但此"妖"不是那"腰"。杵是派舂米、捣蒜等用场的细长的棒子,大多没"腰",不知为什么要叫它"细腰"。难道是因为"细腰"就是"楚腰",和"除妖"谐音?

绿衣女的第三个特点是声音娇细,唱曲的时候,"声细如蝇,裁可辨认",但细听"宛转滑烈,动耳摇心"。绿衣女在唱曲前后,一直害怕被人听到,唱完还开门出去,围着屋子转一圈,看有没有人偷听。她最后的遭遇也不知是否因曲而起。但歌唱惹祸,是有前车之鉴的。《杜十娘怒沉百宝箱》中的杜十娘,若不是因李甲的要求"开喉顿嗓,取扇按拍,呜呜咽咽,歌出元人施君美《拜月亭》杂剧上'状元执盏与婵娟'",便引不来孙富的觊觎,不会有最后的悲剧。

绿衣女在唱曲的第二天早晨就出了状况,差点丧命,从此再不能和于璟寻欢(嗯,于相公又可以"勤读"了)。遇到一个鬼怪变化的美人,到一定时候,由于某种原因而不得不离去,这是聊斋故事中的常见桥段,不足为奇。这个故事特别带劲的地方，是到最后，于璟才知道绿衣女原来是一只绿蜂。读者也跟着恍然大悟，再回想她的绿衣长裙，她的楚腰纤细，她的声音娇细，不禁失笑：原来还真是一只蜂啊。

类似这样和原型匹配得特别好的描写也出现在聊斋的其他故事中。比如《葛巾》中的女子，最大的特点是香。靠近就"闻异香竟体"，亲热时更是"热香四流""鼻息汗熏，无气不馥"，即便离开，也是"体香犹凝""寝枕皆染异香"。如此之香，当然就是花妖啦。再比如《黄英》中，姐弟俩是菊花精，陶弟喝醉了，走出房门，一脚踏在菊畦里，猛地倒下，就地化为一株菊花。菊精倒在菊畦，变回菊花，这不是再自然不过的吗？更精彩的还在后面。陶弟又一次醉酒，马生因为不懂菊精的道道，无意中弄死了陶弟，黄英掐其梗，埋入盆中，长出的菊花竟然"嗅之有酒香"，而且浇上酒就愈发茂盛，被命名为"醉陶"。不知道如今的菊花中是否有此一种。但这个嗜酒如命的菊精的形象已深深植入了读者的脑海，让人喜欢，也让人赞叹。

35

青凤：童话里都是骗人的

《青凤》是《聊斋志异》中的名篇，蒲松龄出色的写作才能在里面表现得非常充分。小说塑造了几个非常生动的人物——当然，其中有几个其实不是人，是狐狸精。不过没关系，蒲松龄写狐精鬼魅向来是赋予人的特点的，不仅有人的社会属性，还有人的个性呢，所以，我们就暂且一概以"人物"论之了。

先说青凤。作者在青凤身上下了不少功夫，把这个少女写得可以满足男子对心上人的所有想象。首先，她美丽动人，"弱态生娇，秋波流慧，人间无其丽也"。蒲松龄和很多聪明的作者一样，不去写她眼睛鼻子长啥样，却出一"态"字让你自己琢磨去。基调是定好的：是"生娇"的"弱态"，林黛玉一类，而不是"英豪阔大"的史湘云者流。和"弱态生娇"相对的是"秋波流慧"（这两句对得特别工整，连平仄都对上了，蒲老先生有这才情，居然

《青凤》

在科考时屡战屡败,也难怪他要恨其不公,怨其目盲了),两句都是写动态的。传统的路数,写美人多用比喻,比如《诗经·卫风·硕人》,写新娘子"手如柔荑,肤如凝脂,领如蝤蛴,齿如瓠犀,螓首蛾眉",但谁都感觉得到,这一长串比喻,远不如后面的"巧笑倩兮,美目盼兮"来得动人。有时候,一物比一物反倒限制了读者的想象,我们不妨试着想想看：一个手臂像柔软的茅草嫩芽、皮肤像凝结的脂肪、脖子像洁白而弯曲的天牛幼虫、牙齿像瓠瓜排列整齐的籽儿、脑袋像额头方正的螓、眉毛像飞蛾细长弯曲的触角的美人，你啥感觉？倒不如"巧笑倩兮，美目盼兮"一下子激活了读者心中的美人。在《红楼梦》中，曹雪芹曾经通过林黛玉的眼睛，描写了贾府的三个女孩子，其中写贾探春也有"腮凝新荔，鼻腻鹅脂"之类的套路，但其精气神所在，却是后面"俊眼修眉，顾盼神飞"的动态。蒲松龄也是，一句"秋波流慧"，写活了青凤娇柔而灵秀的特点。

其次，她温婉多情。耿去病目不转睛地盯着她看，她的反应是"俯其首"；耿去病在桌子底下偷偷踩她的脚，她"急敛足，亦无愠怒"。"俯首""敛足"都是有教养女孩子的正常反应，一个"急"字，更是把她乍遇男性大胆挑逗时的惊慌表现得淋漓尽致。更有意思的是后面的四个字："亦无愠怒。"她惊慌，她躲避，但她对这来自异性的赤裸裸的示爱并不厌憎，而是在心里把它看作是耿去病"惓惓深情"的表现，所以她不生气。这也是后来她肯"启关出"和耿去病相见的缘由。可惜这次幽会被叔叔胡君粗暴地搅散了。在叔叔的呵斥面前，青凤"羞惧无以自容，俯首倚床，拈带不语"。蒲松龄无缘得见狐仙，这是肯定的，但他一定细细观察过女孩子，不然，如何能有如此细腻生动的描写!本就娇柔,又被呵斥,连羞带怕,几不能站稳,"倚床"而立,弱态可掬。下意识的小动作"拈带",是青凤波澜起伏的内心的外在表现,就如同小品中模仿娇羞女孩的经典动作"绞手绢"一样。之后,青凤"低头急去""嘤嘤啜泣"。一举一动,皆让人顿生怜爱之心。如果说,前半故事中的青凤令人生怜的话,那么结尾处的青凤更有些让人起敬了。在关键时刻,她不念旧恶地让耿去病拯救了曾对自己"诃诟万端"的叔叔。这么一个美丽善良、温婉多情的姑娘,谁会不爱呢?

　　胡君这个角色也有趣得紧。这只老狐狸,戴上儒冠,就一本正经地做起家长来。你看他们吃个饭,也弄得煞有介事:男性家长朝南坐,女性家长坐南向北,和他相对;男孩朝东,女孩朝西。古人以面向南为尊,耿去病发狂时说的"南面王",就是这个意思。东西两边以面东为尊,坐西向东的位置在南面尊者的右边,所以左右两边以"右"为尊,成语"无出其右"就是没人能超过的意思。当初蔺相如因为完璧归赵、渑池会等一系列的成功外交,拜为上卿,"位在廉颇之右",这让廉颇还大大不高兴了一回(《史记·廉颇蔺相如列传》)。狐狸精的家庭饮馔,座次居然如此中规中矩,实在有点好笑。更可笑的是,似这般装模作样摆个饭局也罢了,他还认真做起封建家长来。为了不"辱吾门户",他不仅对青凤"诃诟万端",还扬言要"鞭挞且从其后";对耿去病,他先是化作厉鬼恐吓,后面干脆卷铺盖走人,来个"三十六计走为上计"。总而言之,偏不让有情人终成眷属。不过,胡君虽然霸道,倒还不穷凶极恶,尤其是对付耿去病的那两招。耿去病看到他假扮恶鬼的样子,不仅不害怕,还笑嘻嘻地"染指研墨自涂,灼灼然相与对视",这时候他居然"惭而去",这也太滑稽了。后面的撤走,也是躲避而不是进攻。这样的描写,既为胡君最后被耿去病所救埋下了伏笔,也让这个不通情理、不懂风情的老头落入一种尴尬可笑的境地。

如果说,青凤让人怜爱,胡君让人哭笑不得的话,耿去病的狂放不羁、倜傥风流就让人喜欢了。荒宅有怪异之事,人家避之唯恐不及,他却明知宅有异,偏向异宅行。蒿蓬疯长的荒芜楼宇中突现一家四口,就如荒山野地走来一个姑娘,除了不谙"妖"事的唐僧和愚笨贪婪的猪八戒,没人会相信真的是"女施主"。耿去病应该很清楚自己看到的是什么,但他却采取了那么一个欢乐的加入法,跳出来笑呼:"有不速之客一人来!"还理直气壮地向胡君要酒喝:"此我家闺闼,君占之。旨酒自饮,不一邀主人,毋乃太吝?"真是狂态可掬。而见到青凤后的表现,更是把这种狂态发挥到极致。当他拍着桌子大叫"得妇如此,南面王不易也"的时候,相信胡君心里一定是又好气又好笑,而读者和青凤一样,则被他深深地打动了。后半故事中,耿去病和鬼"灼灼然相与对视"的胆量，"倘宥凤也，刀锯鈇钺，小生愿身受之"的担当，还有随后对胡君的无伤大雅的报复，都令人欢喜。

有了这些生动的人物，故事当然也动听了。整个故事波澜起伏，青凤凡三避三现：耿去病蓦然闯入，青凤一避；因为他"粉饰多词，妙绪泉涌"，胡君让青凤也来当听众，于是一现；耿去病见到青凤的美貌，狂态发作，大呼"得妇如此，南面王不易也"，青凤二避；凝待终宵，青凤再现；胡君掩入，青凤三避；最后，青凤在耿去病书房中第三次出现，成百年之好。整个过程中，耿去病始终是个情种的形象，他"不避险恶"，读书楼中；空等一年多，"未尝须臾忘凤也"。最后机缘凑巧，有情人终成眷属，完成了一个关于爱情的美丽童话。

我们读《青凤》，沉浸其中，都为耿去病和青凤的爱情喝彩，却有意无意地忽略了一个重要事实和一个重要人物。这个事实就是：耿去病是有家庭的！而被我们忽略的人物，就是他的妻子。

青凤三避之后，耿去病决定要搬到楼里去住。他"归与妻谋，欲携家而居之"。不知道他和妻子商量的时候有没有把搬迁的目的说出来，不管说没说，总之妻子是没同意。是啊，如果没有正当理由，为什么要举家搬入那么一个人人害怕的、"荒落益甚"的地方？如果耿去病把"冀得一遇"的目的说出来，对他和青凤来说，这个理由是够"正当"的，但对他的妻子而言，这也太不"正当"了吧？所以，"妻不从"是正常的，而耿去病竟然在"妻不从"的情况下"乃自往"，来了个"你不去我去"的自说自话，不知为妻的做何感想！后来，耿去病的叔叔愿意低价出售楼宅，他还是"携家口而迁焉"。这场搬迁，他妻子是什么态度，我们完全不知道。她就像一个无足轻重的隐形人一样被热烈的爱情故事遮蔽了。

这个美丽的童话还有一个问题，就是耿去病后来得遇青凤，虽然喜出望外，"如获异宝"，却是"另舍舍之"的。孝儿来求救之后，"生如青凤所，告以故"，要到青凤的住所去告诉她，可见青凤并没有进入他的家庭，他也没有和青凤住在一起，而是让她做了个外室。在一夫多妻制的情况下，男性可以有很多性配偶，名分和地位也各各不同。妻子当然是最"合法"的，须得明媒正娶，门当户对，对人品外貌也都是要考察一番的（尽管这种考察很大程度上不一定靠谱）。其次是妾，要求就没那么高了。常言道"娶妻娶德，娶妾娶色"，妾的主要功能是充当传宗接代的工具，所以长得好看比较重要，一来有利于激发男性的性兴趣，二来也是为了遗传——尽管古人并不懂这里面的道理。虽然同为配偶，地位差别却很大。妻是主人，妾却是奴仆，和丫鬟婢女同辈。《红楼梦》中赵姨娘和芳官吵架，最刺心的一句话,就是被芳官说:"姨奶奶犯不着来骂我,我又不是姨奶奶家买的。'梅香拜把子,都是奴才'罢咧,这是何苦来呢!"把赵姨娘气得发怔(第60回 茉莉粉替去蔷薇硝 玫瑰露引出茯苓霜)。邵九娘是柴廷宾的妾,就自称"身为贱婢"(《邵九娘》)。《金瓶梅》中的潘金莲,在西门庆的一大堆老婆里"英勇奋斗",却始终对吴月娘讳忌三分,原因就是名分不同。除了妻和妾,贵族家庭里,还有通房丫头,也叫"跟前人"。就是家长正式允许和男主人有性关系的丫头(如《红楼梦》中的平儿),也算男主人的"合法"配偶。外室则是男主人在家庭之外的、比较稳定的性配偶。地位更低、也更不稳固。用邵九娘的话说,叫"买日为活,何可长也"?所以,如果有机会、有可能,外室都是非常愿意"外转内"的。比如邵九娘,还有《红楼梦》里的尤二姐。尤二姐嫁给贾琏是充当外室的,王熙凤把她"赚入大观园"的时候,她内心竟是非常喜悦的,以为从此以后就可以做个名正言顺的妾。青凤和耿去病貌似爱得轰轰烈烈,最后就是这么一个没名没分的外室。

其实,聊斋中的很多所谓爱情故事,包括我们读到的很多古典"爱情诗(词)",都和今天的爱情相去甚远。李商隐的"此情可待成追忆,只是当时已惘然",杜牧的"蜡烛有心还惜别,替人垂泪到天明",柳永的"执手相看泪眼,竟无语凝噎",看似都深情绵邈,但却绝对不是现代人对爱人的念想。它不是现代意义上的排他的两相爱恋，更和婚姻没多大关系，所以，男人的婚姻状况以及婚姻中的主要人物、他的合法配偶，都是可以缺席的。同时，缺席归缺席，妻子在家庭中的地位又是不可撼动的，所以《聊斋志异》的故事中，"妻"时常会隐隐约约地出现，成为故事的背景。又由于古代社会阶层固化的关系，"小三上位"的可能性小而又小。聂小倩算是个例外，她在宁采臣的妻子死后"借博封诰"，扶正做了夫人。但前提是宁采臣的妻子死了，不然，她恐怕是要小三当到底的。不仅如此，宁采臣这个号称"生平不二色"的男人，不仅在聂小倩这里"二色"了一下，和聂小倩结婚后，又纳了妾，不仅一而再，并且再而三了（《聂小倩》）。大部分类似青凤这样的男欢女爱故事，也就只能到成为外室或妾为止。如果以今天的观念来看，不论是站在青凤的立场，还是站在耿妻的立场，是不是都会觉得"童话里都是骗人的"？它根本不是我们要的现代爱情。

36

婴宁：烂漫少女笑矣乎

蒲松龄在《聊斋志异》中写了很多女孩，她们或狐或鬼，大多非常可爱。婴宁可能是其中最生动的一个。

渔洋山人王士禛曾说蒲松龄："料应厌作人间语，爱听秋坟鬼唱时。"这话说得很对。不知道是因为人间的女孩轻易不能得见，还是她们不招人喜欢，总之蒲松龄最喜欢写的，是狐鬼幻化或者由狐鬼生育的女孩子，而且往往在描写这些女孩子的时候倾注心血，写出了许多"我见犹怜"的女孩。婴宁就是她们中的一个。

婴宁的最大特点是爱笑。王子服第一次见她，就是"笑容可掬"。第二次见她，是"含笑拈花"。正式相见的时候，先是"户外隐有笑声"，然后由远而近，在"户外嗤嗤笑不已"，被婢女推进屋，"犹掩其口，笑不可遏"。然后是"忍笑""复笑""大笑"——你以为她笑够了？才不是呢，人家在跑出屋去之后，才"笑声始纵"，可见之前一直克制

《婴宁》

着,绝对是没笑够的。这一段描写,让我们如闻其声、如见其人,耳边似乎回荡着婴宁那银铃般的笑声,再有愁苦,也能解颐。

浓彩重墨写"笑",《红楼梦》中也有一处。那是刘老老进大观园的时候。为了"哄着老太太开个心儿",王熙凤和鸳鸯精心策划、导演,刘姥姥倾情出演,让贾府上自老太太下至丫鬟们爆发出一场最精彩、最烂漫的笑。史湘云"掌不住,一口茶都喷出来"。这个动作由"英豪阔大宽宏量"的史湘云做出,自是十分贴切,换了林黛玉,却是不可能的。人家是"岔了气,伏着桌子叫'嗳哟'"。"行比弱柳扶风"的林妹妹,连大笑一下都累着了。还有一个和史湘云风格上比较接近的是贾探春,她的动作也不小,一下把"茶碗合在迎春身上"。和林妹妹一样呈娇弱状的是惜春,她在叫奶母"揉揉肠子",柔弱之外还有几分娇憨,这却是寄人篱下的林黛玉不会有的。王夫人的笑是"手指熙凤,说不出话来"。只有她清楚地知道这出滑稽戏的导演是谁,也是她才有资格指出来。奴才也在笑,不过他们得"躲"着笑、"蹲"着笑,因为当主人面大笑是有失体统的。他们还得"忍"着笑,因为主人这里喷出来的茶、合在别人身上的茶碗都是需要收拾的。如果说,曹雪芹在这里还有什么令人不够满意的地方,那就是写薛姨妈"喷了探春一裙子"。老年人一口茶掌不住喷出来,本身没啥问题,问题是史湘云已经喷过一回了。"一口茶都喷出来"和"喷了探春一裙子"原则上没啥区别,就是一个喷到别人的衣服了,一个可能没有。如果在生活中,这也完全可能发生,但作为文学作品,作家就应该找出另一种笑法来,雷同就没趣了。可见大作家也有失手的时候。

和《红楼梦》中笑的描写相比,《婴宁》中关于笑的描写集中于一个人，却也写得摇曳生姿。作者把婴宁的爱笑和她的另一个特点——爱花联系在一起。她或者是"拈梅花一枝"，或者是"执杏花一朵"，或者是"含笑拈花而入"，就连找个借口走开，也是"视碧桃开未"？在"异史氏曰"中，作者说婴宁就像一种叫"笑矣乎"的草，这种草放在房里，只要闻一闻它，便乐不可支。他还把"笑矣乎"和合欢花、忘忧草相提并论，觉得和她相比，其他都黯然失色。合欢树羽状的复叶昼开夜合，人们把它叫作合欢。忘忧草也叫"萱草"。《诗经》中有一位思妇，在家居北堂栽种萱草，借以解愁忘忧，从此世人称之为"忘忧草"。这两种花草的寓意都和爱情有关，但作者大概是嫌它们都不够快乐吧，觉得它们不如笑矣乎。因为合欢被附会上了娥皇女英的故事，绝对苦唧唧的；而后者本身就是不快乐的。作者还特地指出，所谓的解语花，他是"嫌其作态"的。把女人叫作"解语花"，始作俑者大概是唐明皇。在和贵戚们赏花时，大家都说花好看，他指着贵妃说："怎么比得上我这会说话的花（解语花）？"不知道是不是受了李白"名花倾国两相欢，常得君王带笑看"的肉麻诗句的启发。蒲老夫子是吃不到葡萄的，说几句葡萄酸也正常。不过，他喜欢的"笑矣乎"婴宁，的确比解语花更为可爱。

因为爱花，带出了婴宁的另一特点：爱爬树。我们至少有两次看到她爬上树去摘花，一次是"狂笑欲堕"，成就了爱情；另一次是"不避而笑"，玩了个大恶作剧。女孩子爬树，恐怕是解语花们做不来的，倒很有一些像《诗经·氓》中那个沉溺于爱情的农村女孩，为了早早看到自己的男朋友，她竟然爬上了一堵断墙。"乘彼垝垣"不为别的，就为"以望复关"，可以早点看到情人。只有生活在下层的自由环境中的女孩，才如此手轻脚健，生气勃勃，活泼可爱。由此看来，蒲老夫子看女孩子的品位还是"颇不恶"的。

婴宁这个爱笑少女，用秦媪的说法，叫"嬉不知愁"。婴宁为什么会"嬉不知愁"呢？有人觉得，是因为她特殊的身份。她是狐精的女儿，母亲临死，把她托付给了鬼母。她跟着鬼母长大，像是到了"三不管"地界，自是无忧无愁。其实不然。青凤也是狐女，却俨然小家碧玉。不要说这么放肆的笑，就是走两步路，也是"履声细碎"。可见，婴宁的性格，和她是狐是鬼没有直接联系，是作者希望写出一个有鲜明个性的女孩形象。事实上，他也的确做到了。这个人物，作者称为"我婴宁"，喜爱之情溢于言表。

作者赋予婴宁的性格特点是"憨"，"笑"是她"憨"的外在表现。为了表现她的"憨"，作者设计了一段她和王子服的精彩对话。王子服把上元那天婴宁扔掉的花一直保存着，这时拿出来给她看，婴宁不解："花都枯了，还留着它干什么？"王子服说这是因为喜欢，婴宁说："你喜欢呀,这又不是啥难事,我叫个老奴,弄一大捆给你。"王子服急了,只得摊牌:"我爱的是拈花之人。"婴宁仍然表示不解:"你我姨表兄妹,当然爱啦。"她用的是"葭莩之情"。葭莩是芦苇里的薄膜,后用以指亲戚。至于为什么用葭莩来指亲戚,有人说是因为葭莩很薄,来比喻亲戚关系疏远淡薄。但"葭莩之情"未必全都浇薄,也可能是因为葭莩紧贴着芦苇,所以用来喻指亲戚。婴宁说的"葭莩之情",就没有疏远淡薄的意思,只是说,我们是亲戚,自然是友爱的。逼得王子服不得不和盘托出:"我要的不是一般的爱,是夫妻之爱。"婴宁问:"有什么区别吗?"王子服一言以蔽之:"晚上一起睡觉。"婴宁想了一会儿,认真地回答:"我不习惯和陌生人一起睡觉。"这一大段对话,一问一答,一个是羞于表白又急于表白,一个则是全程懵圈,令人绝倒。特别是在母亲面前,婴宁居然说出"大哥欲我同寝处",让王子服狼狈得不是一点点。过后她还很认真地问:"这话不可以说吗?"王子服说:"这是背着人说的话。"婴宁说:"别人可以背,怎么能背老母亲?"理由如此堂皇,让人无法反驳。又说:"睡觉也是正常事嘛,干嘛不能说?"婴宁的这番话,让人喷饭之余,不由得击节叫好。的确,"食色,性也。"男欢女爱本来正常,遮遮掩掩干什么?无独有偶,书生郎玉柱也演出了这样一场喜剧:他和美女颜如玉同床共枕,却不懂得做爱,还奇怪地问:

"人家男女同居都会生孩子,我和你同居那么久了,怎么没孩子?"后来尝到了爱的滋味,竟然"逢人辄道",颜如玉责怪他,他说:"打洞翻墙干坏事,这才不可告人;天伦之乐,人人都有的,为什么不能说?"(《书痴》)一而再,恐怕蒲松龄先生不会是无意的了。看过聊斋应该明白,蒲松龄是喜写床笫之事的,应该确实在心中存此一想,只不过是借故事中人的嘴说出来罢了。

然而,"憨"只是作者让我们看到的婴宁的最表层的性格。再往下读,你就会发现,婴宁与其说是"憨",不如说是"黠"。她用大智若愚的方法,在嬉笑之中获得了世人的认可。在她的社交圈里,"人皆乐之。邻女少妇,争逢迎之"。婆婆有什么烦心事,只要她到场,一笑解千愁。奴婢们有了小过失,生怕被惩罚,只要拉了她一起去,便可"化险为夷"。能打造出这样的人设,"笑"功不可没。还有,结婚时的那些个繁文缛节,因为婴宁的"笑极不能俯仰",竟然"遂罢"。大概"遂罢"后的婴宁,内心是笑得更欢畅的。更重要的,当初号称"寝处亦常事,何讳之有"的婴宁,结婚后对房中之事却"殊密秘,不肯道一语",让王子服白白担心了一场。可见这少女心中明镜似的,不过是故意装懵懂,逗逗那位心急如焚的姨兄罢了。当邻家子意欲图谋不轨时,她更是狠狠地报复了他(当然,这个报复惨重了点,人家虽有些鬼心思,毕竟罪不至死,何况还是你用"笑"给了人家希望），这时候的婴宁何"憨"之有？分明狡黠得很哪。再回过去看她最初和王子服的对话，才会发觉，正是婴宁的小狡黠，让王子服节节败退，狼狈不堪。王子服喜欢自己，婴宁是在"个儿郎目灼灼似贼"的时候就知道的，她也对他颇有好感，所以才会"遗花地上"，留他一个念想。当王子服找上门来时，她时不时"露半面来窥"。作者说"似讶其不去者"，然而却并非是真"讶其不去"，而是正要其"不去"，让他"自朝至于日昃"，以考验他的诚心。王子服到达是"辰刻"，也就是上午的7点到9点之间，一直等了"日昃"，也就是黄昏太阳下山的时候。大概婴宁觉得王子服这一关的考验已经通过，所以叫来了秦媪。后园对话，婴宁一步步让王子服真情尽吐，自己却一路装无辜，让王子服感到"无术可悟之"。看看婴宁对邻家子的大恶作剧，不难明白此时她玩的小恶作剧。可见她之前的"憨"是装出来的，目的是让这个"目灼灼似贼"的家伙出点洋相。王子服抓耳挠腮"无术以悟之"的猴急样子，焉知不是婴宁笑不可遏的原因？

令我们失望的是，婴宁后面终于不笑了。因为她闯祸惹下官司，差点对簿公堂，被婆婆训斥，婴宁终于收起了她那永不离身的、灿烂的笑容。婆婆大概也已经不习惯没有笑容的婴宁了，马上补充说："人没有不笑的，但是要笑得是时候。"但婴宁却再也不笑了。这个浪漫少女从鬼蜮来到人间，非但没有收获更多的自由和温情，反而连灿烂的笑容也失去了。这不能不令人痛心。让我们稍微宽心的是，她虽然不笑，却也"未尝有戚容"。直至有一天，她终于流下了眼泪，把自己的身世和盘托出，请求丈夫在"岑寂山阿"中找到"相依十余年"的鬼母，把她安葬到夫家的墓地里。至此，可爱的婴宁一去不复返了。这个女子最烂漫的高光时刻彻底结束了。就像《红楼梦》里的甄宝玉，后面部分再出现时，已经是"禄蠹"一枚了。只有当我们读到她儿子在怀抱中，不畏生人，见人辄笑，大有母风的时候，我们才有了一点点慰藉。这大概也是作者留下的一线希望吧。

37

黄英：让丈夫"到碗里来"的奇女子

明清之际，商业活动已经很发达。但读书人对经商的偏见并未改变多少。卖油郎秦重即便娶了绝对属于白富美的花魁娘子莘瑶琴，也不忘让两个孩子"俱读书成名"。老爹可以卖油，老娘可以卖笑，但子辈须要读书。因为老爹老娘的辛苦就是为了有一天让子辈能走"正道"（《醒世恒言·卖油郎独占花魁》）。"万般皆下品，唯有读书高"的"高"，可以理解为两个含义：一是读书做官得高位的"高"。中国古代在很长一段时间内是考试定终身的。只要你有本事（当然也包括有运气）考好了，即使出身平平，书包翻身也是可能的。二是清高的"高"。读了圣贤书，好歹有点精神追求，有点文化生活，有点超越俗世的境界。蒲松龄也是读书人，第一个"高"，他想过，也苦苦追求过，无奈壮志难酬。对于第二个"高"，他却是出乎意料的清醒，表现出一般读书人少有的识见。他的这种态度，在

《黄英》中表现得特别鲜明。

男主马子才,是个自命清高的读书人。说他自命清高,是因为他虽然生活拮据,却对陶弟"卖菊亦足谋生"的主意大不以为然。认为"风流雅士,当能安贫",若是"以东篱为市井,有辱黄花矣"。这番高论高则高矣,但不

《黄英》

知他让黄英姐弟"可以寄榻"的茅庐以及不时馈恤的"升斗"来自何方?更不知他"闻有佳种,必购之,千里不惮"的盘缠和资本所从何来?按照蒲松龄的叙述习惯,他应该是"故家子"(本篇并没有指出),也就是祖上做官留了点薄产,让他可以当一回"风流雅士"。蒲松龄经常给故事的男主"故家子"的身份,一来可以保证男主基本衣食无忧,或许还读点书,这样就可以有闲暇和些许小才情与狐精花妖谈个比较有质量的恋爱;二来也是为了突出他们的清高,世家出身而不去做官,就像有同等学力却懒得去弄张文凭一样,是很有腔调的事情。但这种清高如果太过刻意而演化为迂执,蒲松龄就有点看不上眼了。在《黄英》中,迂执的马生遭到了蒲松龄毫不留情的嘲笑。不过,马生的迂执还不到酸腐的地步,所以蒲松龄对他并无恶意,只是让他在奇女子黄英的面前节节败退,最终乖乖地到了她碗里。这不是一场丈夫和妻子的缠斗,而是一次严重的观念的冲突。在这当中,蒲松龄所表现出的态度,非常有价值。

  故事是从喜欢菊花的马生路遇黄英姐弟开始的。黄英的弟弟"丰姿洒落""谈言骚雅",尤其是论及艺菊之法,让马生相见恨晚。于是,他很慷慨地把自家南边的荒圃连同"小室三四椽",一起赠予黄英姐弟居住。他们的第一次冲突,发生在可不可以贩卖菊花的问题上。马生喜欢菊花,黄英姐弟善于培植菊花,所以陶弟提出可以通过出售菊花来补贴日用。马生立马表示反对,认为贩卖菊花是"以东篱为市井,有辱黄花矣"。说马生雅倒也不假,瞧人家说一句话,俩典故。自从陶渊明有诗云"采菊东篱下,悠然见南山"之后,"东篱"就成了栽种菊花之处的代名词,唐代杨炯的《庭菊赋》,就有"凭南轩以长啸,坐东篱而盈把";柳永的《玉蝴蝶·重阳》,也有"西风吹帽,东篱携酒"。把菊花叫作"黄花",就更有来历啦。《礼记·月令》里说:"(季秋之月)鞠有黄华。"这里的"鞠",就是"菊";"华"就是"花"。深秋菊有黄花,后人就用"黄花"作为菊花的代称了。比如大家熟知的李清照的《醉花阴》:"帘卷西风,人比黄花瘦。"可是,雅则雅矣,手头宽松一点总是好的,没准还能过得更雅呢。所以,蒲松龄让陶弟回答了两句掷地有声的话:"自食其力不为贪,贩花为业不为俗。人固不可苟求富,亦不必务求贫也。"这些话绝对是要掏出小本本当作警句格言抄下来的,尤其是第一句"自食其力不为贪",打破了多少年来人们对贪婪的定义。传统道德把不追求分外的东西叫作"本分",认为是值得褒扬的。"本分"之外还想要点什么,就是"贪"了。可蒲老先生让陶弟说的是:只要是劳动所得,就不能叫作"贪"。后面的"人固不可苟求富,亦不必务求贫也",也精彩无比。在人类社会中,金钱一方面是人们孜孜以求的东西,另一方面又一直为道义所谴责。先秦时候的苏秦，还会公开发出"人生在世，势位富贵，盖可忽乎哉"的感慨，越到后来，"富贵于我如浮云"的调子越唱越高，把前面"不义而富且贵"的前提都甩开了。《世说新语》里的王夷甫为了表示对金钱的绝对鄙视，口不言钱。这番做作，估计家里人也看不下去，故意在他睡觉时，在床的周围堆放钱币，看他喊不喊人把钱拿开。结果人家硬是不说个"钱"字，大呼"移却阿堵"，弄得人们后来干脆把钱叫作"阿堵"或者"阿堵物"了。同样做作的还有管宁。他和华歆一起锄地，地上有"片金"，也就是一点点银子吧，华歆把它拾起来扔了，这举动本身也够呛。"我在马路边拾到一分钱，把它交给警察叔叔手里边"是常识，彼时虽说没有警察叔叔，总还是可以有处理方法的，扔了算咋回事？可是管宁还嫌他不够做作，硬摆出一副在他眼里金钱和土坷垃就没有区别的样子，一路就锄过去了。人们竟然还因此而分出了人物品格的高下。读书人在这边一味地"装"，老百姓对金钱的热爱却一成不变。读读那些市井小说，就知道金钱的力量何其强大。一本《金瓶梅》，一个西门庆，把金钱宣言喊得振聋发聩："咱闻那佛祖西天，也止不过要黄金铺地；阴司十殿，也要些楮镪营求。咱只要消尽这家私，广为善事，就使强奸了嫦娥、和奸了织女、拐了许飞琼、盗了西王母的女儿，也不减我泼天富贵。"（第57回 闻缘簿千金喜舍 戏雕栏一笑回嗔）或许，正因为金钱的力量太强大，人们追求金钱的热情太膨胀，所以才不得不在精神上竭力打压。宋明之后，城市繁荣，商业发达，读书人真有点装不下去了。尽管如此，像蒲松龄这样公然亮剑，和鄙视金钱的人叫板，还真不多。这几句话搁现在或许不算什么，在当初可真是响当当的金言！不过，光出两句警句格言还不行，你说你的，我说我的，谁也说服不了谁，得让自命清高的读书人（马生）碰碰壁，大大地出点洋相。于是，作者让他娶了黄英。

黄英像聊斋中的大部分女子一样，年轻，漂亮，和其他女子不同的是，她绝对御夫有术，从容不迫地就让马生接受了自己的生活方式。对很多婚姻来说，妻子比丈夫富有并不是一件好事。即便妻子并没有恃富而骄，丈夫也会对这事耿耿于怀。毕竟，我们所处的是男性社会。男人是家庭的经济来源，由男人来掌控家里的经济大权，才是比较正常的。但黄英不是。黄英家要比马生富裕得多，如何处理好夫妻关系？黄英采取的办法是极其高明的。她既不做小伏低，也不强求硬要。首先，她拒绝彩礼。她知道马生艰难，而那点财物对她来说简直不算什么。其次，她希望马生住到她家去，做个上门女婿。这第二条，马生当然是不同意的。如果一看对方有钱，不管三七二十一就过去了，那是小白脸吃软饭的做派，马生还是清高的。玄妙的是，尽管马生一心想清高，但却怎么也清高不了。结婚以后，黄英嫁过来，住北面的老宅，而南面，是已经大富的陶家。黄英让人开一扇门，把两家打通，每天来回操持两家的家务。平心而论，马生真不算个庸俗的人，他觉得一介书生，软饭是肯定不吃的，所以特意关照黄英，把两家的东西都做了登记，以防混乱。可是马家穷啊，趁手的东西往往没有，于是黄英就到自己家去拿。不到半年，马家已经到处是陶家的东西了。马生让黄英一一送回去，并嘱咐说不要再拿来。但没过几天，两家的东西又混杂了。马生不胜其烦。这本来就是件尴尬事，作者还让黄英嘲笑了一下马生："陈仲子毋乃劳乎？"陈仲子是战国时期人，官二代，他哥食俸禄，非常富有，可他认为这是不义之财，坚决和他哥划清界限，一个人独居在於陵。有一次，他三天没吃东西，饿得耳朵也听不见，眼睛也看不见了。井台上有一颗李子，已被虫子吃掉了大半，他爬过去，捡起来吃，咽了三口，才恢复了视力和听力。陈仲子的行为连孟子也是不赞成的。他认为人不是蚯蚓，上食黄土，下食黄泉就可以活着，总还是需要生活资料的，没那半个李子，你不是就活不成吗？黄英嘲笑马生是陈仲子，马生自己也觉得惭愧，从此不再计较。这第一回合，马生就悄无声息地告败了。

黄英趁热打铁，大兴土木，几个月之后，两家合二为一,成了一所大宅子。而马生呢,继续扮演他作男的角色,埋怨自己三十年清德都被黄英所累,又说:"人皆祝富,我但祝穷耳!"换作一般女人,恐怕得一蹦老高:我让你过上了好日子,你不领情,还怪我坏了你的清德,还装模作样"祝穷",行,你穷去,我不连累你!但黄英不急。先不紧不慢地同他讲道理,说明自家虽富却并非贪财,如若不信,"床头金任君挥去之,妾不靳也"。但马生固执地认为,就算你让我把钱都花了,这花的也是你的钱。好吧,既然你把"你""我"分得这么清楚,那就"析居",也就是今天说的分居。人家妙就妙在不带情绪,在园中专门造一所茅屋让马生居住,还挑选美貌的婢女去伺候马生。可笑的马生居然"安之"。他也不想想,茅茨、美婢也是要钱的好嘛!更让他出洋相的是,尽管有美婢伺候,他还是非常想要黄英(可见女人的魅力并非只在于外貌)。他希望黄英到茅屋来,但黄英拒绝了:你有你的追求,我不拦你,还为你创造条件;但我也有我的坚持。于是他就只能白天住茅屋,晚上跑去找黄英。这让黄英又一次有了嘲笑他的机会:"东食西宿,廉者当不如是。"这个"东食西宿"的主人,可比陈仲子还不如。陈仲子好歹还是齐国著名的隐士,还是思想家,"东食西宿"的主人,却是个没名没姓的女人,只知道她是齐人,大概自身条件还行吧,有两家想娶她。一家的家境差了点,但男主挺帅;另一家呢,家庭条件不错，但男主长得有点磕碜。父母问：你愿意嫁哪家呢？齐女忸怩着不说。父母只道她是害羞，就说：你也不用说，你愿嫁东边那家的，就袒左肩；愿嫁西边那家的，就袒右肩。结果，令人万万想不到的局面发生了：齐女居然两袒！估计爸爸妈妈都惊呆了，问她什么意思，人家说："愿东家食而西家息。"瞧瞧这算盘打得！在有钱人家过日子，到帅哥那里去缠绵。"两袒"后来成了贪心不足的代名词，黄英用此来嘲笑马生，狎昵中暗含辛辣，让马生"亦自笑无以对"，从此认输，乖乖到了黄英的"碗里"，并且从此过上了幸福的生活。

在这个故事里，作者的意思再清楚不过。"装"是没用的，也是不必的，如果我们可以自食其力地过上好日子，又何乐而不为呢？要是中国古代的读书人多一点这样的觉醒，而不要在"万般皆下品，唯有读书高"这棵树上吊死，就如黄英所说，便是陶渊明，也是可以发迹的——当然，这话要是让陶渊明听见，是绝对要和蒲松龄干仗的。或许，这就是历史车轮已经向前滚动了千年的结果吧。

38

青梅：名教之中寻乐地

早蒲松龄三十年而生的清代文人李渔，在他的小说中讨论过风流和道学的问题。在他看来，风流而不道学，没品；道学而不风流，没趣。他美滋滋地觉得自己是既道学又风流——尽管别人并不这么认为，最多也就承认后者。他也在小说中塑造了一些这样的人物。三十年后出生的蒲松龄，和李渔一样，也是一个"偶记""闲情"的角色。在"正情"都没个地儿可以发挥的情况下，也就只能发挥"闲情"了，而且不发则已，一发惊人："偶记"成了"常记"，"闲情"成了"正情"，成了让他青史留名的硬实力。这类文人往往就像曹雪芹借贾雨村的嘴所说的"正邪两赋之人"，一方面，他们所接受的教育，决定他们的基本思想观念和思维模式是符合主流价值观的，他们没想、也没这能力去触碰那些属于底线的东西；另一方面，因为不在正途（或许内心还有些牢骚之类），再加上些艺术方面的禀赋，比如有些浪漫的想头啊，有些细腻的超感啊，他们又往往会有些异于常人的"逾矩"的想法。于是他们的笔下就出现了一些他们觉得很有趣也很完美的角色，所谓道学加风流的人物。这些人会说会想会做一些道学先生认为干不得的事情，同时又光明磊落、理直气壮，因为他们所想所说所做的事其实并未跃出礼教的藩篱。李渔笔下这方面比较典型的是《拂云楼》中的丫头能红。这个名字取自宋朝唐庚《剑州道中见桃李盛开而梅花犹有存者》的首句"桃花能红李能白"。能红能白是李渔的人格理想，"红"者，道学也；"白"者，风流也；或者倒过来也行，总之就是既鄙视冬烘先生，欣赏"性磊落，不为畛畦"的潇洒性格；又自认比那些循规蹈矩遵守礼教的人更懂得何为"礼"，也更懂得在礼教的藩篱之内寻找乐地。他们试图利用传统观念的张力，在里面装一点带有个人色彩的、有那么点离经叛道之意的货色，但又决不作毁坏传统观念的打算，试图用这样的折中之法来使小说达到思想上和审美上的均衡、和谐。这也不是李渔的发明创造，这种"个体趋同于社会及群体的文化精神，也是一种自'一分为二'转向'合二为一'的哲学意识"，正是我们传统文化的特征之一（吴士余《中国小说思维的文化机制》）。既是"特征"，必然"吾道不孤"，蒲松龄笔下也时常出现这样的故事，这样的角色，青梅就是其中的一个。

《青梅》

　　青梅的出生便带着点这样的意味。她的生父程生风流得可以,遇到"丽甚"的狐女,毫不畏惧,大言"倘得佳人,鬼且不惧,而况于狐"。也就是说,只要是美色,不管是鬼是狐他都敢上。而不似有的读书人,面对佳人时"狂喜",发现"毛尾修然",就"大惧,欲遁"(《董生》);或者声称"大丈夫何畏鬼狐?雄来吾有利剑,雌者尚当开门纳之",而真的遇上了则"大惧,齿振振有声"(《莲香》)。但"佳人"终究只是风流一场,该婚娶的时候,他还是明媒正娶了别人。青梅就是他和狐女风流的结果。

青梅长大后,因父母相继去世,被叔叔卖到王进士家,成了小姐阿喜的丫鬟。她做的第一件大事,就是为小姐物色了一个对象。尽管青梅号称"能相天下士",但根据小说的描写来看,她的"相士"其实也很简单,就是发现了张生的孝。张生是王进士家的房客,所以青梅有机会看到张生自己吃糠粥而母亲"食有肉",看到他不嫌脏、不嫌累地伺候生病的父亲。中国文化中,孝是一切道德的基础和起点,"夫孝,德之本也;教之所由生也"。行孝的历程,"始于事亲,中于事君,终于立身"。"事亲",也就是孝顺父母,是"孝"的初始阶段;中级阶段是所谓"事君",也就是以做孝子的方式来当臣子;最后,臻于"立身"。"立身"是"孝"的终点,而抵达这一终点的目的,仍然和"事亲"有关:"立身行道,扬名于后世,以显父母。"(《孝经·开宗明义章》)一篇《孝经》,开宗明义,从"事亲"开始,兜兜转转回到原点,完成一个伦理道德的大圆,中间就是个大写的"孝"字。青梅就凭"孝"这一点,认定张生"非常人",后来张生也果然"连捷授司李"。"连捷"就是科考一路春风得意;司李,也称司理,是主管刑事审判的官。学而优则仕,孝子张生理所应当地做了忠臣。

应该说，青梅的择偶标准是符合主流价值观的，但择偶这个举动本身却是不符合传统道德的。"父母之命，媒妁之言"，是传统婚姻的不二途径，当事人是不应该、也不可以介入其中的。青梅撺掇小姐把他们家的租客张生定为如意郎君，可不是贾母说的"不管是亲是友，便想起终身大事来，父母也忘了，书礼也忘了，鬼不成鬼，贼不成贼，那一点是佳人"！（第54回 史太君破陈腐旧套 王熙凤效戏彩斑衣）为了促成这门亲事，青梅既说服小姐，又说服张母，两头做工作，但这桩门不当、户不对的亲事还是因王进士夫妇的反对而告败。之后，青梅便决定"自谋"，这就更离谱了。

我们说的"离谱"，不是说青梅把原来打算介绍给小姐的男票给了自己。这种事情能红已经做过了。其实不仅能红，丫鬟对小姐择偶的热心，都难免有些私心在内。崔莺莺烧夜香，烧的是三炷香，但愿望只说了两个：一是"愿化去先人，早生天界"；二是"愿堂中老母，身安无事"。第三炷香她忸怩起来，是红娘帮她说的："愿俺姐姐早寻一个姐夫，拖带红娘咱！"（第一本第三折）贴身丫鬟作为陪嫁由小姐"拖带"到夫家的情况很普遍，这就使得丫鬟们不得不留意小姐的所嫁之人。热心推荐给小姐的，往往也是自己心仪的。所以，青梅"自谋"的想头并不离谱，离谱的是她自谋的行为。

在传统观念中，"自谋"是既可耻也可笑的。《红楼梦》

中，尤三姐算是"自谋"的，结果却惹得柳湘莲起了疑心："难道女家反赶着男家不成？"并因此而决定退了亲事，讨回鸳鸯剑。如果柳湘莲知道"赶着"他的不是"女家"，而是尤三姐本人，真不知他还会怎样惊奇（第66回 情小妹耻情归地府 冷二郎一冷入空门）。司琪也算是"自谋"的，被王熙凤一通嘲笑："这倒也好，不用他老娘操一点儿心，鸦雀不闻，就给他们弄了个好女婿来了。"（第74回 惑奸谗抄检大观园 避嫌隙杜绝宁国府）林黛玉的糟糕也在于她私下有"自谋"的念头——尽管她半点不肯表露，即使在紫鹃面前也不松口；而薛宝钗的好处就是她决不"自谋"，妈妈问她"愿意不愿意"嫁宝哥哥的时候，她还正色道："妈妈这话说错了。女孩儿家的事是父母作主的。如今我父亲没了，妈妈应该作主的；再不然，问哥哥，怎么问起我来？"（第95回 因讹成实元妃薨逝 以假混真宝玉疯癫）一个当事人，对自己的终身大事如此置之度外，还这样理直气壮，真叫人不佩服也难。而青梅呢，不仅"欲自谋"，而且公然在一个晚上跑到张生那里去了！如果这一去，就像崔莺莺那样，真的就和张生"哩也波哩也啰"（西厢记第三本第二折），那风流是风流了，却不够道学，也有损于张生的光辉形象，所以作者让张生先摆出一套悖论：

卿爱我，谓我贤也（你爱我，是因为我品行高尚）；

昏夜之行，自好者不为，而谓贤者为之乎？（半夜私通，洁身自好的人都不会做，何况品行高尚的人？）

就是说，你爱我是因为我品行高尚，但我要是接受你，我的品行就不高尚了。仿佛还嫌不够，作者又加了两条：

夫始乱之而终成之，君子犹曰不可（即便将来能结为夫妻，君子也不可以做爱在先）；

况不能成，役此何以自处（何况万一不能结为夫妻，有了这事还怎么做人）？

真是逻辑严密，分析周到，竟无半点缝隙可钻。青梅只得退而求其次，问如果有可能，你要不要我？张生又来了一番"三不可"的道德宣言：第一是"卿不能自主，则不可如何"，就是说你的命运掌握在别人手里，你说了不算；第二是"即能自主，我父母不乐，则不可如何"；也就是说，我的命运也不掌握在我手里，我算了也不算；第三，"即乐之，而卿之身直必重，我贫不能措，则尤不可如何！"这算是说到了重点：我没钱娶你咋办？而这一点又和第一点牵连在一起，若是青梅能"我的身体我做主"，那么钱不钱的也就无所谓了。张生的这番话其实已经够道貌岸然的了，可作者还嫌不够，再让阿喜解释一番："不苟合,礼也;必告父母,孝也;不轻然诺,信也。"蒲松龄在这里真是道学得可以。否定个人有处置自己婚姻的权力,承认父母(主人)在这件事情上的绝对权威,还能有比这更正宗的道德观念吗?而青梅(也是作者)仰慕的就是有这样的道德观念的人,所以她无比坚定地向小姐表示:我要嫁给他!然而,就这"嫁之"两个字,却又跳出了道学的范畴,好女子(如薛宝钗)当不如此啊。但这恰恰是作者最为得意的地方。中华文化是儒、释、道三教合流的世界,其中尤以儒家文化为主。儒家文化中的中庸思想,以其极其醒目的位置占据着重要地位。就是在释、道两家之中,有关于中庸的思想也随处可见。即便是与儒学在伦理、哲学认识论上都有着不同的道教,但在"和"——求和谐、均衡这一文化层次上仍然是相通的。道教所谓的"和其光、同其尘",在很大程度上,表现的就是中和的意思。有了这样的思想基础,李渔、蒲松龄之类,对于在"名教"之中寻找"乐地",都颇为自得。蒲松龄让青梅在小姐的帮助下,终于如愿嫁了张生。既是自择之偶,又有媒妁之言和主人的认可,可谓两全其美!这就是作者所想要的。

故事还要继续发展。王进士家败落了,阿喜不得已卖身为妾,又被妒妻逐出,寄身尼庵,还不断受骚扰,苦不堪言。就在她走投无路之时,青梅出现了,其时,她已经是"仆从暄赫,冠盖甚都"的"司李内眷"了。然后,她便喜不自禁地献出了自己好不容易得来的丈夫。献得那个殷勤啊，说实话看看都有点恶心，想骂出一个"贱"字来。更要命的是，献就献吧，可名次问题怎么办呢？要知道妻和妾可不是第一和第二的问题，而是主奴之分。这件事看来作者也有点头疼。青梅这边没问题，总归要高姿态的，就和能红一样，"终执婢妾礼，罔敢懈"。可好歹人家也是正儿八经进门的，而且是慧眼识人在先，让您优先在后，您自个儿搞不定，又能怪谁？所以，就这么让出正位来，作者好像也觉得不太好意思。所以，先来个"母命相呼以夫人"，家庭内部大家都称"夫人"，平起平坐，公平交易。再进一步，张生官做大了，当了侍郎，就"上书陈情"，这就到了国家层面了，结果是"俱封夫人"，还是不分大小。然而，"纵然是举案齐眉，到底意难平"，谁让青梅毕竟是侍婢出身呢？到最后作者还是没忍住，在关键地方做了点手脚：程夫人举二子一女，王夫人四子一女。孰高孰下，读者诸君该不难明白了吧？

39

赵城妪：与虎共舞的美丽幻想

这个故事的主角其实不是赵城妪，而是赵城的一只老虎，小说的标题也是《赵城虎》。但故事是从赵城妪这里开始的。古时候，对老年妇女的称呼有多种，"妪"是其中的一种。"妪"的本义是年老的妇女，后来也泛指女性，所以还可以在前面再加个表示年龄的词，比如"少"，《南史·邓郁传》中，就有"从少妪三十"的表述；也可以加"老"字，比如杜甫《石壕吏》中那个有三个儿子和孙子的老年妇女，就自称"老妪"。和"妪"意思相近的，还有"媪"，也是既可泛指一般女性，也可专指老年妇女。《南史·袁昂传》说，袁昂5岁时，"乳媪携抱匿于庐山"。"乳媪"即奶妈，袁昂5岁，奶妈的年龄应该不会太大。辛弃疾《清平乐》中"白发谁家翁媪"中的"媪"，则就是老年女性了。还有"姥"（mǔ），也是指老年女性。赵城妪的"妪"用的是本义，也就是老年妇女，她出场时已经70多

《赵城虎》

岁了。赵城位于今天的山西省西南临汾市北的洪洞县的最北部,是有几千年历史的古城,《史记》《淮南子》等都有对赵城的记载。这个发生在赵城的故事本来应该是个悲剧:年逾古稀的赵城妪只有一个儿子,而就是这唯一的儿子,进山去被老虎吃了。她是个连名姓都没有的老妇人。作者只用"赵城"作为她的标识。即便赵城没有现在那么大,一个人在其中也就是一棵草、一粒沙而已。这棵草现在失去了唯一可以倚靠的大树，今后怎么生活呢？然而，赵城妪这棵衰草却用异于常人的精神来反抗命运，终于，她成功了！故事也就从悲剧而变成了喜剧。

赵城妪丧子后悲痛欲绝，但她没有在家坐以待毙，而是哭到衙门去告状。这事要放在今天，倒也不算离谱，比如说，你可以告政府部门监管不力，导致老虎伤人；或者说，进山的路口没有任何防护措施，随便什么人都可以进去，致使老虎伤人；或者说，山林地区并未设置"虎出没"的警示牌；或者说，老虎咬人后救援不力，等等，总之弄个十几二十万的赔偿应该没问题。但在古代，这事就有点离谱了。而且根据上下文，赵城妪全然没有现代人争取利益最大化的觉悟，告状的内容就是要政府捉拿凶手，但凶手是只老虎啊，岂不荒唐？告这样的状，挨顿板子赶出来也不是没有可能。所幸长官还算和善，笑着说："我这个官府也管不着老虎啊。"老妪不依不饶，号啕大哭，长官训斥她，她也不怕。长官不忍心对这么一个老妇来硬的，就敷衍说："好好好，我们为你去抓老虎。"但是，你敷衍她可不敷衍，老妪匍匐在地上不肯离开，非要亲眼看到长官发下勾牒。"牒"的本义是小而薄的木片或竹片，古人用来刻字，后来就把写了字的物件叫作"牒"，可以是书册，也可以是公文等。勾是勾取的意思，勾牒就是拘票，也就是逮捕令。老妪非要看到逮捕令，长官无可奈何，就问下面的衙役：谁能去抓老虎？其中有一个皂隶，喝了酒，有几分醉意，跑出来说：我能！于是他接过拘票去了。老妪也这才离去。

皂隶酒醒之后就后悔了，这老虎咋个逮捕法？但又想这大概是长官哄哄老太的吧？所以也没当回事儿，就想把拘票缴回去。长官怒了，说："你不是说行的吗？怎么又后悔了？"皂隶尴尬极了，只得要求发拘票召集猎户。猎户们日夜埋伏在山谷里，心里想的是：管它啥老虎，只要是只老虎就抓来交差。可一个多月过去了，连根老虎毛也没见到，于是就"受杖数百"。古代律法，完不成任务是要受处罚的。"杖"是处罚的一种，就是用木板或竹板打人的背、臀部或腿部，曾被列为"五刑"之一，另外四种刑法是笞刑、徒刑、流刑和死刑（有的朝代"五刑"有另外的说法）。打人用的工具也叫"杖"，有的朝代对"杖"的长短、大小还有规定，根据处罚的严重程度选择不同的"杖"。有个叫成名的秀才，被人捉弄做了个"里长"——有时也称"里正"，比如杜甫《兵车行》里的"去时里正与裹头"；或者叫"里胥"，比如白居易《卖炭翁》里的"昨日里胥方到门"，总之就是一个居住地的长官，类似今天的居委会主任。之所以说他是被捉弄，是因为那时遇上朝廷征收蟋蟀，而勇猛善斗的蟋蟀并不那么好找，到了限定的日子交不出，成名就被"杖至百"，两条大腿间脓血流离（《促织》）。赵城的猎户因为抓不住老虎，也被责打了数百杖，痛苦不堪，一起跑到城东的山神庙，跪下来求神保佑。想想抓老虎这事，越说越觉得委屈，不由得失声痛哭。不一会儿，有只老虎跑了进来。大家都非常害怕，生怕被它吃了。但老虎并不看他们，只是蹲在门里。一个胆肥些的皂隶说："就是你吃了老妇人的儿子吗？如果是，那你让我把你捆起来。"他拿出绳索套在老虎的脖子上。老虎居然俯首帖耳地让他捆绑起来，然后又由着猎户把它牵到了衙门里。长官问："某某的儿子是你吃的吗？"老虎点点头。长官说："杀人偿命，这是律法。再说，老妇人只有一个儿子，你把他杀了，你让她风烛残年的怎么生活？如果你能做她的儿子，养活她，我就赦免你。"老虎又点点头。于是长官就让人解开绳索，把它放了。

老妪听说长官并没有杀了老虎为儿子报仇，正在埋怨，没想到第二天早上一开门就发现有只死鹿扔在门口，老妪把鹿肉和鹿皮卖了，换回了日常花销的钱。从此以后，老虎经常会衔一些金帛什么的扔在庭院里，老妪就此过上了丰足的日子，比儿子在世时过得还滋润呢。老妪心里对老虎挺感激的。有时老虎来了，一整天就躺在屋檐下，人畜相安，毫不猜忌。几年后，老妪死了，老虎跑来，在堂中发出震天的虎啸。老妪这几年日子过得丰裕，剩下的钱办个丧事完全够了，所以族人就一起来把她埋葬了。新坟刚刚砌好，老虎就来了，宾客吓得四散逃走。老虎跑到坟前，又一次咆哮起来，好久才离开。当地人看老虎如此有情有义，给它建了一个祠堂，叫作"义虎祠"。蒲松龄说他那时这个祠堂还在，不知道今天还有没有。

要说这老虎啊，也真是够义气的。首先，它主动出来认罪，可以算是有自首情节吧？接着，它又担负起了赡养赵城妪的责任，以行动来赎罪，来补过。和《聊斋志异》的其他狐精鬼魅不同，它没有成精，所以不会变化，没有人的形态，更不会说人话，因此与人交流有点困难。比如它出现在庙里或坟前的时候，人们的第一反应都是害怕，但它却无法告诉人们它并无恶意。在生活中，我们也时常看到这样的情形：有时，我们想帮助动物，但却无法让它感觉到我们的善意，相反，它会警惕、会反抗，甚至还会攻击，这是动物救援时最让人苦恼的事。蒲松龄应该也感受过这种苦恼吧，他专门写过一篇因人畜无法交流而发生的悲剧：某甲的父亲关在监狱快要死了，他倾其所有，弄了 100 两银子，到衙门去打点（贿赂！又是贿赂！）。走的时候，他豢养的一条黑狗一路跟随，鞭打也不走。半道，某甲下了骡子到路边小解，上路的时候，黑狗不是咬住骡子的尾巴，就是拦在骡子的前面，就是不让走。某甲用石头砸它，它才跳开。某甲赶到城里，突然发现银子丢了一半。想起半路上小解的事,心想:一定是那个时候掉的。问题是:这条路人来人往的,银子怎么还会在呢?他急急忙忙原路返回,到小解的地方一看,发现黑狗倒毙在草丛里,浑身汗湿。拉着耳朵把它提起来,发现丢失的银子全部压在它身下。某甲这才明白黑狗的良苦用心,买棺材把它埋葬了(《义犬》)。要是黑狗能和某甲正常交流,而不是打哑谜,这场悲剧就可以避免了。也许就是为了满足内心与动物交流的渴想吧,蒲松龄在《赵城虎》的故事中,将人畜沟通的希望幻化成了事实。在公堂上,老虎完全能听懂人话,并且用"颔首"来表示。尽管这也是幻想,但和成精作怪相比,这要"写实"多了。在这些义犬、义虎的身上,闪耀着的,是忠实、诚信、勇担责任、知错必改等美好人性的光芒,也寄寓着作者希望众生平等相待、和善相处的美好愿望。

40

余德：神龙见首不见尾

余德，一个平淡无奇的名字，但围绕着他的一切又都是那么不寻常。作者在写这个故事的时候，似乎用上了全部的笔力，让人眼花缭乱，赞叹不已，甚至觉得很不明白作者为何要给这个妙人儿如此庸常的名字。且看他写余德的出场："年最少，而容仪裘马，翩翩甚都。"这是从房东尹图南的眼睛里看出来的。"容仪裘马"，概括了他眼中的一切。"都"是优美、漂亮的意思，《三国志·吴志》写到东吴的高级将领孙韶，说他"身长八尺，仪貌都雅"。到临邛令家做客的司马相如，在卓文君小姐的眼里，也是"雍容闲雅甚都"（《史记·司马相如列传》）。蒲松龄大概觉得"都"还不够形象，在前面加上了"翩翩"二字。"翩"是鸟飞得快的样子，引申为轻快，敏捷。两个"翩"连用，是鸟儿轻快飞舞的样子，引申为人风度、气质的优美。司马迁写平原君赵胜的气质超群，就用"翩翩浊世之

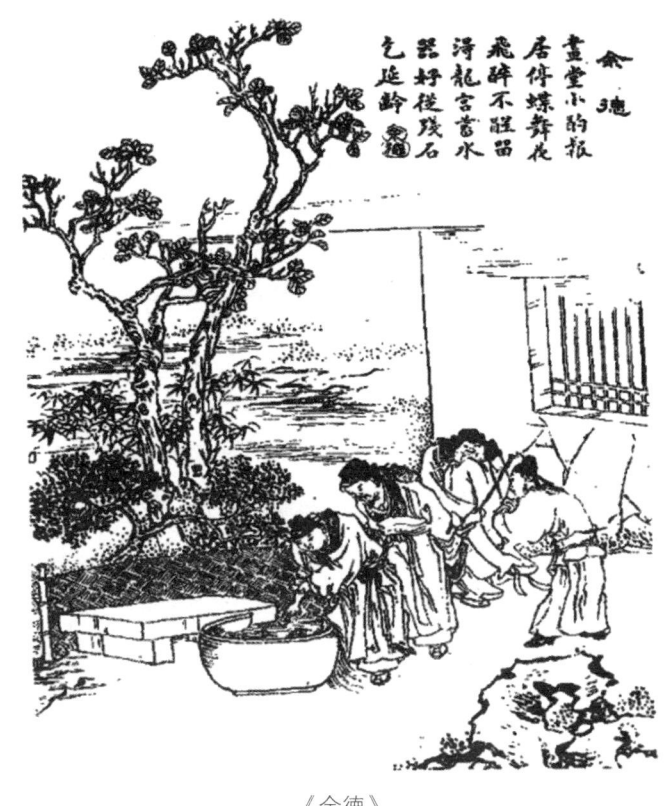

《余德》

佳公子也"(《史记·平原君列传》)。作者用"容仪裘马,翩翩甚都"来形容余德,是极高的评价。接着,作者让尹图南的妻子去窥其内室,说是"室有丽姝,美艳逾于仙人;一切花石服玩,俱非耳目所经"。我们似乎能想见尹妻转述时眉飞色舞、惊叹不已的样子。就像《红楼梦》中贾宝玉见了薛宝琴、邢岫烟等人惊叹"老天,老天!你有

余德:神龙见首不见尾

多少精华灵秀，生出这些人上之人来"一样（第49回 琉璃世界白雪红梅 脂粉香娃割腥啖膻）。但所有这些毕竟尚属写意，美则美矣，却不具体，工笔细描的还在后面。

在经过一番周折后，尹图南终于得到了进入房客余德家的邀请。作者通过他的眼睛，向我们详细地展示了他家的精美绝伦。室内的装潢布置首先是壁纸："屋壁俱用明光纸裱，洁如镜"。明光纸不知是何纸品，从名称和后面"洁如镜"的描写看，应该是极其平整鲜亮的上品。然后是香薰。古人喜欢薰香，贾宝玉到秦可卿的卧房去午睡，"刚至房中，便有一股细细的甜香，宝玉此时便觉眼饧骨软"（第5回 贾宝玉神游太虚境 警幻仙曲演红楼梦）。刘姥姥醉酒后"扎手舞脚"地睡在宝玉的床上，"酒屁臭气满屋"，袭人"忙将当地大鼎内贮了三四把百合香"（第41回 贾宝玉品茶栊翠庵 刘姥姥醉卧怡红院）。王夫人时常居坐的东耳房，也"摆着文王鼎，鼎旁匙箸香盒"（第3回 托内兄如海荐西宾 接外孙贾母惜孤女）。贾宝玉身边的荷包里常年带着散香（第43回 闲取乐偶攒金庆寿 不了情暂撮土为香）。可见贵族不论男女，都有熏香的习惯。就和美食美器一样，古人在讲究香料高级的同时也讲究器皿的精致。比如王夫人房里的文王鼎。有人把这里写的"文王鼎"和历史上乾隆从内府拨出、放在热河文庙的真实文物混为一谈，这是胶柱鼓瑟了。曹雪芹经常用夸饰的手法写一些器物，比如秦可卿房里的对联是"宋学士秦太虚写的""案上设着武则天当日镜室中设的宝镜，一边摆着飞燕立着舞过的金盘，盘内盛着安禄山掷过伤了太真乳的木瓜。上面设着寿昌公主于含章殿下卧的榻，悬的是同昌公主制的联珠帐"。连卧具也是"西子浣过的纱衾""红娘抱过的鸳枕"（第5回 贾宝玉神游太虚境 警幻仙曲演红楼梦）。还有妙玉那里"王恺珍玩""宋元丰五年四月眉山苏轼见于秘府"的瓟斝（第41回 贾宝玉品茶栊翠庵 刘姥姥醉卧怡红院）等，曹雪芹不过是借此表示器物的高贵而已，无论如何是当不得真的。用"美称"当然并非始自曹雪芹，比如"操吴戈兮披犀甲"（屈原《国殇》），就是说部队的装备精良，并不见得兵士一定拿着吴地生产的戈、穿着犀牛皮做的铠甲。"桂棹兮兰桨"（苏轼《前赤壁赋》）也是，谁要认定苏轼坐的那艘船，长桨是桂木做的，短桨是兰木做的，那就是笑话了。这里的文王鼎也是如此。有人还分辩说，若是烧香的应该叫"炉"，那就更不对了。我们前面刚刚看到过，袭人"忙将当地大鼎内贮了三四把百合香"。王夫人的文王鼎，"鼎旁匙箸香盒"，是香炉无疑。余德房里的香炉是金狻猊。狻猊是传说中龙生的九子之一，经常坐着，古人常把香炉做成狻猊的样子，烟从狻猊的嘴里喷出来。这里的金狻猊纵然不是金子做的，应该也是上好的黄铜制造，闪亮如金子。这个高贵的香薰器皿中焚的是"异香",恐怕比贾宝玉房里叫得出名的"百合香"还要更高级一些。

再后是插花。清代顾公燮说到小说《金瓶梅》书名的来历时,说严世番在朝房遇见王世贞,问他坊间有没有好看的小说,王世贞随口说"有";严世番追问书名是什么,"仓促之间,凤洲(王世贞)见金瓶中供梅,遂以《金瓶梅》答之。"(《消夏闲记》)也就是说,王世贞是急中生智,就着眼前物编造了书名。无独有偶,《金瓶梅》中,也数次写到金瓶中供梅。西门庆在妓女郑爱月儿家,看到"盘堆异果,花插金瓶"(第68回)。在何太监家,看到的也是"盘堆异果,花插金瓶"(第71回)。小说中程式化的描写,正说明这是讲究人家常用的饰物。妓女是要招待客人的,所以对环境比较考究。何太监有钱,家里也讲究。《红楼梦》里,贾府中人的房内也大多有插花。王夫人房里是汝窑美人觚,里面插着时鲜花草(第3回 托内兄如海荐西宾 接外孙贾母惜孤女)。探春房里斗大的汝窑花囊,插着满满的一囊水晶球的白菊,连"雪洞一般,一色的玩器全无"的蘅芜院,也有"一个土定瓶",瓶中供着数枝菊花(第四十回 史太君两宴大观园 金鸳鸯三宣牙牌令)。这里的三个花瓶,王夫人和探春那里,都是汝窑。这是宋代的著名瓷窑,用今天的话来说,就是大牌。觚是三代时的酒器,因为细腰长身,所以叫美人觚,和花囊相比,气象局促一些。定瓶是定窑的产品,定窑和汝窑均名列宋代五大名窑,也是大牌,分粗细两种,细的叫"粉定",粗的叫"土定"。"粉定"比较昂贵,曹雪芹让薛宝钗用"土定",是要突出她的"朴素"和不俗气。王夫人的美人觚里插的时鲜花草,而两个女孩子的花瓶里都是菊花。其时为秋天,王夫人的"时鲜花草"也可能是菊花,只是作者似乎对这个细节兴趣不大,以"时鲜花草"敷衍了事,却从数量和品种上细细写了探春屋里的菊花,用"满满的一囊水晶球的白菊",表明探春既不同于王夫人,只是摆个花瓶应应景的"俗";也不同于薛宝钗,用满不在乎来表示清高,她有自己的审美标准:大气、开朗、高洁……

余德用的是"碧玉瓶"和"水晶瓶",都很高级,更高级的是插在里面的东西。碧玉瓶里的还好,是"凤尾孔雀羽各二,各长二尺余";水晶瓶里的就"非耳目所经"了:"浸粉花一树,不知何名,亦高二尺许,垂枝覆几外;叶疏花密,含苞未吐;花状似湿蝶敛翼;蒂即如须"。更离奇的是,这个"似湿蝶敛翼"的花是真个能化蝶的。不像常见的蝴蝶兰。状貌虽然像蝴蝶,终究是飞不起来的。余德家的花蝴蝶会飞。当时,他们玩的是击鼓催花(也叫"击鼓传花")的游戏。一般的玩法是:一人击鼓,酒桌上的人传送花朵,鼓声停止时,花在谁手里,就要罚酒,或者罚别的。《红楼梦》里贾母等人玩击鼓传花,就是既罚酒，也罚讲笑话。贾府有专门用于击鼓传花的"黑漆铜钉花腔令鼓"，给女先儿（女性说书艺人）击着。席上取了一枝红梅，由贾母规定："到了谁手里住了鼓，吃一杯"，凤姐又加上了"说个笑话儿"（第54回 史太君破陈腐旧套 王熙凤效戏彩斑衣）。现代人玩的"丢手绢"和它相类似：围坐一圈，把手绢打个结，边唱歌边把手绢传到下个人手上，歌止，手绢在谁手里，谁就得表演个节目之类。

余德的神奇在于，他虽然也"命童子击鼓催花为令"，但花却不是拿在手上的，而是当鼓声响起来的时候，瓶中花就开始微微颤动，那花本来就像蝴蝶，这时候竟然渐渐张开翅膀；鼓声一停，它翩然从枝头掉下，化为蝴蝶，飞落在尹图南的衣服上。尹图南为此饮了余德斟下的一大杯酒。鼓击第二通，有两只蝴蝶飞落在余德的帽子上，余德喝了两大杯。第三通鼓的时候，花朵儿乱堕，翩翩而下，落在两人的衣襟、衣袖上。击鼓的童子笑着来数：尹图南身上有9只蝴蝶，余德4只。尹图南哪里喝得下9杯？勉强喝了三杯，离席逃走了。这是一幅瑰丽而神奇的画面，自然界的植物、动物和人融为一体，互相呼应，美不胜收。与之相反，长山进士王岜生做官时，有个怪招，凡是打官司输了的人，根据罪错的轻重罚捉蝴蝶，弄得"堂上千百齐放，如风飘碎锦"，造成蝴蝶大量死亡。于是蝴蝶化作一个"衣裳华好"的女子在梦中警告了他，让他受了"风流之小谴",也就是吃点小苦头(《放蝶》)。这样说起来,蒲松龄还很有点环保意识呢。

但这样的神仙境界不是凡人所能消受的,尹图南不能免俗。他和那个偶入桃源的渔人一样,迫不及待地想分享自己的奇遇。结果呢,尽管渔人"便扶向路,处处志之。及郡下,诣太守,说如此。太守即遣人随其往,寻向所志",最后还是"不复得路"(陶渊明《桃花源记》)。尹图南也是,他"逢人辄宣播",结果是余德人去室空。应该是故意给尹图南留个念想吧,他遗下了一个小白石缸。在"空庭洒扫无纤尘;烛泪堆掷青阶下"的情况下,这小白石缸绝不可能是无意的遗落。尹图南不识宝物,只是用来养鱼。好在他还有点审美眼光,容器是白石缸,就用来"贮水养朱鱼",一红一白,应该挺漂亮。其实小白石缸的神奇早就显示了:它不用换水,里面的水永远是清澈的。后来白石缸被打碎了,但水居然不会流泻,就像缸还在一样,摸上去软软的。把手伸进去,水就会随手流泄;把手缩回来,无形的缸又复合了。冬天水也不会结冰。某天晚上,无形的水缸忽然变成了水晶的,鱼还是像以前一样在里面游。这次尹图南不敢"逢人辄宣播"了,而是把它藏在密室中,只有儿子、女婿才能见到。但估计他的儿子、女婿中有不靠谱的,消息还是传出去了,人们纷纷登门,要求一睹奇物。腊月的一个晚上，白石缸忽然变成了水，湿漉漉流了一地，鱼也不知道去哪里了。现在尹图南手里，只剩下了几块当初打碎的白石缸的残石。忽然有一天，来了一位道士，要看那些碎片。尹图南拿出来给他看。道士说："这是龙宫的蓄水器。"尹图南又告诉他，这缸打破了还不漏水，道士说："这是缸的魂啊。"他很恳切地请求给他一小块。问他有什么用？说是用它的碎屑合药，可以长命百岁。尹图南给了他一片，道士"欢谢而去"。

整个故事，自始至终，作者都没有告诉我们余德到底是谁。他有龙宫的蓄水器，莫非是龙王的太子？还是一个得道的仙人？他为何来到人间？为何要做尹图南的房客？这些作者都没有说。甚至故事也没有告诉我们尹图南的结局，道士说用白石缸碎片和药可以长生不老，那么尹图南试了没有？有没有长生不老？在很多故事的结尾，作者都会交代一下主人公的结局，比如福建曾孝廉，中进士后志满意得，一老僧让他做了一个黄粱梦，浇灭了他心头的权欲之火，他"后入山，不知所终"（《续黄粱》）。济南道士在受到济东观察公杖责后"遂离济，不知所往"，小说还要加上"后有人遇于金陵，衣装如故"（《寒月芙蕖》）。但这篇没有，作者全部的注意力都在那一次神奇的宴会上，让我们感受了一次瑰丽新奇的仙界生活，而故事中的人物，哪怕是主人公余德，也神龙见首不见尾地在我们眼前飘过……